LIBANEZEN IN SURINAME

De Boekerij 'Oost en West' is het resultaat van een samenwerkingsverband van het tijdschrift 'Indische Letteren', 'Moesson', Stichting Tong Tong en de KITLV Uitgeverij.

Foto's omslag: Libanese jongeren in 'klederdracht' (folder Carifesta 2003); de winkel van Antonios Astaphan omstreeks 1925, een stoffenzaak aan de Waterkant tegenover de Platte Brug (Collectie Rona Chehin); Jozef Nassief, Carlos Thomas en Antonio Issa tezamen (van rechts naar links) (Collectie Familie Issa).

KONINKLIJK INSTITUUT
VOOR TAAL-, LAND- EN VOLKENKUNDE

Boekerij 'Oost en West'

AD de BRUIJNE

LIBANEZEN IN SURINAME

Van Bcharre naar Paramaribo

1890-2006

KITLV Uitgeverij
Leiden
2006

Uitgegeven door:
KITLV Uitgeverij
Koninklijk Instituut voor Taal-, Land- en Volkenkunde
(Royal Institute of Linguistics and Anthropology)
Postbus 9515
2300 RA Leiden
website: www.kitlv.nl
e-mail: kitlvpress@kitlv.nl

KITLV is een instituut van de Koninklijke Nederlandse Akademie van Wetenschappen (KNAW)

Omslag: Creja ontwerpen, Leiderdorp

ISBN 90 6718 282 6

© 2006 Koninklijk Instituut voor Taal-, Land- en Volkenkunde

Niets uit deze uitgave mag worden verveelvoudigd en/of openbaar gemaakt door middel van druk, fotokopie, microfilm of op welke andere wijze dan ook zonder voorafgaande schriftelijke toestemming van de copyrighthouders.

Inhoud

	Proloog		7
I	Libanezen wereldwijd		13
II	De streek van herkomst		19
III	De eerste jaren	1890-1920	27
IV	Een vaste plaats	1920-1975	49
V	Vandaag de dag	1975-2006	93

Noten	137
Verantwoording documenten, foto's en kaarten	143
Bibliografie	147
Persoonsregister	151

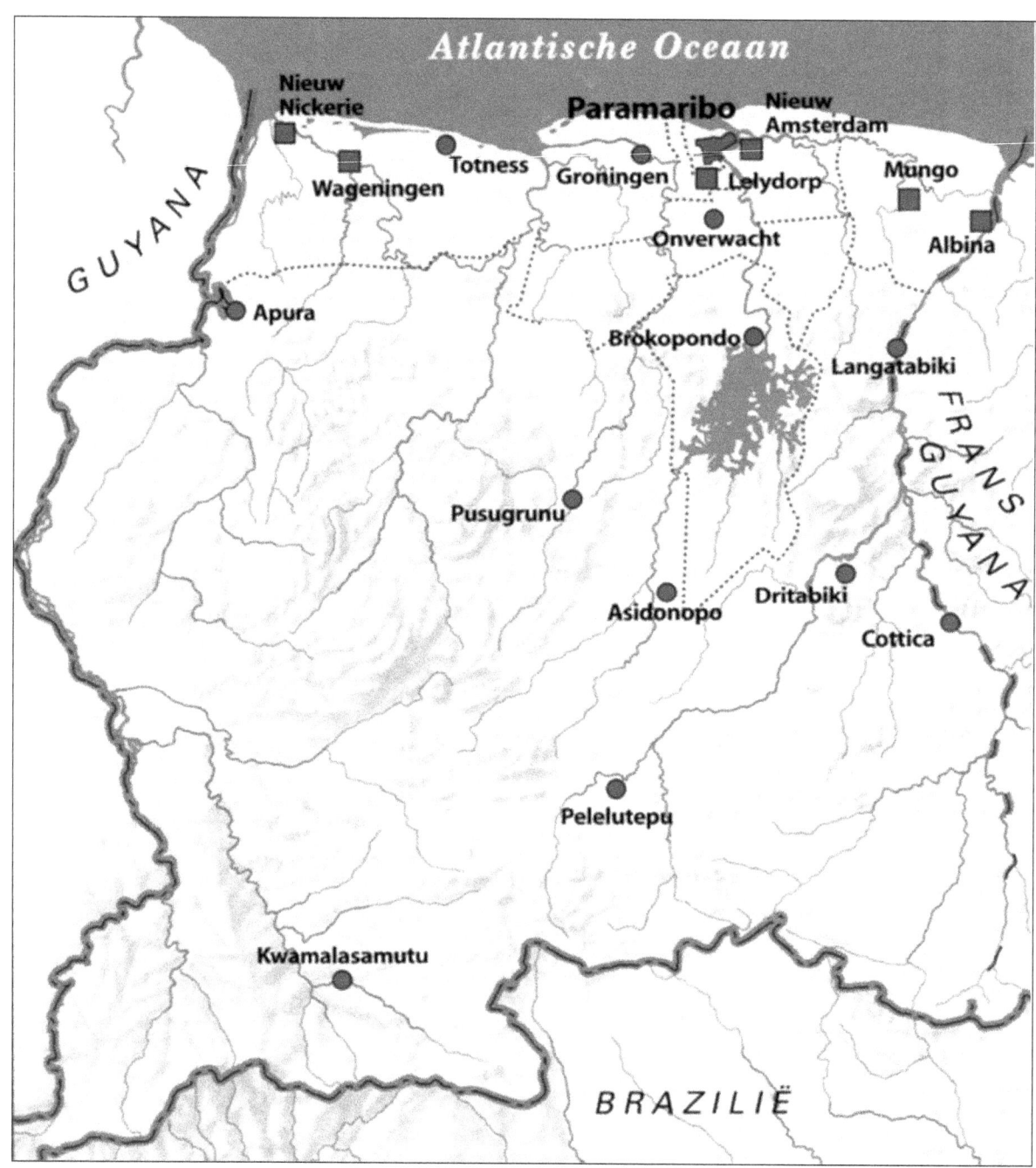
Suriname

Proloog

In zijn ontstaan en functioneren is Suriname, meer nog dan andere Caribische landen, een teken van de voortdurende vrijwillige en gedwongen trek van mensen over de wereld. De wortels van zijn boom die nu bijna een half miljoen bladeren telt, reiken tot in vrijwel alle continenten – niet alleen in Zuid-Amerika zelf, nu ook in Brazilië, maar vooral in West-Afrika en in delen van India, van Java en van China alsmede in Nederland en andere Europese landen van waaruit het als plantagekolonie een eerste vorm kreeg.[1]

Een kleine wortel ligt in Libanon, deel van het Midden-Oosten. Die wortel stamt uit het eind van de negentiende eeuw. Omstreeks 1890 zette de eerste Libanees vrijwillig voet aan land in Suriname en vestigde zich in Paramaribo. Ook vele andere landen hebben een wortel in Libanon want Libanezen vindt men 'overal'. Een studie over Libanezen is ook een studie over migratie vanuit Libanon naar tientallen landen in alle werelddelen. *The Lebanese in the world; A century of emigration* noemen Hourani en Shehadi hun bundel over de Libanese migratie.[2] In deze vele thema's en landen omvattende studie komt Suriname echter nauwelijks voor. De groepering is in het kleine Suriname dan ook zeer beperkt van omvang, beperkter nog dan in andere Caribische landen zoals Trinidad en Jamaica. Slechts 500 bewoners van Suriname, ongeveer 0,1% van de gehele bevolking, hebben minstens één Libanese grootouder. Maar Libanezen zijn, onder andere via hun zaken in het centrum van Paramaribo maar ook langs andere economische en sociale lijnen, in Suriname wel duidelijk zichtbaar aanwezig.

Deze studie geeft een beeld van de trek naar en de positie van deze Libanese migranten en hun nakomelingen in Suriname. Samengevat: er zijn in Suriname Libanezen die zelf of via hun voorouders stammen uit het Bcharre district, nabij de havenstad Tripoli in het noordelijk deel van Libanon. Wanneer en hoe zijn zij en hun voorouders hier gekomen, om wat voor aantallen gaat het, wat doen ze hier en in hoeverre en hoe hebben zij een plaats gevonden in de altijd boeiende en soms problematische *mamio* die Suriname is? Centraal staat de vraag hoe en in welke opzichten Libanezen deel geworden zijn van de Surinaamse samenleving, wat wil zeggen ook zelf wortel hebben geschoten in de Surinaamse grond.

Een nieuw onderzoek

In de jaren zestig maakte ik, in het kader van een algemene studie naar organisatie en inrichting van Paramaribo, een analyse van de Libanezen als een stedelijke handelsminderheid. In mijn studie over Paramaribo en ook in andere publicaties zijn deze bevindingen opgenomen.[3] Daarna heb ik aan de ontwikkelingen onder de Libanese groepering slechts sporadisch aandacht geschonken.[4] In 1998 werd ik echter – tot mijn verrassing – uitgenodigd door de Commissie Cultuur van de in 1996 (her)opgerichte Surinaams-Libanese Vereniging (SLV) om voor deze vereniging een voordracht te houden over de geschiedenis van Libanezen in Suriname. Ik werd toen door de (jonge) leden van deze commissie gestimuleerd om een vervolgonderzoek te doen naar de situatie sinds Suriname's onafhankelijkheid in 1975. Hierop ben ik ingegaan. Deze nieuwe analyse richt zich evenwel, veel meer dan was voorzien, ook op het verleden. Het bleek dat er over dat verleden veel meer materiaal uit schriftelijke en ook mondelinge bronnen – de laatste had ik in 1966 indringender moeten benutten – voorhanden is dan dat wat ik had gebruikt in de eerdere studies die zich voornamelijk op de Libanese rol in de (detail)handel richtten. Maar ook is in dit nieuwe onderzoek duidelijk geworden hoeveel veranderingen in en rondom de Libanese groepering zich in de afgelopen decennia hebben voorgedaan – waaronder de komst van nieuwe migranten en de veranderde huwelijkspatronen.

Deze studie is als aparte publicatie ook zinnig omdat in de omvangrijke literatuur over Suriname over de Libanezen weinig en soms incorrect geschreven is. Dat geldt in elk geval voor de literatuur uit de eerste decennia van de vorige eeuw. Noch in de *Encyclopaedie van Nederlandsch West-Indië* van 1914-1917 noch in landbeschrijvingen zoals die van Van Blankensteijn (1923) en Staal (1928) worden de Libanezen genoemd – misschien begrijpelijk omdat de groep nog zeer klein was. De Libanezen worden ook niet vermeld, laat staan geanalyseerd, in Van Liers standaardwerk *Samenleving in een grensgebied* dat uit 1949 dateert. Evenmin schenkt Edward Dew in zijn studie van 1978 over etniciteit en Surinaamse politiek aandacht aan deze groep – waarschijnlijk omdat ze naar buiten toe in de politiek slechts ver op de achtergrond meespeelt. Belangrijker is dat Hans Buddingh's *Geschiedenis van Suriname* (1999) aan de Libanezen geheel voorbij gaat en dus geen volledig overzicht biedt.[5] Wat wel over de Libanezen is geschreven is bovendien niet altijd correct, zoals in Kruijers studie uit 1968. Hij stelde dat Libanese migranten in Suriname als plantagearbeiders zijn gaan werken.[6] Dat is niet zo. Daarin verschilt hun geschiedenis van die van de voormalige slaven vanuit Afrika, van de Hindostanen, Javanen en Chinezen in Suriname. In de Surinaamse geschiedenis zijn er drie – zeer verschillende – groepen van wie de eerste binnenkomst geen enkel verband houdt met het plantagesysteem. Het zijn de Boeroe's, de Libanezen en, zeer recent, de Brazilianen. De Boeroe's zijn in het midden van de negentiende eeuw in het kader van armoedebestrijding in Nederland naar Suriname gebracht. De Brazilianen komen nu, vooral vanwege de winning van het goud in het binnenland. Waarom zijn de Libanezen naar Suriname gekomen en hoe hebben zij zich in Suriname gepositioneerd en in de Surinaamse samenleving 'gemengd'?

Deze studie berust allereerst op een nieuwe analyse van het materiaal over de Libanezen als stedelijke handelsminderheid dat ik in 1965-1966 verzamelde. Een belangrijk deel van de Libanese bedrijven in Paramaribo heb ik toen bezocht. Enkele Libanezen werden tot sleutelinformanten. Gebruikmakend van de Libanese namen die ik noteerde, heb ik toen de beschikbare schriftelijke bronnen bestudeerd. Ik had op de Burgerlijke Stand toegang gekregen tot de gezinskaarten van Libanese huishoudens. Bij het Landsarchief vond ik algemene gegevens over de huurwaardebelasting in de eerste helft van de twintigste eeuw en van de inkomstenbelasting van 1930. Bij de Belastingdienst heb ik gebruik gemaakt van de gegevens van de huurwaarderegisters van 1965 en van die van de vermogensbelasting 1948-1949 en 1962-1963. Bij de Kamer van Koophandel mocht ik het grondmateriaal van de registers van de Kamer van Koophandel voor de jaren 1939 en 1965 raadplegen. In Nederland heb ik toen het relevante materiaal van de volkstelling van 1921 en 1950 gebruikt dankzij de bereidwilligheid van de heer J. Gemmink, de volkstellingleider van 1950.

In de afgelopen jaren heb ik in Suriname – bij tijden – actief in de Libanese groepering geparticipeerd om een beeld te kunnen krijgen van de Libanezen vandaag de dag. Door de vroegere publicaties en de lezing voor de SLV had ik een ingang. Ik heb, op een enkele uitzondering na, met leden van alle families – van Bousaid tot Zrour – kort of lang gesproken, in totaal met bijna 100 personen. De informatie die ik uit deze gesprekken kreeg heb ik, ter bescherming van de persoon, zonder specifieke bronvermelding opgenomen. Met een tiental jongeren heb ik een lang groepsgesprek gevoerd waarin hun positie in Suriname centraal stond. Enkele Libanezen, uit verschillende families, zijn bereid gebleken sleutelinformanten te zijn. Met hen heb ik vele gesprekken gevoerd. Ik heb een register samengesteld van alle Libanezen in Suriname. De eerste ingang hiertoe vormde een korte enquête die door twee Libanese jongeren werd uitgevoerd. Ik kon gebruik maken van het ledenbestand van de SLV. Via persoonlijk verkregen informatie is dit aangevuld met niet-leden. In deze enquête heeft één van de hoofden van het huishouden enkele vragen ingevuld over de samenstelling van het huishouden, hun buitenshuis wonende kinderen (in Suriname of in het buitenland), de geschiedenis van de migratie en over de banden die nu met Libanon bestaan. Het historische materiaal is verdiept door gebruik te maken van de doopregisters van de rooms-katholieke kerk en van de geboorteaktes van de Burgerlijke Stand. Daarnaast heb ik opnieuw – maar nu alleen de openbaar gemaakte – gegevens van de Kamer van Koophandel geraadpleegd. Op het Instituut Opleiding van Leraren heb ik onder studenten aardrijkskunde, dankzij de bemiddeling van drs W.N. Veer, de toenmalige cursusleider, een schriftelijke enquête over hun kennis en perceptie van de Libanezen in Suriname kunnen houden.

Bij een beschrijving van de ontwikkelingen van en binnen een kleine groepering is het altijd moeilijk persoonlijke informatie binnen niet-persoonlijke grenzen te houden. Dit geldt voor actuele informatie maar ook voor historische informatie, zeker als de kinderen en kleinkinderen van betrokkenen nu nog in Suriname wonen. Ik heb getracht verantwoord tussen de Scylla van de *tories* en de Charybdis van de kleurloze informatie te varen.

Erkentelijkheid

Deze nieuwe verslaglegging had niet geschreven kunnen worden zonder de cruciale ondersteuning van velen uit de Libanese groepering. Hoewel ik ongetwijfeld lang niet altijd 'alles' te horen heb gekregen, ben ik telkens positief ontvangen en heb goede gesprekken kunnen voeren. Dat betrof zowel degenen die in de Libanese groepering centraal staan als degenen die, vaak 'gemengd', aan de rand functioneren. De groepering is – vanzelfsprekend – allesbehalve uniform en homogeen, maar van allerlei zijden is mij medewerking aangeboden. Ik ben hun daar zeer erkentelijk voor.

Enkelen wil ik graag persoonlijk noemen – zonder hen in enigerlei opzicht te willen binden aan wat ik heb neergeschreven. Dat is mijn eigen verantwoordelijkheid. Terugkijkend op mijn studie in het midden van de jaren zestig kwamen telkens de namen van drie personen naar boven die inmiddels overleden zijn. Zij waren toen voor mij belangrijk als informant en discussiant. Het was allereerst de heer Jacob Issa, die na het overlijden van Jozef Nassief, dé leider tussen 1930 en 1960, diens positie ietwat had overgenomen en een aantal jaren boegbeeld van de Libanese groep is geweest – toen was er nog zo iemand. Voorts waren het de heren Michel Badwie Chehin en Willy Mekdessie. In de afgelopen jaren geldt het in het bijzonder de twee opeenvolgende voorzitters van de SLV, Robert Issa en Antoine Issa; Victor Issa die als stimulator en gesprekspartner fungeerde en mij met allerlei materiaalverzameling in Paramaribo en Nieuw Nickerie heeft gesteund; Monique Nouhchaia Sookdewsing die bij mijn lezing in 1998 in Paramaribo betrokken was en samen met Victor Issa mij in feite heeft overgehaald deze nieuwe studie te verrichten; Rona Chehin die met mij de doopregisters in Paramaribo heeft doorgenomen en mij ook met informatie heeft ondersteund; Samir Frangieh en Luiza Frangieh-Sowma die voor mij van het begin af aan als de verbinding van Libanon met Suriname hebben gefungeerd; ir Mike Brahim, vooral voor zijn gesprekken over de situatie in het verleden; Antoine Elias voor de informatie over het Libanese verleden in Nieuw Nickerie; Georges Issa die de analyse heeft verricht van de bewonersregistratie die in 1913 gehouden is in Bazaoun, het centrale dorp in Libanon in de migratie naar Suriname; evenals Vanessa Chehin en Ayfarah Frangieh die bij de actuele materiaalverzameling hebben geholpen. In Nederland ontving ik belangrijke informatie van de familie Karkabé, nakomelingen van de eerste Libanees die in Suriname voet aan wal heeft gezet, van de heer David L. Chehin en van mevrouw Breebaart-de Miranda. Veel materiaal bood ook het gesprek dat ik in 2005 in het huis van de – niet bij het gesprek aanwezige – voorzitter van de SLV had met een gevarieerde groep jongeren: Tony Abboud, Nessa Brahim, Badwie Chehin, Vanessa Chehin, Eblaine Frangie, Giselle Helou, Liesbeth Kuenen, Marilyn Matroos en Monique Nouhchaia.

Ook instellingen ben ik dank verschuldigd. Ik dank in het bijzonder de leiding van de roomskatholieke parochies van de Rosakerk en de Petrus en Paulus Kathedraal in Paramaribo voor de inzage in de doopregisters (ook van de registers van Albina die in de Rosakerk bewaard worden) en die van de Jozefkerk in Nieuw Nickerie; het Heilig Verbond in Paramaribo voor inzage in de begrafenisregisters (wat door Victor Issa is gedaan); het Nationaal Archief in Paramaribo voor het kunnen raadplegen van de geboorteaktes sinds 1895, voor de inzage opnieuw in de patentregisters (1890-1898), de huurwaardebelasting (1895 en volgende jaren) en de inkomstenbelasting (1910); en de Kamer van Koophandel voor inzage in lijsten van bedrijven van de afgelopen jaren. In Nederland heb ik op het Nationaal Archief in Den Haag opnieuw gebruik kunnen maken van het grondmateriaal van de volkstellingen van Suriname van 1921 en 1950. Dr Rosemarijn Höfte, Suriname specialist bij het Koninklijk Instituut voor Taal-, Land- en Volkenkunde (KITLV), wees mij op stukken met betrekking tot de Libanezen in Suriname van vlak voor de Eerste Wereldoorlog die aanwezig zijn in dit archief. Deze bleken te slaan op een geheel vergeten geraakt voorstel tot (contract)immigratie van Libanezen ten behoeve van de landbouw in Suriname.

Het hier afgedrukte historische materiaal komt uit het Nationaal Archief in Paramaribo en het Nationaal Archief in Den Haag. De krantenknipsels zijn verzameld in het Nationaal Archief in Paramaribo; de Koninklijke Bibliotheek in Den Haag en het Koninklijk Instituut voor de Tropen (KIT) in Amsterdam. De foto's en een deel van de onderschriften dank ik aan Monique Nouhchaia, Antoine Issa, Antoine Elias, Rona Chehin, Pierre Abboud, R. Bendter, drs Jimmy Bousaid en Shrinivasi in Suriname, en aan de familie Karkabé, D.L. Chehin, dr Rivke Jaffe, het KIT en het KITLV in Nederland. De kaarten komen uit de collecties van de Bibliotheek van de Universiteit van Amsterdam, het KIT en het KITLV.

Vakgenote drs Ivet Pieper is zo bereidwillig geweest de inhoud van de tekst positief-kritisch te commentariëren en te stileren; wat meer dan nuttig was. Binnen de Afdeling Geografie, Planologie en Internationale Ontwikkelingsstudies van de Universiteit van Amsterdam zijn drs Puikang Chan, Marije Koudstaal, drs Arjan Sas, en drs Hebe Verrest behulpzaam geweest en vanuit het Centrum voor Studie en Documentatie voor Latijns-Amerika (CEDLA) in Amsterdam drs Paul Tjon Sie Fat. Binnen het KITLV die het initiatief tot deze uitgave heeft genomen heb ik veel ondersteuning gekregen.

Voor mijzelf is het verblijf in 1999 van een aantal dagen in Bazaoun en omstreken een essentiële ervaring geweest. Ik ben de heer Samir Frangieh zeer erkentelijk voor zijn initiatief daartoe en voor de gastvrijheid in zijn zomerhuis daar. Ik denk zeer positief terug aan de daardoor ontstane mogelijkheid om iets van de oorspronkelijke thuisbasis van de Libanezen in Suriname te kunnen begrijpen, ook door de vele gesprekken die ik er mocht voeren met de helaas nu overleden Pastoor Antoine Kesbaar en met andere inwoners van Bazaoun. Daar trof ik ook enkele Surinaamse Libanezen onder wie de echtparen Habib Issa en Nouh Chaia met wie ik lang over 'daar' en 'hier' heb kunnen praten.

De opzet

In de context van deze studie is de classificatie 'Libanees' breed opgevat. Nakomelingen van Libanezen die in Libanon geboren zijn en in Libanon gewoond hebben, zijn als Libanees gezien. Dit geldt allereerst voor hen die Libanese ouders of grootouders hebben, maar ook die slechts één Libanese ouder of grootouder hebben, zijn in deze publicatie betrokken. Velen van hen zien zichzelf ook als een Libanese Surinamer. Dit neemt niet weg dat het onderscheid tussen 'pure' Libanezen en 'gemengde' nakomelingen – in verschillende gradaties – nadrukkelijk gemaakt moet worden. Hoe breed de classificatie Libanezen ook is opgevat, de kleine groep van Palestijnen komt slechts terzijde aan de orde. Er woont sinds de jaren dertig van de vorige eeuw een aantal Palestijnen in Suriname, momenteel minstens ongeveer 70, die vooral in de textielhandel en 'bazaars' actief zijn.

Het boek is historisch opgezet. In Hoofdstuk I wordt een schets gegeven van Libanon als een land dat wereldwijd zijn migranten heeft en in Hoofdstuk II wordt een typering gegeven van de streek waar de Libanezen die nu in Suriname zijn vandaan komen. In Hoofdstuk III wordt de komst van de eersten naar Suriname, nu meer dan een eeuw geleden, beschreven en aangegeven hoe zij zich er als kleine groep via familiemigratie vestigden en er een bestaan vonden via de handel in textielgoederen, eerst als rondventer, later steeds meer als winkelier en importeur. In Hoofdstuk IV wordt geanalyseerd hoe zij de textielhandel gingen domineren en hoe zij als groep in Suriname een plaats vonden en er zich profileerden. In Hoofdstuk V is de aandacht gericht op de situatie van vandaag de dag. Gedocumenteerd wordt hoe de Libanese groep de laatste tientallen jaren is veranderd en gegroeid, ook door migratie. Zij domineren nog steeds grote delen van de textielhandel, maar zijn ook op andere fronten actief. Zij die in Suriname geboren zijn, worden echter – ook in hun man-vrouw relaties – steeds meer Surinamer. Wat tot de vragen leidt in hoeverre zij een 'transnationale' groep zijn en hoe lang zij als specifieke groep in Suriname herkenbaar zullen zijn.

Tot slot

Het persklaar maken van dit boek in de zomer van 2006 kreeg door de opnieuw uitgebroken oorlog tussen Israël en de Hezbollah in Libanon in het conflictrijke Midden-Oosten een trieste achtergrond. Het Bcharre district waar de Libanezen in Suriname vandaan komen werd ook nu in deze strijd materieel niet getroffen. Maar, haast vanzelfsprekend, heeft deze strijd die Libanon veel schade toebrengt, ook daar negatieve effecten. Ze ontneemt vertrouwen en toekomstperspectief. Dat werkt ook onder Libanezen in Suriname door. Terwijl Libanese jongeren tijdens het gesprek in maart nog vol hoop spraken over de nieuwe Libanese regering, afgedwongen na de moord op de populaire leider Rafik Hariri, kan het nu de andere kant uitgaan.

Libanon in regionaal perspectief

HOOFDSTUK I

Libanezen wereldwijd

Libanon: oude culturen, nieuwe staat

Libanon telt in 2006 ongeveer 4,6 miljoen inwoners. Het is een bergachtig land aan de Middellandsezeekust[7] dat in het noorden en oosten aan Syrië grenst, in het zuiden aan Israël. Libanon en zijn ceders worden al genoemd in het Oude Testament, zoals in Psalm 92:13 'De rechtvaardigen groeien op als een palm, als een ceder van de Libanon rijzen zij omhoog'.

Als zelfstandig land is het van recente oorsprong. Van 1517-1920 was het een deel van het Turkse rijk dat grote delen van West-Azië en Noord-Afrika onder zijn heerschappij had. Daarom hadden de eerste migranten in Suriname de Turkse nationaliteit. Het Turkse rijk werd door de winnaars van de Eerste Wereldoorlog ontbonden, vanwege zijn bondgenootschap met de Duitsers in deze oorlog en de succesvolle opkomst van Arabische bewegingen die meer zelfstandigheid nastreefden. Het Libanees-Syrische deel kwam volgens een beslissing van de Volkenbond onder Frans toezicht en werd gesplitst in twee afzonderlijke Franse mandaatgebieden.[8] Sinds 1926 mocht Libanon zich de 'République libanaise' noemen. Het kreeg toen ook een eigen grondwet. Tijdens de Tweede Wereldoorlog, op 22 november 1943, is Libanon geheel onafhankelijk geworden.

De Libanese bevolking bestaat uit verschillende religieuze groeperingen, moslims (met name soennieten en sjiieten), druzen en christenen; de laatsten meest met een maronitische achtergrond. Deze verschillen in godsdienst zijn aanleiding geweest tot felle conflicten. In de tweede helft van de negentiende eeuw was er strijd tussen maronieten en druzen die in 1860 tot een massaslachting onder christenen leidde waarna er onder Europese druk een nieuwe bestuurlijke indeling van het Ottomaanse rijk kwam waarbij de maronieten beter beschermd werden.[9] Bij de onafhankelijkheid in 1943 werd de politieke macht evenredig naar de omvang van de verschillende groepen bij de volkstelling van 1932 verdeeld. De president behoort maroniet te zijn. Het is een vaststaande machtsverdeling die vooral sinds de jaren zeventig en tachtig van de vorige eeuw door de moslims en druzen als problematisch is ervaren. De demografische groei van de moslims, de opkomst van de militante sjiitische Hezbollah, de toenemende spanningen rondom Israël-Palestina en de politiek van Syrië om Libanon te domineren leidden sinds 1975, met tussenpozen, tot burgeroorlogen. Deze burgeroorlogen waren allereerst een machtsstrijd tussen christenen, druzen en moslims maar ook één binnen de verschillende groeperingen.[10] Tevens werden vanwege acties van de Hezbollah delen van Zuid-Libanon door Israëlische troepen bezet. Door het oorlogsgeweld raakte Libanon dat zich in welvaart kon meten met Zuid-Europese landen, economisch achterop. De *human development index* lag in 2003 op een zelfde niveau als dat van Suriname.[11] In 1989 komt er een 'nationale verzoening' (het Ta'íf-acoord) waarbij Syrië, onder andere door de aanwezigheid van legereenheden, een grote invloed in Libanon krijgt. In 2005 worden, na de moord op oud-premier Rafik Hariri, door harde interne en internationale druk de Syrische troepen gedwongen het land te verlaten en lijkt de ontwikkeling ten goede te keren. In de zomer van 2006 ontbrandt echter wederom een strijd tussen Israël en de Hezbollah. Deze heeft het land opnieuw in forse problemen gestort.

Maronieten

De maronieten domineren in delen van de noordelijke bergstreken. Uit deze bergstreken stammen de Libanezen in Suriname. Daarnaast wonen er nu maronieten in de hoofdstad Beiroet en andere steden. De naam maronieten is verbonden met die van Maron, een christelijke Syrische kluizenaar uit Aleppo, die in de vijfde eeuw een eigen geloofsgemeenschap gevormd had. De maronieten, zoals zijn volgelingen zich noemden, kenmerkten zich onder meer door een specifieke geloofsvisie op het God-en-mens zijn van Jezus Christus. Deze visie werd op het Concilie van Konstantinopel van 681 verworpen wat leidde tot een aparte kerk. In dezelfde tijd manifesteerde de islam zich als religieuze en politieke macht. Een en ander leidde tot een regionale concentratie van de maronieten in de bergen van Noord-Libanon waar zij hun religie (al was het soms in schuilkerken) konden uitoefenen. In de twaalfde eeuw, na de kruistochten, voegden zij zich weer in de schoot van de rooms-katholieke kerk, zij het met specifieke afspraken. Zo is er binnen de maronitische kerk een eigen liturgie en is het Latijn als kerktaal onbekend. Tevens is het mogelijk dat gehuwde mannen priester worden. Vandaag de dag maken de maronieten minder dan een vierde van de totale bevolking uit, minder dan 50 jaar geleden. Ook hun politieke macht die tijdens de Franse tijd en na de onafhankelijkheid sterk was, is de afgelopen tijd verminderd. Maar in een aantal andere landen, onder andere in Noord- en Zuid-Amerika, zijn nu ook grote maronitische kerken.

Emigratieland

Al meer dan honderd jaar is Libanon een emigratieland. Overal ter wereld wonen Libanezen: van de Verenigde Staten tot Argentinië, van Zuid-Afrika tot Ghana, van Australië tot de Golfstaten. Sinds 1880 zijn uit Libanon honderdduizenden mensen geëmigreerd. Sommige districten liepen voor een kwart, andere liepen zelfs voor de helft leeg.[12] Aan het einde van de negentiende en aan het begin van de twintigste eeuw[13] beproefden jonge, laagopgeleide christenen en druzen uit de bergdorpen hun geluk vooral in Noord- en Zuid-Amerika.[14] Daarentegen hebben Libanezen uit de sjiitische dorpen in het zuiden een betere toekomst in de Franse en Britse koloniën in West-Afrika gezocht. Na de Tweede Wereldoorlog verminderde de migratie aanvankelijk. In de jaren zestig en vooral na het uitbreken van de burgeroorlog in 1975 trok de migratie weer aan. Relatief hoogopgeleide Libanezen – christenen, druzen en moslims – zoeken hun heil enerzijds in de Golfstaten en Saudi-Arabië, anderzijds waar mogelijk in de rijkere westerse landen. Het 'waar mogelijk' duidt op een duidelijke contradictie: Libanezen willen nu meer naar de rijke landen zoals de Verenigde Staten, Canada, Australië en natuurlijk ook die van de Europese Unie, vooral Frankrijk, en die landen houden hun grenzen steeds meer dicht. Daarnaast worden, via familielijnen, oude opties in andere landen opnieuw benut. Inmiddels wonen er meer Libanezen buiten dan in Libanon. De emigratie is dus allesbehalve verleden tijd. Tegelijkertijd is er echter een migratie uit buurlanden naar Libanon, zowel vanwege de conflicten rondom Israël en Palestina als vanwege de vraag naar goedkope arbeid waarin vooral vanuit Syrië wordt voorzien.

Libanezen zijn geëmigreerd om velerlei redenen. Aan het einde van de negentiende eeuw emigreerden zij vanwege de bevolkingsdruk, vooral in de bergvlakten in Noord-Libanon, en de teloorgang van de zijdeproductie als gevolg van de internationale concurrentie; de religieuze spanningen tussen christenen en druzen; de militaire dienstplicht die in 1908 in het Turkse rijk ook voor jongeren met een christelijke achtergrond werd ingevoerd.[15] Maar dat de Libanese migratie zo omvangrijk en zo wereldwijd werd houdt verband met het economische succes dat veel migranten in hun nieuwe wereld boekten. Een opvallend kenmerk van de migratie is de snelle ontwikkeling van de vaardigheden tot handeldrijven en ondernemen.[16] Dit succes heeft de migratie aangewakkerd en heeft de organisatie ervan gestimuleerd.

De precieze economische ingang die de eerste Libanese migranten zochten en vonden, verschilde. Dit hangt samen met de opleiding en training die men gevolgd had. Soms kon men direct hoog inzetten zoals afgestudeerden van de medische school van de Amerikaanse universiteit in Beiroet die in de Verenigde Staten emploei vonden. Maar dé eerste ingang was die van de handel. Het stereotiepe maar desondanks correcte beeld van de vroege Libanese immigrant, zeker in de Amerika's, is die van de rondventer die met houdbare etenswaren en textiel de dorpen en plantages voorziet – soms als opvolger van andere groepen, zoals in Brazilië de Joodse rondventers. Als men iets geld gespaard had, begon men vaak een kleine winkel, en bij verder succes groothandelszaken.[17] Van veel betekenis was een goed gebruik van onderlinge netwerken die in de aanvangsfase zo noodzakelijk zijn.

Kinderen gingen soms ook andere wegen. Leken de eerste migranten 'gelijk' te zijn, er kwam snel economische en sociale gelaagdheid binnen de groepen. Tegelijkertijd voltrokken zich verschillende vormen van 'inpassing' in de nieuwe samenlevingen – soms met spanningen tussen oude en nieuwe migranten, tussen 'autochtoon' en 'allochtoon'.

De vestiging in het Caribisch Gebied

Een analyse van de migratie naar verschillende Caribische landen toont hoezeer de migraties en de bereikte inpassing in de nieuwe samenlevingen verschillen. Deze analyse is onder anderen verricht door David Nicholls met betrekking tot de Dominicaanse Republiek, Haïti, Jamaica en Trinidad en door Gérard Lafleur met betrekking tot Frans Guyana, Martinique en in het bijzonder Guadeloupe.[18]

De 'Syrisch-Libanese' migranten in de Caribische landen komen uit verschillende gebieden in het Midden-Oosten, allereerst uit delen van Libanon zelf maar ook uit Syrië en Palestina. Het overgrote deel van hen heeft een christelijke achtergrond maar wel met sterke variatie: maronieten, grieks-orthodoxen en latijns-katholieken. Tekenend is dat in alle landen de migranten een specifiek regionale herkomst hebben, iets wat overigens niet afwijkt van vele andere migratiebewegingen. Dit wil echter niet zeggen dat de eerste nieuwelingen altijd precies in dàt land hadden willen aankomen en zich daar hadden willen vestigen. Men vertrok in de eerste jaren met een schip, dikwijls via Marseille, naar 'Amerika', vaak zonder precies te weten waar men zou aankomen. Misschien attendeerde iemand die al in 'Amerika' geweest was op een bepaalde mogelijkheid. Soms bleef men onderweg ergens hangen, bijvoorbeeld als men bij een tussenlanding een streekgenoot ontmoette. Maar via kettingmigratie vormden zich daarna vaak regionale concentraties.

De specifieke regionale herkomst heeft wel tot gevolg dat onderlinge relaties tussen de Libanezen in de verschillende Caribische landen niet vanzelfsprekend zijn. Bij de Libanezen in Suriname zijn die in Trinidad niet of nauwelijks bekend. Dit gold ook de voor de kleine groep Libanezen in Guyana.[19] Maar wel bekend zijn – soms ook zeer persoonlijk, vanwege nauwe familiebanden – Libanezen in Frans Guyana, Dominica, Antigua, Guadeloupe en Martinique omdat zij uit een zelfde deel van Libanon stammen. In Dominica bijvoorbeeld zijn in de handel de families Astaphan, Karam en Nassief zeer belangrijk; dezelfde families zijn ook in de Surinaamse handel van betekenis (geweest).

De Libanese migranten zijn in de Caribische landen in de regel gestart als rondventers en kleine handelaren. Zij hebben zich vrijwel overal economisch omhoog gewerkt, maar hun maatschappelijke positie is niet overal dezelfde. In Jamaica hebben Libanezen maatschappelijk veel bereikt. Nicholls geeft aan hoe omstreeks 1970 Edward Hanna, de eerste Libanees die in Jamaica geboren was, 43 winkels met in totaal ongeveer 1000 werknemers bestierde. In de jaren tachtig was een Libanees, Winston Mahfood, president van de Jamaica Manufacturers Association.[20] Maar het premierschap in de jaren tachtig van Edward Seaga, leider van de Jamaican Labour Party en geboren uit Libanese en Schotse ouders, vanuit een zetel verworven in één van de armste wijken in Kingston, is wel het meest saillante voorbeeld van dit maatschappelijke succes.[21] Tegelijkertijd wordt de maatschappelijke positie van Libanezen door 'black power' bewegingen soms ook bedreigd.

In Haïti echter is de situatie van de Libanezen grimmig geweest.[22] Rond 1900 heeft de toen al grote groep Libanezen (6.000-10.000 in getal) als rondventers en kleine handelaren en later ook als grotere handelaren veel meer weerstand opgeroepen, omdat zij bestaande posities aantastten. Nog steeds is er sprake van animositeit tussen Libanezen en Haïtianen. Van politieke posities hebben zij zich in de regel afzijdig gehouden of moeten houden.

In Haïti en ook in Trinidad zijn de Libanezen specifieke groepen gebleven, in de regel ook huwend binnen de eigen groep. In Jamaica en de Dominicaanse Republiek is de beroepskeuze veel meer gemêleerd en wordt er ook veel meer buiten de groep getrouwd. Vooral in de Dominicaanse Republiek is de invoeging in de samenleving in sterke mate vanzelfsprekend geworden – iets wat Nicholls mede verklaard door de samenstelling van de autochtone bevolking. De verschillen tussen Jamaica en Trinidad worden toegeschreven aan de belangrijkere rol die in Trinidad etniciteit in het sociale en politieke leven zou spelen.

In elk geval hecht in Trinidad, volgens Barclay, de Syrisch-Libanese groepering (die volgens haar ondanks de verschillen in regionale achtergrond onderling goed schijnt samen te leven) temidden van de andere etnische groeperingen veel aan het bewaren van haar 'distinct ethnic identity'. Hierbij wordt het handhaven van de 'family unit' – 'a closely knit one maintained by regular and frequent family gathering' – als essentieel gezien.[23] Het onderling huwen staat hoog aangeschreven. Als men buiten de familie huwt, is er wel van een preferentie voor min of meer gelijk gekleurden sprake. Het sociale leven is sterk op de eigen groep gericht en de openlijke politieke participatie is gering.

De groep maakte haar entree als rondventers en nam toen een weinig gewaardeerde positie in. 'In Trinidad, *rab* (from 'Arab') is still used to mean a disorderly person.'[24] Ook vandaag de dag richt de groep zich vooral op de handel en daarin is zij sterk vertegenwoordigd; meer dan 40% van de werkenden is 'self employed'. Het is er niet altijd 'pais en vree'. Barclay spreekt van 'a very harmonious relationship with other ethnic groups', maar geeft ook aan dat er desondanks in de steden soms zeer forse sociaal-economische spanningen spelen die de groep nadrukkelijk raken. Bij tijd en wijlen worden Libanese winkels geplunderd. 'During the 1970 civil disturbances, "The Black Power Revolution", the Syrian-Lebanese-owned businesses were burnt'. In 1990, na opnieuw zulke winkelplunderingen, schrijft een Libanese zakenman in een krant: 'The Syrian-Lebanese in this country feel victimised and unprotected, targeted. [...] We are being made out as popular villains, like the Jews of Germany.' Dit ook als reactie op een klacht in dezelfde krant van een andere Libanese zakenman: 'The businessman complains that he went through this disruption in 1970 and 20 years later he has to go through it again and is fed up. Twenty years without looting? He does not realize how lucky he has been.'[25]

De opbouw en rangorde van de Syrisch-Libanese groep in Trinidad laat belangrijke verschillen zien. Barclay onderscheidt drie klassen: 'the upper class, the upper middle class and the lower middle class. [...] Members of the lower middle class feel like outsiders because they are unable to attain the same heights of success as their counterparts. [...] Generally, those families are most likely to socialize and marry outside of the Syrian-Lebanese community.'[26]

De bevindingen in Trinidad zijn van belang in

verband met een analyse van de Libanezen als deel van de Surinaamse samenleving. In deze analyse zal worden aangegeven waarvandaan in Libanon de Libanezen in Suriname stammen en hoe de migratie in verleden en heden heeft plaatsgevonden. Wat is hun economische positie, hoe ver reikt de onderlinge differentiatie en welke plaats hebben zij in de Surinaamse samenleving verworven?

Sommigen zijn recent gekomen, van anderen waren het de grootouders die kwamen en hebben zij niet-Libanezen als levensgezel. Kan men dan nog spreken van één Libanese groep en in hoeverre is deze groep als een transnationale groep te typeren, dit wil zeggen speelt Libanon nog een duidelijke rol in het denken en handelen van de Surinaamse Libanezen?

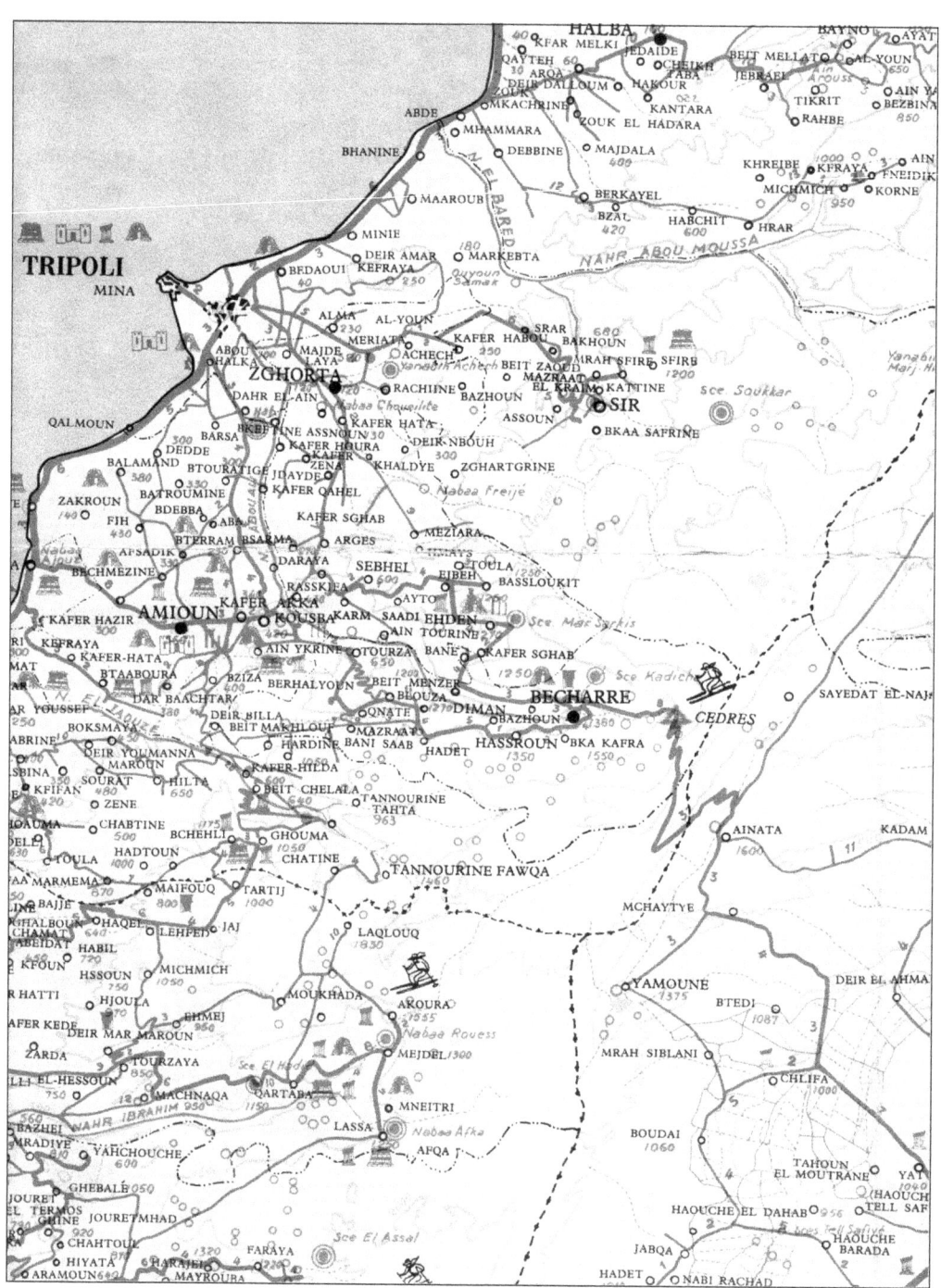

Noord-Libanon; de streek van herkomst van de Surinaamse Libanezen ligt rond B(e)charre

HOOFDSTUK II

De streek van herkomst

De Surinaamse Libanezen stammen uit het district Bcharre in Noord Libanon. Bcharre is bekend als de geboorteplaats van Kahlil Gibran (1883-1931), de belangrijke schrijver en dichter die werkte vanuit een maronitische traditie.[27] Ook hij migreerde, en wel naar de Verenigde Staten, waar hij jong stierf. De grote meerderheid van de Surinaamse Libanezen hebben hun wortels in het dorp Bazaoun, niet ver van de kuststad Tripoli.[28] Enkelen komen uit het iets lager gelegen, aangrenzende en grotere Hasroun, uit dichtbij gelegen plaatsen als Qnat en Bkorcha, en uit plaatsen verder weg zoals Barsa, waar verwanten van Bazaouni's wonen.

Bazaoun ligt op een hoogte van 1.400 meter en wordt, evenals Hasroun, al in een volkstelling van 1519 vermeld.[29] In de zomertijd telt het dorp ongeveer 4.000 inwoners. Zij kijken uit op de Qadisha Vallei, één van de World Heritage Sites, door de Unesco aangewezen als een *cultural landscape*. Hier zijn grotten met maronitische kerken, die gebouwd zijn in de zesde eeuw toen de maronieten door de Byzantijnen uit Syrië werden verdreven. Nu staat de maronitische Onze Lieve Vrouwe kerk Saideth Bazaoun in het midden van het dorp. De kerk, waarin elke dag de mis wordt gevierd, is onlangs met 'buitenlands' geld gerestaureerd. In de kerk staat een beeld van Charbel, de Libanese heilige.[30]

Voor een buitenstaander oogt Bazaoun als een vredig en aantrekkelijk dorp, waar het 'traditionele' en het 'moderne' zich moeiteloos met elkaar verenigen. Vanaf het huis waar ik verblijf zie ik aan de overkant van de weg hoe op een boerderij hoopjes tarwe gedroogd worden op grote betonnen dakvloeren en tegelijkertijd heeft de boer een antenneschotel waarmee de moderne wereld wordt binnengehaald. De burgeroorlog die in Libanon heeft gewoed lijkt hier ver weg. Dit is schijn. Wat zich de laatste decennia in Libanon heeft afgespeeld heeft ook de dorpen in het district Bcharre geraakt. In dit maronitische gebied zijn conflicten tussen maronitische facties de afgelopen jaren uitgevochten. Bcharre is de geboorte- en werfplaats van de belangrijkste leider van de rechtse Falange-militie in de burgeroorlog.[31] Nog in 2005 zijn familieleden van Surinaamse Libanezen in het zusterdorp Dahr-el-Ain in een uit de hand gelopen buurt/politieke ruzie met leden van een andere militie om het leven gekomen.

De bombardementen die Libanon in de zomer van 2006 hebben getroffen hebben het Bcharre gebied niet geraakt, al zijn toen de verbindingen met de hoofdstad bijkans onmogelijk gemaakt. De Hezbollah heeft hier geen enkele aanhang. Maar het vertrouwen en het perspectief in een positieve toekomst voor Libanon en het eigen gebied lijken opnieuw te zijn aangetast.

Een 'zomerdorp'

Bazaoun is een 'zomerdorp'. In de herfst en in de winter, de kou en sneeuw ontvluchtend, trekken de bewoners massaal naar het lager gelegen Dahr-el-Ain, een plaats even ten zuiden van Tripoli. Na de jaarlijkse uittocht telt Bazaoun nog maar 25-30 families, ongeveer 150 mensen. Deze 'traditie' dateert uit

Bazaoun, het dorp van herkomst van de meeste Surinaamse Libanezen

het einde van de negentiende eeuw toen vijf inwoners van Bazaoun in Dahr-el-Ain grond kochten. 's Winters laadden zij hun gehele huishoudvoorraad op ezels en leefden in het milde klimaat van Dahr-el-Ain van de olijventeelt. In de lente trokken de bewoners weer massaal naar Bazaoun, zoals zij dat nu nog doen. Deze band tussen zomer- en winterdorp is er ook in andere nabijgelegen plaatsen, maar is in Bazaoun wel zeer sterk. In het grotere, iets lager gelegen en ook meer 'ontwikkelde' Hasroun blijven de meeste mensen gedurende de winter in het dorp.

In Bazaoun staat de landbouw centraal. Er worden appels, peren, perziken en aardappelen geteeld. Het houden van schapen en ezels dat ooit de centrale activiteit binnen het dorp was, is vrijwel verdwenen. In Bazaoun zelf zijn geen schapen meer zoals in de jaren dat de eersten naar Suriname trokken. De dieren mogen vanwege de stank en de mest nu niet meer in het dorp blijven. Hoewel er vandaag de dag ook andere en financieel rendabeler activiteiten zijn dan die welke met de landbouw verbonden zijn, blijft voor zeer veel huishoudens landbouw minstens een deeltijdse activiteit. Deze landbouw is sterk afhankelijk van de beschikbaarheid van water voor de gebruikers, dat wil zeggen van de verdeling van het aanwezige water. Dat is één van de belangrijkste regelingen en twistpunten in het dorp – wie heeft recht op water en wanneer.

Dahr-el-Ain is al lang geen dorp meer. Het dorp van toen wordt nu geheel overschaduwd

zowel de gegevens van de Bazaouni's die in Bazaoun als de gegevens van hen die in Dahr-el-Ain zijn geboren. Dahr-el-Ain blijft voor de Bazouni's een buitenplaats.

Een gesprek, met steun van iemand die via het Frans tolkt, met een dorpsgenoot die geheel van de landbouw leeft. Hij is een groot deel van het jaar in Bazaoun, in november/december gaat hij naar beneden, naar Dahr-el-Ain, maar komt ook dan nog regelmatig terug en is vanaf maart weer constant in Bazaoun aanwezig. Hij heeft hier een eigen tuin (2 ha, helft vruchten en helft groenten) en werkt tevens

Saideth Bazaoun, Onze Lieve Vrouwe van Bazaoun, de maronitische kerk van Bazaoun

Charbel, de Libanese heilige

door fraaie appartementen en flatgebouwen waar een aantal Bazaouni's wonen maar op door hen verkochte gronden ook zeer vele anderen. Het is zo voornamelijk een forensenplaats van Tripoli. Er zijn dan ook Bazaouni's die tijdens de zomerhitte in Dahr-el-Ain blijven omdat ze daar of in Tripoli vast werk hebben. Zij komen in de weekenden vaak wel naar Bazaoun, want Bazaoun functioneert voor de Bazouni's nog steeds als dorpseenheid. Zo bevatten de doopregisters van de parochie van Bazaoun

De grootouders van Jozef Nassief en van zijn zusters die samen zulk een stempel op de Libanezen in Suriname zouden drukken. Op deze in Bazaoun genomen foto staan ook de tweede vrouw van de vader van Jozef Nassief en en ander familielid.

> 70 dagen hier in het dorp aan snoeien bij anderen. In Dahr-el-Ain heeft hij wat eigen olijfgrond en is daarnaast grondbewerker bij anderen. Het plukwerk in Bazaoun doet hij samen met Syriërs die het zware werk doen.

De vooruitgang

Er zijn welvaartsverschillen binnen Bazaoun. De grondbezitsverhoudingen in het dorp zijn ongelijk. Er zijn grondbezitters en grondlozen. Maar armoede en honger, zoals in de tijd toen de eerste Bazaouni's naar Suriname trokken, kent het dorp niet meer. Op mijn vraag of er soms in Bazaoun wordt gebedeld wordt bijna lachend geantwoord: 'neen, dat wordt hier niet gedaan'. Armoede lijkt veeleer aanwezig bij de Syrische gastarbeiders. Zij leven vaak in tenten en 'doen de dingen die wij niet meer willen doen'.

In de fysieke en sociale infrastructuur van het dorp is er ondanks de burgeroorlog, de laatste jaren, mede door goed bestuur, veel ten goede veranderd. Er is elektriciteit, er zijn verharde wegen en er is een waterleiding, al geven de dorpelingen de voorkeur aan bronwater boven leidingwater. Ook wordt de opleiding van kinderen steeds beter. Veel Libanezen die voor 1940 naar Suriname kwamen konden niet of nauwelijks lezen en schrijven. Nog in het midden van de jaren zestig gold dat voor één van de grote handelaren die in Bazaoun was geboren. Nu volgen alle kinderen onderwijs waardoor sinds 1950 de ongeletterdheid vrijwel geheel is verdwenen. Een in Bazaoun wonend achternichtje van een Surinaamse Libanees die ik daar ontmoette vertelde mij dat zij in Parijs archeologie zou gaan studeren

Bazaoun, en ook Hasroun, zijn de laatste decennia, deels ook door overmakingen uit het buitenland, er dus op vooruitgegaan. Hoewel de kwaliteit van de infrastructuur is verbeterd en het analfabetisme is verdwenen, hebben deze veranderingen in Bazaoun weinig werkgelegenheid op niveau geschapen. Het dorp kent forse werkloosheid die door de burgemeester op tenminste 30% van de beroepsbevolking wordt geschat. Wie in Bazaoun daaraan wil ontsnappen en hogerop wil, probeert dikwijls te emigreren. Maar migratie blijft zeker niet beperkt tot de armen. Ook anderen kunnen meer mogelijkheden elders zien en die trachten te benutten. Soms blijft uit een familie niet meer dan één lid achter. Zijn taak is dan de lokale band en bezittingen in stand te houden.

Niet alleen naar Suriname

Komen vrijwel alle Surinaamse Libanezen uit Bazaoun, lang niet alle Bazaouni's emigreren naar Suriname. Voor de Bazaouni's is Suriname slechts één van de mogelijke bestemmingen en meestal niet het eerste land van hun keuze.

> Het begin van de emigratie uit Bazaoun wordt getraceerd op omstreeks 1880. Het betrof niet de armste personen, want de reis moest betaald worden. Er waren onder de migranten mannen die in het dorp de positie van *sheikh* vervulden. De migranten uit Bazaoun hebben twee belangrijke bestemmingen. Voor de Tweede Wereldoorlog gingen de meeste migranten naar de Verenigde Staten, het Caribisch Gebied en Argentinië. Het algemene woord voor migranten is dan ook 'Amerikani'. In het Caribisch Gebied gaat het in de eerste plaats om 'Franse' en 'Britse' (ei)landen zoals Guadeloupe, Antigua, Dominica en ook Frans Guyana, en tevens – ietwat – om Suriname. Uit een registratie van de bevolking van Bazaoun die in 1913 is gehouden en waarbij ook de geëmigreerden werden genoteerd,[32] blijkt dat in Bazaoun zelf ongeveer 1.100 mensen en 268 geëmigreerden (waarbij in het buitenland geboren kinderen niet zijn vermeld) werden geteld. Van deze 268 waren er, volgens deze opgave, 92 naar Argentinië, 38 naar Zuid-Afrika,[33] 35 naar Guadeloupe, 32 naar Cuba, 26 naar Suriname, 26 naar Cayenne en 19 naar de Verenigde Staten van Amerika geëmigreerd.[34] Na de Tweede Wereldoorlog wordt daarnaast ook Australië een optie. Zo hebben de Libanese families die in Suriname wonen in een aantal andere landen familie, in sommige Caribische landen, in Zuid-Afrika, in Argentinië, in Mexico en in de Verenigde Staten.

De precieze omvang van de migratie in de afgelopen 60 jaar is via de doopregisters na te trekken.[35] Van de gedoopten zijn er sinds 1930 – sinds dat jaar zijn doopgegevens beschikbaar – telkens velen vertrokken; meer mannen dan vrouwen. In 1940 waren er 24 dopelingen, van wie er 2 zeer jong zijn overleden. Van de resterenden zijn er nu 11 in Libanon (in Bazaoun), 4 in Frans Guyana, 1 in Antigua, 1 in Guadeloupe, 3 in Australië (van wie 1 is teruggekeerd), 1 in Kuwait (teruggekeerd) en 1 onbekend vertrokken. Van de 51 in 1960 gedoopten zijn er nu 19 in het buitenland, van wie 8 in het Caribisch Gebied (1 in Suriname) en 11 in Australië; er zijn meer jongens dan meisjes vertrokken. Van de 53 geborenen in 1974 en 1975 waren er nu 9 in het buitenland, voornamelijk in Australië.

Vanuit Noord-Libanon als geheel willen relatief veel jongeren nu naar Australië migreren – zeer zeker ook uit Hasroun. Maar ook dat dorp heeft een scala

Een in Libanon genomen foto van Nassief Elias Bersaoui, de vader van Jozef Nassief en zijn zusters. Hij kwam als eerste Nassief omstreeks 1910 naar Suriname.

van plaatsen van vestiging. Er heeft zich in de loop der tijden vanuit Hasroun onder andere een grote groep in Detroit, Verenigde Staten, gevestigd.

De burgeroorlog in Libanon heeft in de laatste twintig jaar van de vorige eeuw de emigratie niet excessief doen toenemen. Wat de effecten zijn van de strijd in 2006 moet dan ook worden afgewacht.

De migratie hangt natuurlijk samen met toegangsmogelijkheden. Zowel de mogelijkheden naar Frans-Caribische eilanden als naar Australië zijn de laatste jaren beperkter geworden. In die zin vormt Suriname een uitzondering omdat de toegang er in principe niet geblokkeerd is.[36]

De betekenis van het buitenland

De migratie heeft in Bazaoun positieve en problematische effecten. De problemen schuilen vooral in de verdeling van boedelgrond die uit erfenissen voortvloeien. Van boedelgrond is sprake wanneer een persoon, die grond bezit, is overleden en er meer dan één erfgenaam is. Boedelgrond kan alleen worden verkocht wanneer alle erfgenamen hiervoor hun toestemming geven en dit door middel van een volmacht tekenen. Er is veel boedelgrond in Bazaoun. Sommige informanten noemen zelfs driekwart van alle grond – met lijnen naar Zuid-Afrika, Verenigde Staten, het Caribisch Gebied en Argentinië. En dan is het voor de familie in Bazaoun moeilijk al die lijnen te ontwarren en wereldwijd unanieme beslissingen over gebruik en eventuele verkoop te bereiken. De toegenomen welvaart in Bazaoun en de blijvende emigratie hebben boedelkwesties zeer acuut gemaakt. Ook hier geldt: 'met boedels ontstaan conflicten'. De onderschatting van de huidige economische situatie in Bazaoun door de tweede en derde generatie in het buitenland wonende Libanezen van wie de ouders meer dan een halve eeuw geleden zijn vertrokken, heeft ook effect gehad op de inschatting van de waarde die zij aan hun bezittingen toekennen. Er zijn families die hun gronden tegen veel te lage prijzen hebben verkocht aan verre familieleden of aan gemachtigden omdat men gewoon geen indruk had hoeveel in het 'niet-meer-ezel dorp' de grond nu waard is. Soms wisten familieleden die nog in Bazaoun woonden of recent waren vertrokken, de gronden geheel op hun naam te schrijven, via vervalste machtigingen of gefingeerde overlijdenberichten. Ook in Suriname zijn Libanese families hiermee geconfronteerd. De Libanese regering heeft, kennelijk bezwaard door allerlei vervalsingen van papieren en de daarop volgende processen over gronden en boedels, recent besloten om de bouw van panden en dergelijke op boedelgrond te verbieden. De boedels moeten eerst weer heldere eigenaren krijgen.

Ik zie iemand met een vrachtwagen van wie ik weet, zijn naam horend, dat hij veel familie in Suriname heeft en vraag aan een Surinaamse Libanees die in Bazaoun is en toevallig met mij oploopt: 'Komt hij ook naar Suriname?' Antwoord: 'Dat hoeft niet want zijn ouders en ook hij krijgen geld van zijn broers uit Suriname'. Het is echter ook denkbaar dat hij wel wil vertrekken maar dat zijn broers het beter vinden dat hij daar blijft, vanwege de zorg voor de ouders, de familiebezittingen of omdat zij voor hem nu weinig ruimte in Suriname zien.

Vanuit Paramaribo worden in 1950 gelden naar Bazaoun overgemaakt

Toch zijn de migranten voor Bazaoun en zijn inwoners van groot belang. Zo maken velen geregeld geld over naar directe familieleden uit de streek van herkomst. Er is mij geen analyse bekend van de betekenis van de overmakingen naar Bazaoun en Hasroun, maar overmakingen van de eerste generatie Surinaamse Libanezen hebben zeker een rol gespeeld, zoals een overboekingsbericht uit 1950 laat zien. Ook vandaag de dag zijn overmakingen van nieuwe migranten nog van betekenis. In Bazaoun is er een tweedeling tussen hen die wel en hen die geen directe familie in het buitenland hebben. De laatsten worden gesteund, bijvoorbeeld voor het onderwijs van hun kinderen.

In Bazaoun zijn telkens ook familieleden van overzee aanwezig. In de zomer zijn dat er zo'n 300 à 400. Als ik spreek met het hoofd van het postkantoor in Hasroun en hij hoort dat ik uit 'Les Pays Bas' kom, zegt hij – in het Nederlands – 'hoe gaat het'. Dat zijn de door hem onthouden eerste woorden van de telefoongesprekken die Surinaamse Libanezen (die dan dus niet allen Arabisch spreken) bij hem voeren als ze naar huis bellen. Hij heeft een vast rooster waarop naar het buitenland wordt gebeld, corresponderend met het tijdverschil: 's morgens Australië, 's middags Suriname en andere Caribische landen en 's avonds de Verenigde Staten. Sommige migranten stichten in hun dorpen iets blijvends. Jaarlijks worden in Bazaoun en Hasroun twee tot drie huizen door of voor buitenlanders gebouwd, zoals ook twee Surinaamse Libanezen van één familie hebben gedaan. Oude familiewoningen worden soms geheel vernieuwd. Recent heeft bijvoorbeeld een Libanees uit Cayenne er een huis van 1,2 miljoen US-dollar laten neerzetten. Op de effecten daarvan zal verderop worden teruggekomen.

Libanese migranten blijven ook in religie en in dood hun contacten met het dorp van herkomst onderhouden. Zo woont één van de leden van het kerkbestuur in Guadeloupe en is de Onze Lieve Vrouwe kerk onlangs met 'buitenlands' geld gerestaureerd. Voor migranten die de laatste eer willen bewijzen aan hun overleden familieleden in Bazaoun is tegenover de kerk nu een ruimte gebouwd waarin de overledene in een vriescel kan blijven in afwachting van de komst van familie uit het buitenland waarna de dode wordt begraven.

Tijdens mijn verblijf in Bazaoun in 1999 was een aantal weken voor mijn komst in de leeftijd van 82 jaar mevrouw Mantourah Youssef Moussi Junis overleden. Zij was weduwe van Miled Habib Issa en een rechtstreekse tante van vele Issa's en Frangie's die ik in Suriname ken, al hadden lang niet allen haar ooit gezien. Tijdens mijn bezoek werd in een volle kerk van Bazaoun haar 'veertig dagen mis' gehouden, een vast gebruik bij de maronitisch-katholieke Libanezen in Libanon en in Suriname. Ik was tot het bijwonen van de mis door mijn gastheer Frangieh uitgenodigd. Wij waren daar, welhaast toevallig, met vijf andere Surinaamse Libanezen die min of meer geheel los van elkaar daar bij familie verbleven. Deelgenoot zijn van een mis in de Arabische taal was voor mij iets bijzonders. Je weet dat deze in de maronitisch-katholieke traditie is, maar begrijpt er letterlijk geen woord van – behalve de woorden Amen en Halleluja die telkens klinken en de namen van Maria en Martha die je hoort aan het einde van een preek die met veel overtuiging wordt uitgesproken.

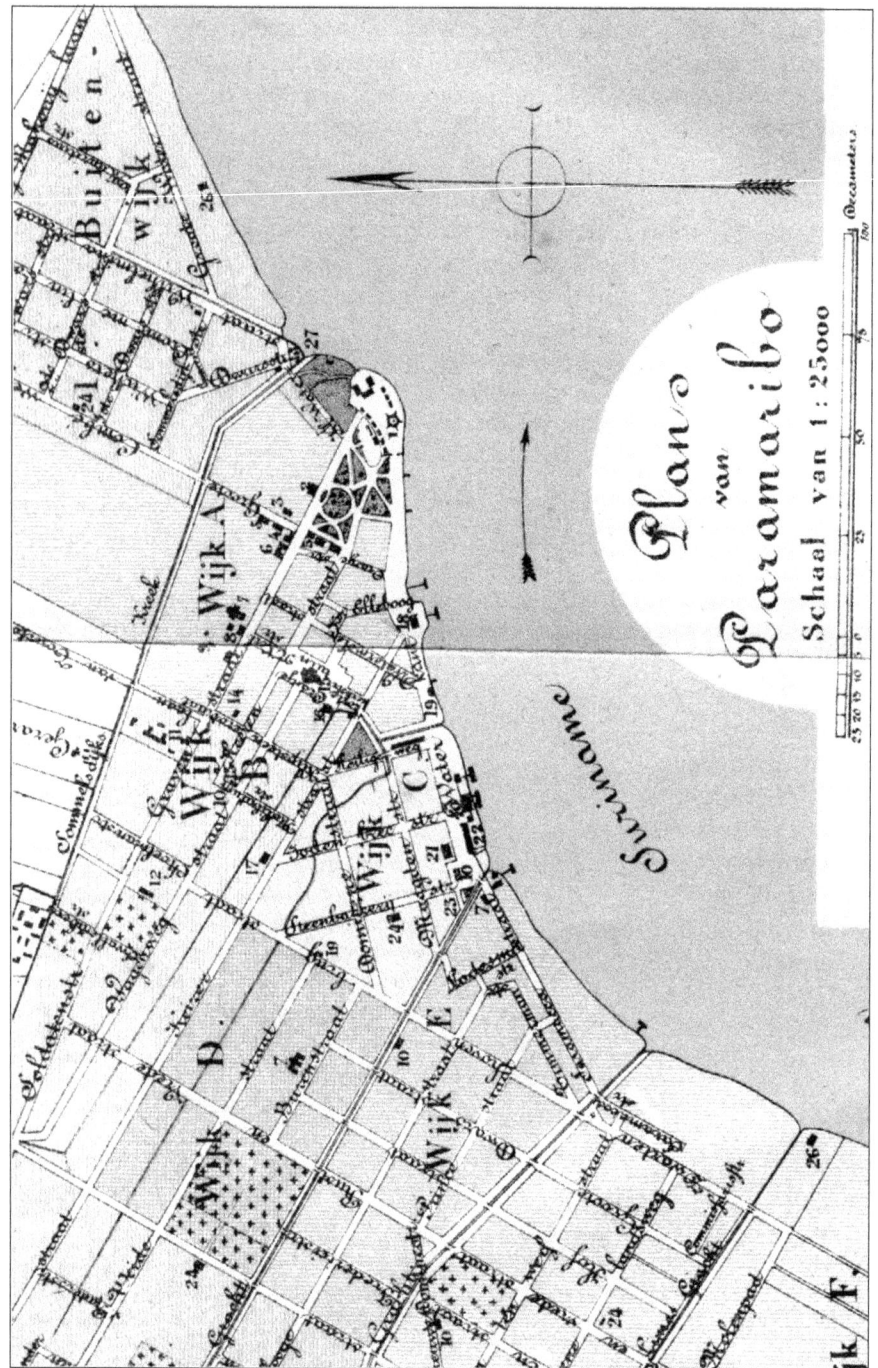

Het centrum van Paramaribo

HOOFDSTUK III

De eerste jaren
1890 -1920

Ook naar Suriname

In de jaren negentig van de negentiende eeuw zijn Libanezen per schip via Marseille naar de Amerika's gemigreerd. Onder hen waren er die kozen voor de route naar de eilanden onder Franse heerschappij zoals Guadeloupe en Martinique. Maar vandaar uit gingen de schepen verder. Cayenne, de hoofdplaats van Frans Guyana, was één van de eindpunten in zulke handelsroutes – en op weg naar Cayenne werd ook de haven van Paramaribo aangedaan. Enkelen gingen daar van boord om er hun geluk te beproeven.

De reis naar Suriname bekostigden Libanezen in de beginjaren zelf. Soms deed hun familie dat, ook als een investering voor mogelijke overmakingen later. Onder welke omstandigheden zij per schip reisden is niet geheel duidelijk.[37] In elk geval waren zij 'normale' passagiers die in hutten sliepen, en niet in ruimen zoals de contractarbeiders uit Azië die in dezelfde periode arriveerden. Sterfgevallen onderweg schijnen niet te zijn voorgekomen. Waarschijnlijk hadden zij Libanese producten bij zich om in de havens van aankomst te verkopen.

Als ze in Suriname kwamen met een schip van de Franse Antillen werden ze door familie opgehaald. Hadden ze die niet of hadden die slechts een erfwoning ter beschikking dan huurden ze voor korte tijd een kamer in een hotel, zoals in Hotel Riverview op de hoek Keizerstraat-Waterkant tegenover De Waag boven het gebouw van Handelsmaatschappij A. van der Voet. Van daaruit ontmoetten ze mensen uit het dorp of de streek en gingen verder verblijf regelen. Maar iemand is als eerste gekomen.

Nicolas Karkabé, de eerste Libanees in Suriname

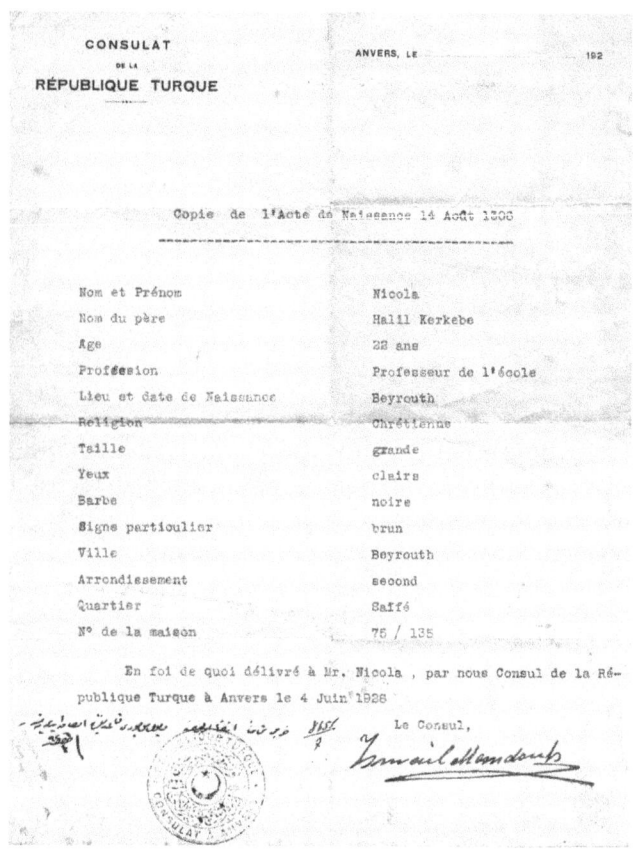

De geboorteakte van Nicolas Karkabé, in kopie in België verstrekt in 1926

Karkabé

Toen ik in 1965 voor het eerst Libanezen in Suriname ontmoette en de vraag stelde wanneer de eerste Libanees hier gekomen was, werd telkens 'een zekere Karkabé' genoemd, die zich rond 1890 in Paramaribo zou hebben gevestigd. Men sprak van 'een zekere Karkabé' omdat hij uit een geheel ander gebied van Libanon stamde en geen enkele familie- of dorpsband had met de Libanezen in en rondom Bazaoun die na hem kwamen. Hij was in het midden van de jaren twintig, na een verblijf van dertig jaar, bovendien weer uit Suriname vertrokken zonder er familie achter te laten. Maar in deze dertig jaar was hij wel de sociaal en economisch belangrijkste Libanees van Suriname geweest en op een manier die de acceptatie van de Libanezen in de Surinaamse maatschappij bevorderd heeft.

Nicolas Karkabé werd in 1863 in Beiroet geboren.[38] Daar was zijn vader, Halil, onderwijzer. In de familie gaat het verhaal dat de Karkabé's oorspronkelijk uit een bergdorp kwamen.[39] Zijn vader raakte vanuit dat dorp betrokken bij de conflicten die in de jaren tachtig het Turkse rijk teisterden, zou op een zekere dag te paard het dorp verlaten hebben om aan een strijd tegen de druzen deel te nemen waarin hij sneuvelde. Het bergdorp zou zijn verwoest. In elk geval werd Nicolas wees en kwam in een Duits Evangelisch-Luthers internaat in Jeruzalem terecht.[40] Later werd hij, net als zijn vader, onderwijzer waarvoor hij korte tijd in Duitsland een opleiding zou hebben gevolgd.

Karkabé is na 1885 en voor 1892 in Suriname aangekomen. In 1885, toen hij 22 jaar oud was, werd hem in Beiroet door de Turkse autoriteiten een kopie van zijn geboorteakte verstrekt – kennelijk door hem

Karkabé geregistreerd in het Patentregister van 1892 als rondventer van goederen in districten

belasting die gedurende een aantal decennia in de negentiende eeuw, tot 1898, op alle bedrijven werd geheven.[41] Kennelijk was hij niet met veel financiële middelen naar Suriname gekomen. Hij staat in dit register ingeschreven als 'rondventer van goederen in districten'. Trekkend langs plantages en kleinlandbouwbedrijven verkochten rondventers allerlei goederen zoals kleding, textiel en kramerijen. Het was een beroep dat de springplank kon vormen naar handelssucces. Karkabé was een eenling, temidden van Hindostanen die na hun contractarbeid als rondventers de districten introkken.[42] In 1893 staat hij eveneens als rondventer vermeld. In 1894 komt hij in het Register niet voor, maar in juli 1895 wordt hij genoteerd als winkelier, aan de Heiligenweg.[43] In 1896 verhuist hij naar de Maagdenstraat. Daar tracht hij zijn winkel Au Bon Marché tot één van enig formaat te maken, zoals ook blijkt uit de reclameadvertenties in de Surinaamse pers – bijvoorbeeld de kerstadvertentie van 20 december 1896 in de *Nieuwe Surinaamsche Courant*.[44] Het jaar daarop verplaatst hij zijn zaak naar een hoek van de Watermolenstraat met de Keizerstraat. Daar zou hij deze zaak tot 1923, het jaar waarin hij Suriname verliet, leiden.

De kerstadvertentie van N. Karkabé in de *Nieuwe Surinaamsche Courant* van 20 december 1896

Integratie en manifestatie

Karkabé weet zich al snel een zekere positie te verwerven. Hij trouwt op 26 september 1895 met Elizabeth Georgetina Kampherbeek, de in 1855 in Paramaribo geboren dochter van een Creoolse vrouw en een Nederlandse (onder)officier.[45] Zij was winkelierster en beschikte over enige financiële middelen. Het pand waar hij zijn winkel begon behoorde aan haar toe en het pand aan de Watermolenstraat zouden zij samen kopen.[46] Hij participeerde in de Surinaamse *society* in die dagen. Hij was lid van het Park, de sociëteit van de elite en was – evenals zijn vrouw – lidmaat van de Evangelisch-Lutherse Gemeente, bepaald geen kerk van de armen. Karkabé 'integreerde' in de Surinaamse samenleving.

Voor de andere Libanezen gold Karkabé als een

vanwege een mogelijk vertrek gevraagd. Hij was daar toen als onderwijzer aan een school verbonden. Wanneer hij precies uit Libanon is vertrokken is niet bekend. Bij zijn komst naar Suriname zal hij geen andere weg genomen hebben dan de andere Libanezen in Suriname – via Marseille en Frans West-Indië. Mogelijk heeft hij de eerste jaren na zijn vertrek ook op één van de Caribische eilanden of in Frans Guyana gewoond. Via Cayenne zou hij in Suriname zijn gekomen. In het patentregister van 1892 zijn zijn naam en adres in Paramaribo te vinden.

Karkabé is de eerste Libanees die werd geregistreerd in de patentregisters, een soort bedrijfs-

Elizabeth Kampherbeek, echtgenote van Nicolas Karkabé

ontwikkeld man. In elk geval beschikte hij over een schat aan talenkennis – minstens zeven talen: van Arabisch, Oudhebreeuws en Turks tot Engels, Frans, Duits en nadat hij in Suriname was gekomen ook Nederlands. Hij stond bekend als heel strikt voor zichzelf, als een man van de klok, en als iemand die dat ook van anderen vroeg. Karkabé boekte met zijn zaak aan de Watermolenstraat succes. Die straat was toen, hoe rustig het er op de foto ook lijkt, een hoofdstraat tegenover het in die jaren florerende plantagedistrict Commewijne. Hij werd importeur en verkoper van een breed assortiment van duurdere artikelen waarmee hij in de kranten adverteerde, zoals speelgoed uit Neurenberg, schoenen uit Engeland en borstrokken uit Marseille. Zijn zaak, waar onder andere 'karette' (kunststof) poppen verkocht werden, was bekend. Nog jaren na zijn vertrek uit Suriname werd in Surinaamse gezinnen tegen een meisje dat er lief en mooi uitzag, gezegd: '*Yu gersi wan popki fu Karkabé*' (Je lijkt op een popje van Karkabé).[47] Er is zelfs een *odo* (spreekwoord) waarin hij centraal staat. '*Mi a no masra Karkabé preisani, no seni mi fu tyari go na yanki*', waarvan het Nederlandse equivalent zou zijn: Laat mij niet iets doen dat toch niets uithaalt.[48] De stoffen liet hij door andere Libanezen in de districten en op de markt verkopen. Gegevens van de inkomstenbelasting uit die jaren tonen aan dat hij en zijn vrouw behoorlijke inkomens verwierven.

Zo heeft Karkabé zich in Suriname duidelijk gemanifesteerd. In 1914 noemt Gouverneur Willem Dirk Hendrik van Asbeck in een brief over mogelijk te organiseren Libanese migratie naar Suriname hem 'koopman te dezer stede en het zoogenaamde hoofd der Syriërs hier te lande' (zie p. 44). Zo werd hij door de samenleving gezien en zo gedroeg hij zich ook. Later gekomen migranten zijn door hem vooruit geholpen. Mij werd in 1966 gezegd: 'Er was hier vroeger een rijke man. Die ving mensen op. Gaf ze textiel om te gaan verkopen in bakken op de plantages'. En een Libanees, geboren in 1929 in Nickerie, vertelt: 'Als ik in de stad was en met mijn moeder van de Waterkant naar de Kathedraal liep, zei ze, als we door de Watermolenstraat liepen: "Hier heeft de heer Karkabé gewoond".' Dat was dus jaren na zijn vertrek in 1923.

Karkabé's vertrek

Karkabé's zoon Charles Nicolas, die in 1897 werd geboren, werd omstreeks 1908 voor opleiding naar Nederland gestuurd, wat Surinamers die zich dat konden veroorloven dikwijls deden. Hij verbleef, zoals uit foto's en verhalen valt op te maken, in Rotterdam bij familie van zijn moeder en op een kostschool. Hij had er onder andere een handelsschool gevolgd. Hij trouwde met een Nederlandse, keert terug, en werkte korte tijd als boekhouder in de zaak van zijn vader. Maar in september 1921 trok hij, omdat het klimaat voor zijn vrouw 'ondraaglijk' was, definitief naar Europa. Hij kwam via Nederland in België terecht waar hij in handelsbedrijven, zoals Duyvis, emplooi vond.

Cable Address:
NASIF—PARAMARIBO.

Code Used:
A. B. C. 5th Edition & Bentley
Acme Code.

J. NASSIEF & Co.
GENERAL DRY GOODS MERCHANTS.

PHONE No. 195.
P O. Box 133.

PARAMARIBO, SURINAM
DUTCH GUIANA.

Paramaribo, 23rd December 1935.

Dear Charles,

The sad news you transferred by cable of 4th inst, was a shock to me and my family - it was even a shock to every one of our people, especially those who knew your loving father, who was my dearest friend.

I immediately replied by cable expressing my sympathy, which cable I hope you received.

Charles, you can believe me that the feelings I cherish toward your father is second to the feelings I have toward my own father. I loved and respected your father, not only since he left this colony, but for all the years we were together. I would never forget the pleasant times we have had, and I am indebted to him more than any one else, for his guidance and the many good advices he used to give me from day to day.

While it is very hard for you to lose such a good father, you must console yourself of the fact, as you are well aware, that each of us have to go one day - the redeeming feature after all, is the pleasant memory and foot-marks we leave to our children and those behind us, and I am sure that my dearest friend has left to you, all that is possible for every good father to do.

Your letter of 4th inst is just to hand, and I highly appreciate the contents - words cannot express my gratitude to you for the kind and sincere compliments paid to me in your letter.

All Syrian friends old and young join in sending you their deepest sympathy.

I have also informed Messrs C. Kersten & Co and Mr Kraan of the sad news, and Mr Kraan immediately paid tribute by placing an article in his newspaper to the noble life and work of your father in this community.

Please accept myself and family's heartfelt sympathy and with kindest regard to yourself and wife,

Yours sincerely,

Jozef Nassief reageert geschokt als hij in 1935 het bericht ontvangt dat Karkabé overleden is

Ook Karkabé zelf blijft niet in Suriname. In 1923, op 59-jarige leeftijd en ongeveer dertig jaar na zijn komst in Suriname, verlaten Karkabé en zijn vrouw het land. Het waarom van zijn vertrek is niet duidelijk Hij gaat de weg die veel andere rijkere Surinamers toen ook gingen, wat wil zeggen naar Nederland, met in zijn geval een vervolg naar België waar zijn zoon woonde. Beiden waren toen, evenals zijn zoon, in het bezit van de Turkse nationaliteit; in 1926 zal hij in het kader van de toescheidingsovereenkomst Syriër worden. Zijn zaak met zijn importconnecties heeft hij bij zijn vertrek overgedragen aan Jozef Nassief Bersawi.[49]

Karkabé had een zodanige positie in de Surinaamse samenleving verworven dat hij als hij, twaalf jaar na zijn vertrek, in december 1935 overlijdt nog niet is vergeten. Jozef Nassief, dan de belangrijkste Libanees in Suriname, ontvangt een telegram van Karkabé jr waarin het overlijden wordt bericht. Nassief antwoordt op het telegram van Karkabé jr in het Engels: 'The sad news you transferred by cable of 4th, was a shock to me and my family – it was even a shock to every one of our people, especiallly those who knew your loving father, who was my dearest friend. [...] All Syrian friends old and young join in sending you their deepest sympathy.' Nassief bericht het overlijden onder meer aan de directie van de firma Kersten, toen de belangrijkste handelsfirma in Paramaribo, en ook aan het dagblad *De West* die het vermeldt en schrijft: 'Hij was een nuttig lid van onze samenleving'.

> In 1991 komt uit Rotterdam een achterkleinzoon van Karkabé, drs H. Reedijk, toen de directeur van wat nu het Wereldmuseum *is*, beroepshalve naar Suriname. Hij heeft in zijn jeugd gehoord van het verblijf van zijn overgrootvader in Suriname maar zonder dat er veel over werd verteld. 'Mijn moeder en oom zijn heel traditioneel Europees opgevoed. Wij kregen nooit verhalen over Suriname en Libanon.' Maar tot het weinige van wat hij gehoord had behoorde ook de naam van Nassief. De dag voor zijn vertrek loopt hij langs de zaak aan de Maagdenstraat die de naam van Nassief draagt, en gaat naar binnen. Hij is verrast en positief geschokt over de ontvangst door Nassiefs zoon André die hem ten deel valt – alsof hij een verloren zoon was die is teruggekeerd. 'Er braken allerlei emoties los.' 'Pas in die ontmoeting bij Nassief heb ik mij gerealiseerd dat ik deels Libanees was.'

De eersten uit Bazaoun

In het midden van de jaren negentig van de negentiende eeuw, enkele jaren nadat Karkabé voet aan wal had gezet in Paramaribo, arriveerden de eerste Bazaouni's in Suriname. Er zijn vier bronnen die dit aantonen. In Suriname zijn dat de patentregisters, de doopregisters en de geboorteregisters, in Libanon is dat de bevolkingsregistratie van 1913 in Bazaoun waarin ook migranten zijn opgenomen.[50]

Het oudste spoor dat tot nu toe gevonden is dateert van oktober 1896 als Joseph Souma – zo werd de naam toen gespeld, nu is het Sauwma, Sowma of Saouma – in het patentregister als rondventer in Commewijne en Marowijne wordt ingeschreven. Zijn woonplaats is Paramaribo. Hoe en waarom hij in Suriname terecht was gekomen is niet bekend. In 1897 staat hij opnieuw vermeld, nu als rondventer van kramerijen in de districten Beneden en Boven Saramacca, Coronie en Nickerie. Hij is dan niet meer de enige Souma. In het register is ook opgenomen zijn broer Moussi Souma, 'rondventer van goederen in eigen persoon' – zonder aanduiding van het district waarin hij werkte. Joseph en Moussi Souma, die deze beroepen in Libanon nooit hadden uitgeoefend, waren toen allesbehalve vermogend.[51] Zij hebben, gezien hun adressen, gewoond in erfwoningen aan het begin van de Saramaccastraat en van de Steenbakkersgracht, de huidige Dr Sophie Redmondstraat. Zij zijn echter niet in Suriname gebleven maar teruggekeerd naar hun dorp van herkomst en daarna naar andere landen getrokken. Heeft de rondventerij de winst daarvoor opgeleverd of werd familiekapitaal ingezet?

In de jaren negentig van de negentiende eeuw waren deze twee Souma's niet de enige Libanezen uit

III De eerste jaren

De inschrijving van Joseph en Moussi Souma in het Patentregister van 1897

Bazaoun in Suriname. Er waren ook nieuwkomers die in ander verband werk vonden, bijvoorbeeld op de markt.[52] Tevens vestigden zich gehuwden. Soms kwamen man en vrouw samen, soms kwam de man eerder en de vrouw een jaar of enkele jaren later. De migratie was zeker geen migratie van mannen alleen – hoogstens in de allereerste fase.

De doopregisters als bron

De maronitische migranten vonden onderdak in de rooms-katholieke Rosakerk. De Rosakerk stond tot 1911 op de hoek van de Saramaccastraat en de Steenbakkersgracht voordat een nieuw en eveneens houten kerkgebouw met dezelfde naam in de Prinsenstraat zou verrijzen. In deze kerk lieten de Libanezen hun kinderen dopen. In de doopregisters van die kerk zijn de kinderen met Libanese naam en achtergrond van de eerste jaren te vinden. In 1897 worden daar Hanni Marien Tannous Bou Jabour als dochter van George Tannous Bou Jabour en Hawa Touma Bon Dahar gedoopt. De peet is Mary Djerris. Elf maanden later volgt een zusje.[53] Als peten staan Mary George Karon en Habiet Karon genoteerd. Dat is mogelijk een 'verschrijving' geweest. Het zal waarschijnlijk gaan om twee Karams. Mocht dat zo zijn, dan is de familie Karam samen met die van Sowma de langste nu nog in Suriname levende Libanese familie. De families zouden wel andere wegen gaan. Zowel de dopelingen als de peten dragen Libanese namen die in Bazaoun en nabijliggende dorpen voorkomen, hoewel van deze Karams, in tegenstelling tot andere Karams in die jaren, Jeruzalem als geboorteplaats staat vermeld. In elk geval moet er rond 1895 in Suriname een kleine groep Libanezen zijn geweest, vrijwel zeker voornamelijk uit Bazaoun en omgeving.

in 1905 is al één van hen een niet-Libanees, wat wijst op een eerste integratie in de Surinaamse gemeenschap, mogelijk via de kerk of de handel.

De registratie die in 1913 in Bazaoun gemaakt is van het aantal inwoners, inclusief die van de daar toen bekende verblijfplaats van de migranten, laat ook zien hoevelen er in Suriname zijn. Het zijn er 26,

Habib Moussei. Hij is met zijn vrouw Mary Tanous omstreeks 1900 uit Bazaoun in Suriname gekomen. Enkele jaren later keerden zij met twee daar geboren kinderen terug naar Libanon. In de jaren dertig zijn drie zoons, Antonios (geboren in Paramaribo), Moussi en Jacob, naar Suriname gegaan en in de jaren zeventig ook kinderen van zijn dochters. Hij is zo de voorvader van vrijwel alle Issa's, van de Frangie(h)s, van de Helou's en van de Bersawi's in Suriname.

Geboorteakte van Antonio Issa, geboren in 1902 op een erf aan de Waterkant waar in 1903 ook Barbara Karam, dochter van Hahib Michel Karam en Marie Schaia, werd geboren

De groep was klein. De omvang is ietwat te traceren uit het aantal gedoopte kinderen en de peten. Tussen 1897 en 1906 zijn er in de Rosakerk 13 kinderen van Libanese ouders gedoopt.[54] Bij deze dopen waren 29 verschillende Libanese volwassenen betrokken – als ouders of als peten. De peten waren aanvankelijk allen van Libanese herkomst. Maar zowel in 1904 als

De migranten naar Suriname zoals die in 1913 in Bazaoun genoteerd werden

11 mannen en 15 vrouwen, waarschijnlijk verdeeld over tien huishoudens. Daarnaast waren er enkelen uit nabijgelegen dorpen, zoals de familie Mansour uit Berosia en de familie Zrour uit Hasroun.

De betekenis van de rooms-katholieke kerk

De rooms-katholieke kerk is voor de Libanezen in Suriname van cruciaal belang geweest. Ten eerste bood de kerk, hoezeer de rooms-katholieke liturgie afweek van de maronitische liturgie, een religieuze verbinding met hun gebied van herkomst. Dit is van betekenis omdat het in Suriname nooit tot een blijvende verbinding met de maronitische kerk via maronitische priesters is gekomen. In Brazilië en de Verenigde Staten is dit bij grotere Libanese migrantengemeenschappen wel het geval. Toch kwam in de jaren dertig een enkele keer een maronitische pries-

In de pers wordt in 1907 voor het eerst vermeld dat Syriërs deel van de bevolking uitmaken

De Rosakerk op de hoek van de Saramaccastraat waar de eerste Libanezen in Suriname gedoopt werden

ter langs (zie foto op p. 55). Ten tweede heeft de kerk de Libanezen gesteund bij het vinden van hun weg in de Surinaamse maatschappij. De – Nederlandse – clerus moet blij verrast zijn geweest door hun religieuze betrokkenheid en beantwoordde die door hen bij te staan in het vinden van wegen naar hun nieuwe positie.[55] Deze heeft een belangrijke rol gespeeld bij de vorming van de Libanese kinderen die niet alleen een kerkelijke maar ook een educatieve was. En de clerus stimuleerde de Libanese ouders om hun kinderen actief onderwijs te laten volgen en zich zo hoog mogelijk te ontwikkelen. Hun kinderen leerden zo via de school Nederlands spreken, iets waaraan de eerste generatie Libanezen niet was toegekomen. Zij hadden die taal ook niet hard nodig. Hun omgangstaal met de lokale bevolking was het Sranantongo dat zij wel machtig werden.

Zichtbaar in de stad

De 'Syriërs' zoals zij zich toen noemden en genoemd werden (zie p. 89), moeten in het Paramaribo van die dagen duidelijk zichtbaar zijn geweest – maar wel temidden van allerlei nieuwe groepen die de stad binnenkwamen. In die zin waren zij allesbehalve uitzonderlijk. Het waren 'vreemde blanken' die zich onderscheidden door de specifieke handelsberoepen die ze in de districten en 'onder de markt' uitoefenden en door hun taalgebruik.[56] Maar hun taalgebruik was in die zin niet vreemd dat ook vele andere nieuwe immigranten in de kleine stedelijke samenleving geen Nederlands en nauwelijks Sranan spraken. Buitenshuis droegen zij vrijwel zeker geen 'Libanese' kleding zoals de *sherwal*, de mannenbroek. Er is uit die jaren geen foto, ook geen familie- of groepsfoto, bekend van Libanezen die in Suriname kleding uit hun geboorteland dragen. Als vanzelfsprekend klitten zij sterk aan elkaar, samen een weg vindend in de nieuwe stad, het nieuwe land, zij het dat in de aanvang hun verblijf vaak slechts tijdelijk was.

Om een inkomen te verwerven zijn de migranten in de eerste vijftien jaar vrijwel uitsluitend actief geweest als rondventers en als marktkooplieden. Hoewel er na 1898 geen namen van rondventers beschikbaar zijn, moet er zich onder hen ook een aantal Libanezen hebben bevonden. In een artikel over de terugloop van de 'eigenlijke bevolking'– Hindostaanse en Javaanse contractarbeiders, ook zij die niet meer onder contract stonden, werden daartoe niet gerekend – wijst de *Nieuwe Surinaamsche Courant* van 26 mei 1907 op de aanwezigheid van 'Syrianen, die zich met venten van handelsartikelen bezig houden'. Ook Jozef Nassief, die in 1910 op 17-jarige leeftijd naar Suriname kwam, is rondventer geweest. In elk geval waren na 1900 Libanezen actief 'onder de markt'. Dat moet toen hun belangrijkste activiteit zijn geweest totdat de eersten, waarschijnlijk vlak voor de Eerste Wereldoorlog, winkels openden.

Niet alleen in Paramaribo

Voor de 'Syrianen' was in de regel Paramaribo de eerste plaats van aankomst in Suriname. Er zijn ook Libanezen die Suriname van de Franse kant via Albina bereikt hebben. Zij hebben zich daar niet alleen met handel, maar ook met goudzoeken bezig

Eva Nassief, de dochter van Jozef Chehin en Saidi Nassief-Chehin, is in 1920 in Nieuw Nickerie gedoopt

gehouden. Er zijn spaarzame gegevens bekend van families van wie de kinderen in Albina gedoopt werden. Dat waren er tussen 1900 en 1920 slechts zes, uit drie families.

Tot de dopelingen behoren vier kinderen van Salim Geara. Momenteel wonen er geen Geara's meer in Suriname, maar een tijd lang zijn zij een familie van betekenis geweest zoals in het volgende hoofdstuk zal blijken. De eerste(n) uit de familie Geara is aan het begin van de vorige eeuw naar Suriname gekomen. In Surinaamse archiefstukken komt hun naam het eerst in Albina voor. Waar zij precies uit Libanon vandaan komen is niet duidelijk – één Geara zou in Beiroet geboren zijn. Later zouden Geara's in de stad actief zijn (zie p. 57).

Ook werd in 1905 Mora, dochter van de familie Chaoul, gedoopt. Deze familie is later naar Cayenne gegaan en vandaar naar Bazaoun teruggekeerd. De dochter is daar getrouwd met Alexander Elias en samen zijn zij naar Suriname gekomen. Andere leden van deze familie wonen nu in Cayenne waar de Libanezen een geheel ander scala van beroepen, vooral in de autohandel, uitoefenen.

De weg werd ook vanuit Paramaribo naar Cayenne gemaakt. Eén van de Karams was niet succesvol in Paramaribo, aldus een nakomeling die nu in Suriname woont. Hij is toen naar Albina gegaan en van daaruit naar Mana, vlak over de grens in Frans Guyana. Daar moet hij via goud en balata 'well to do' zijn geworden. Hij verhuisde naar Cayenne, maar toen zijn zaken daar mislukten keerde hij terug naar Libanon. Van daaruit is zijn familie later opnieuw naar Frans Guyana getrokken.

Belangrijker is dat er omstreeks en na 1910 ook Libanezen vanuit Paramaribo naar Nieuw Nickerie zijn getrokken. In Nickerie – toen alleen via de boot vanuit Paramaribo bereikbaar – was er in het begin van de twintigste eeuw een groei van de bevolking. Dit gaf ook ruimte aan Libanese handel – eerst via de rondventerij, later ook via de verkoop in winkels. De nog bestaande winkel van de familie Elias in Nieuw Nickerie dateert van 1917. Rond 1920 was er een zestal Libanese families in deze kleine plaats. Tussen 1915 en 1921 worden er acht Libanese kinderen gedoopt.

Het heen en weer trekken tot 1920

Libanese migranten vestigden zich vaak niet definitief in de landen waar zij in de Nieuwe Wereld van boord gingen. Sommigen keerden zelfs, tijdelijk of voorgoed, terug naar Libanon. Dit is opvallend, want een bootreis van Bcharre naar Paramaribo was duur en duurde lang.

De Souma's zijn na een tijd rondventer in Paramaribo te zijn geweest, misschien met daar verdiende gelden, teruggekeerd naar Bazaoun, en vandaar weer verder: Joseph wordt in 1913 geregistreerd als wonend in Zuid-Afrika. Daarentegen is in die jaren hun broer Mikhael, de stamvader van de nu in Suriname wonende Sowma's en Saouma's, in het begin van de twintigste eeuw naar Suriname getrokken. En tevens, achtereenvolgens, zijn drie zonen. De registratie van 1913 in Bazaoun geeft aan dat Mikhael en zoon Antonios toen in Suriname waren.

Op 2 september 1902 wordt in de Rosakerk Antonio, de zoon van Habib Moussei en Mary Tanous gedoopt. Hij stamt uit de Issa-familie die naar verschillende landen is gemigreerd en heeft zowel een oom in Zuid-Afrika als één in Cuba. Als kind van twee jaar keert hij met zijn ouders, die hier iets van drie jaar geweest zijn, terug naar Bazaoun, maar in 1930 komt hij, met Wardie Nassief Bersawi als zijn vrouw, opnieuw – als eerste van de huidige groep Issa's. Hij zal zijn naam doen veranderen in Antonio Habib Issa. Zijn zuster is twee jaar eerder in Suriname geboren en is ook teruggekeerd naar Bazaoun. Bijna een eeuw later zouden kleinkinderen van haar trachten in Suriname een bestaan op te bouwen.

Op 6 maart 1904 laten in dezelfde kerk Michel Jozef Karam en Latif Schaia hun dochter Marina dopen. In 1913 is de dochter volgens de registratie in Bazaoun. In 1924 trouwt zij, zo vermeldt het doopregister, in Frankrijk met een Fransman.

De familie Badwie Chehin heeft omstreeks 1906 korte tijd in Cuba gewoond waarna zij naar Paramaribo kwamen. Dat was trouwens hun tweede reis naar Amerika. Daarvoor had Badwie Michaël Chehin met zijn vrouw Annie Nassief Bersawi enkele jaren in de Verenigde Staten gewoond, gewerkt en er twee kinderen gekregen. Badwie Chehin had de reis naar de VS gemaakt samen met 'zijn boezemvriend' Nassief Elias Bersawi en met zijn zuster met wie deze was getrouwd en met tenminste één zoon van hen, Jozef Nassief Bersawi die later in Suriname onder de Libanezen jarenlang de dominante leider zou worden. Later zou André Nassief, een zoon van Jozef Nassief, in Mexico, twee broers van Badwie Chehin ontmoeten die in het begin van de twintigste eeuw naar Mexico trokken waar zij succesvol in de industrie werden. David Louis Chehin, een kleinzoon van Badwie Chehin en nu 76 jaar, is naar deze broers vernoemd die hij zelf nooit gezien heeft.

In het Caribisch Gebied trokken Libanese migranten van eiland naar eiland, van land naar land, iets wat toen ook onder andere etnische groepen gebruikelijker was dan nu.[57]

Rond 1900 verbleef de overgrote meerderheid van de migranten slechts korte tijd in Suriname. Van de vijftien Libanese kinderen die in de periode 1897-1907 in Paramaribo werden gedoopt, is er in de volkstelling van 1921 slechts één terug te vinden. De mobiliteit van de migranten, die hieruit blijkt, was mogelijk

Habib Michel Karam (1866-1943) en Marie Karam-Chaia (1871-1942) met kinderen. Deze foto is één van de oudst bekende van een Libanees gezin in Suriname. Ze dateert van omstreeks het begin van de Eerste Wereldoorlog.

door de vrije in- en uitgang die ook niet-ingezetenen in de koloniën hadden. Ze is mede verklaarbaar door de beroepen die de migranten uitoefenden. Zij waren venter of marktkoopman, hadden geen investeringen gedaan en bezaten geen huizen. En kennelijk was er een familiaal netwerk, dat migranten in staat stelde zich overal in de Cariben te vestigen. Wanneer de mogelijkheden in andere Caribische landen hun dus iets beter leken verhuisden ze daar naar toe.

In de periode 1908-1920 verlieten steeds minder migranten Suriname. In deze periode zijn in Paramaribo 13 en in Nieuw Nickerie 7 kinderen gedoopt. Op één na woonden deze in 1921 nog in Suriname. Waarschijnlijk vonden nieuwe migranten een betere plaats in Suriname en bood de Surinaamse economie meer ruimte. De Libanese rondventer en marktkoopman worden winkelier. Bovendien werd, zeker gedurende de Eerste Wereldoorlog, de toegang tot de Franse koloniën in de Cariben moeilijker omdat Frankrijk in oorlog was met Turkije, het land waarvan de Libanezen toen de nationaliteit bezaten.[58] Mogelijk heeft dat het heen en weer trekken naar Libanon en binnen het Caribisch Gebied toen bemoeilijkt. Na 1920 werd Libanon een Frans protectoraat en daarmee waren deze oorlogsbelemmeringen weggenomen. Want ook in de jaren daarna hadden niet alle Libanezen zich definitief gevestigd. Een wel zeer treffend voorbeeld is dat van de Astaphan's, een Libanese naam die nu niet meer voorkomt in Suriname. In 1921 woonde op Keizerstraat 12 Antonios Astaphan, die in Bazaoun was geboren. Een dochter zag in 1911 het levenslicht in St Kitts, een zoon in 1913 in Montserrat, twee andere kinderen in 1915 en 1918 weer op St. Kitts, een dochter in 1919 in Nieuw Nickerie, een zoon in 1921 en één in 1923 in Paramaribo waar hij toen een goed lopende winkel had (zie foto op p. 46). Eind jaren twintig zijn zij weer vertrokken naar Dominica – de oudste dochter, die inmiddels getrouwd was met Josef Badwie Chehin, bleef in Suriname.

In elk geval hadden veel Libanese families in Suriname in die jaren en daarna familiale en regionale netwerken in een aantal andere Caribische

> Op den 21sten dezer ontviel ons plotseling door den dood onze dierbare zoon, broeder, echtgenoot en vader,
>
> **George,**
>
> in den ouderdom van 32 jaren, diep betreurd door de familie.
>
> B. M. CHEHIN,
>
> mede voor de overige familie.

> Op 21 dezer des avonds overleed plotseling onze broeder en behuwdbroeder,
>
> **George Chehin,**
>
> oud 33 jaren, diep betreurd door ons.
>
> Familie J. NASSIEF.

> Parbo., 27—7—'27.
>
> Op Donderdagavond omstreeks 10 uur overleed vrij plotseling
>
> **George Chehin,**
>
> in den ouderdom van 32 jaren, diep betreurd door ons allen.
>
> Namens de overige familieleden,
>
> A. ASTAPHAN,

Het overlijden in 1927 van George Chehin, de eerste volwassen Libanees die in Suriname stierf, wordt ook in de dagbladen bericht

landen. Dit zou later bij het sluiten van huwelijken van belang worden.

> Bij de volkstelling van 1921 staat op het formulier van de familie Zicha T.G. Karam in Nickerie dat de man en de vrouw in 1890 en 1896 in Bazaoun geboren zijn en een dochter in 1912 in Cayenne. Op het formulier staat van de vader van Zicha Karam (die kennelijk zonder vrouw naar Suriname was gekomen) en van twee van Zicha's zoontjes (zes en acht jaar) aangegeven: 'vertrokken voor de telling naar Syrië'. Volgens de Burgerlijke Stand zijn Zicha Karam en zijn vrouw na 1921 zelf ook vertrokken en wel naar Guadeloupe, maar in 1928 naar Suriname teruggekeerd; in 1950 wonen zij met vier kinderen aan de Waterkant in Paramaribo, onder wie de twee in 1921 naar Syrië vertrokken zonen en bovendien een zoon die in 1927 in Guadeloupe geboren is. Een dochter die in 1918 in Nickerie geboren is, huwt in 1934 in Guadeloupe met de in Suriname wonende Mike Salim Zehoer en komt in dat jaar ook weer naar Suriname. In 1950 vertrekt een groot deel van de familie naar Guadeloupe.

Van rondventer naar winkelier

De eerste Libanese migranten in Suriname hebben met rondventen hun inkomen verdiend. In de districten gingen zij te voet of met een ossenkar om textiel- en aanverwante producten aan plantagearbeiders en kleine boeren te verkopen. Na 1898 zijn er geen gegevens beschikbaar over de namen van de rondventers in de districten maar onder hen waren rond 1900 waarschijnlijk ook nog Libanezen.

De Libanese migranten verdienden hun geld ook door met hun waar op de markt, 'onder de markt' zoals dat in Suriname wordt genoemd, te gaan staan. Dat betrof eveneens de verkoop van textielproducten. Textiel werd in het begin van de twintigste eeuw in de stad voornamelijk in winkels verkocht. Het zijn zeer waarschijnlijk de Libanezen geweest die de textiel op de markt, die tot dan voornamelijk een groenten-, vruchten-, vis- en houtmarkt was, hebben gebracht. In negentiende-eeuwse beschrijvingen wordt alleen van de eerst genoemde marktproducten gesproken terwijl in het begin van de twintigste eeuw de manufacturenverkoop door Syriërs als bijzonderheid wordt vermeld. Oudschans Dentz schrijft in 1917: 'Op de markt vindt men ook Syrische kleinhandelaren en rondventers, die manufacturen en snuisterijen verkopen'.[59]

Na 1910 heeft een belangrijk deel van de Libanezen de overstap gemaakt van rondventer of marktkoopman naar winkelier. Een interessante indicatie daarvoor is te vinden in de geboorteregisters die zich bevinden in het Nationaal Archief in Paramaribo. Bij de geboorteaangifte worden ook de beroepen van de ouders vermeld. Tot 1911 lieten Libanezen zich steeds als (rond)venter registreren. Dit verandert. In de daarop volgende jaren noemden Libanezen zich geen venter of marktkoopman meer, maar handelaar of winkelier. Isaac Bitroos[60] liet zich in 1913 registreren als handelaar, George Chehin, die waarschijnlijk als eerste Bazaouni geen Libanese maar een Surinaams-Portugese vrouw huwt, liet zich in 1914 registreren als winkelier.[61] Hij zou jong overlijden (zie de advertentie op p. 40). De Libanezen hadden zich omhoog gewerkt. En dit in een tijd dat het Suriname economisch gezien niet bepaald voor de wind ging. Het *Koloniaal verslag* van 1917-1918 stelt: 'De handel verkeert nog altijd in een ongunstige toestand – voornamelijk ten gevolge van de oorlog en de mindere koopkracht van een deel van de bevolking door welke oorzaken de koop verminderde'.

Aanvankelijk huurden zij hun winkels. Tot in de jaren twintig hadden de Libanezen, met uitzondering van Karkabé, geen panden in eigendom. Zelfs los van de vraag of ze daar geld genoeg voor hadden, het zou hen mogelijk ook te vast aan Suriname gebonden hebben. Pas later ging men panden kopen.

Waarom in de textiel?

Of zij nu rondventer, marktkoopman of winkelier waren, Libanese migranten deden in textiel. Waarom in textiel, en in het bijzonder in damesstoffen? Niet

GOUVERNEMENT
VAN
SURINAME.
Afdeeling La. I.
No 2391/260
BIJLAGEN

Paramaribo, 17 JUNI 1914.

NADER 10 JULI 1914 N°

1. Naar aanleiding Uwer Excellentie's missive van 28 April dj. Afd.B No.67/255, werd de heer KARKABÉ, koopman te dezer stede en het zoogenaamde hoofd der Syriërs hier te lande, verzocht zijn oordeel te kennen te geven over het in het leven roepen eener kunstmatige emigratie van Libaneezen naar Suriname.

2. De heer KARKABÉ, die afkomstig is van BEYROUTH en naar zijn zeggen, den LIBANON en de bevolking aldaar door en door kent, meent een dergelijke emigratie ten sterkste te moeten ontraden, overtuigd als hy is, dat die slechts teleurstelling zoude baren.

3. Sedert vele jaren richt zich een spontaan vloeiende emigranten-stroom van Syriërs naar de Vereenigde Staten van Amerika en naar Argentinië en Brazilië, verder ook naar Mexico en Zuid-Afrika doch in beduidend mindere mate. In al die landen treffen de Syriërs toestanden aan, die over 't algemeen niet zoo heel veel verschillen met die in het geboorteland.

4. Het hoofdmiddel van bestaan dier landverhuizers is de handel, hoewel in streken waar graan wordt verbouwd, een enkele wel boer wordt, terwyl de beroepen van bloemist en suizenier nu niet zoo zeldzaam onder hen zyn.

5. Zy zwerven ook wel uit naar landen binnen de keerkringen doch uitsluitend met het doel om daar in den klein-handel een spaarpot te maken en dan weer te repatrieeren. Zoo kennen wy hier over byna geheel West-Indië, alwaar zy in den regel by de inlandsche bevolking in geen hoog aanzien staan.

6. De heer KARKABÉ is van oordeel, dat zyn landgenooten voor de uitoefening van het klein landbouwbedryf ongeschikt zyn, eensdeels ter oorzake van het klimaat, anderdeels omdat hier geen snel rendeerende uitvoergewassen worden geteeld en aanplant voor de locale markt weinig loonend is, zoodat het vele jaren kan duren, alvorens een klein landbouwer een zekere mate van welvaart bereikt. De Libaneezen trekt uit om te sparen; geld overleggen is zyn doel en waar hy dit niet kan bereiken, daar zal hy ook niet lang blyven. De landbouw in Suriname biedt, in zyn tegenwoordig stadium, den Syriër zeer weinig gelegenheid om over te leggen; in dit opzicht zoude een kolonisatie proef met landverhuizers van hierbedoelden landaard, zeker tot teleurstelling leiden.

7. Met de inzichten van den heer KARKABÉ ten deze kan ik my vereenigen; ook ik acht de emigratie van Libaneezen naar Suriname, althans voorshands, niet gewenscht en wel op de gronden neergelegd in het rapport der z.g.Immigratie-Commissie van 6 Februari 1910. Voor werk op de plantages, waar een uur voor de behoeften van den Syriër te gering loon wordt verdiend, acht ik hem, ook nog om andere redenen, ten eenenmale ongeschikt.

8. Op grond van het vorenstaande, is naar myne meening het plan van den Consul-Generaal te BEYROUTH, wat betreft het bevorderen der emigratie van Libaneezen naar Suriname, risicovol en is in de geldelyke toestand der kolonie niet gedoogt ondernemingen op touw te zetten, waarvoor veel kapitaal wordt vereischt zooals voor deze wyze van koloniseeren zeker het geval zoude zyn.-

DE GOUVERNEUR VAN SURINAME,

De reactie van Gouverneur Van Asbeck op de vraag uit Den Haag naar de wenselijkheid van het aantrekken van Libanezen als contractarbeiders in Suriname omdat zij daar van huis uit iets van afwisten. In Bazaoun waren zij en hun families in die jaren fruitkwekers en schaapsherders. Handelsgeest wordt nu door Libanezen zelf wel als één van hun kwaliteiten gezien, maar handel was ook veruit de beste ingang voor nieuwkomers zonder veel scholing.

Dat zij zelf dikwijls handel als een aangeboren eigenschap zien werd tegenover mij verwoord in 1966. Een in de jaren vijftig naar Suriname gekomen Libanees beantwoordde de vraag waarom Libanezen in de handel actief waren met de door zijn Surinaamse wederhelft in het Nederlands geschreven zin: 'De voorouders, de Phoeniciërs, hielden zich al bezig met de handel; vandaar de aangeboren aanleg tot handelen die in vrijwel elke Libanees te vinden is'. In een studie over 'The Syrians in America' had Hitti in 1924 hetzelfde gezegd.

> The Syrians [meaning also the Lebanese and the Palestinians] have ever since Phoenician times shown marked mercantile proclivities. Under the Greeks and the Romans, during the commercial supremacy of Venice and Genoa, and down to modern times they acted literally as carriers of trade between the Occident and the Orient.[62]

Waarom dan in de textiel? De manufacturenmarkt bood waarschijnlijk op dat moment de gemakkelijkste toegang en toen enkelen daar succesvol in waren boden zij zo anderen de schakels om daar op in te haken. Vrijwel zeker heeft in de eerste jaren Karkabé die rol vervuld, al verkocht hij zelf een breder assortiment aan artikelen. Succesvol in de handel heeft hij zijn positie en die van streekgenoten versterkt door een positie van importeur/groothandelaar van textiel te bewerkstelligen. De kleinhandel in die dagen bestond uit drie sectoren: de levensmiddelen sector (de provisie), de 'kramerijen' en de textiel. De provisie, zeker die voor de armere groepen, was sinds de jaren zeventig van de negentiende eeuw meer en meer in handen van Chinezen geraakt die met hun hechte handelsorganisatie de markt beheersten en in grotere winkels ook kramerijen tot zich gingen trekken. Terwijl op sommige Brits-Caribische eilanden waar geen of weinig Chinezen werkten, Libanezen wel in provisie deden, was dit in Suriname veel minder aannemelijk. In de directe voedselvoorziening kwam er tevens een opkomst van Hindostanen die zelf de verbouw van rijst en groenten ter hand namen. Kennelijk was echter de textielmarkt een beschikbare *niche* die benut werd. Textiel is, wat in de jaren zestig tegenover mij door Libanezen – onder meer door J.H. Issa die toen als de belangrijkste Libanees gold – gezegd werd, ook een 'makkelijk' artikel. Het is geen ambacht en de benodigde warenkennis is snel te leren.

De handel in textiel was echter vooral gericht op stoffen voor dames- en kinderkleding. Libanezen waren nauwelijks betrokken bij de verkoop van kledingstoffen voor mannen. Deze is in de detailhandel nauw verbonden geweest met het ambacht van kleermaken dat veelal door Hindostanen werd uitgeoefend – een ambacht dat een aantal onder hen ook in India had uitgeoefend.[63]

Maar er werd vanuit Nederland een andere beroepsmogelijkheid geopperd. Van huis uit zijn de 'Syriërs' in de bergen landbouwers. Zouden ze ook zo in Suriname in te zetten zijn?

Nieuwe migranten voor de landbouw?

In de *Indische Gids* van augustus 1913 wordt door Luitenant A. Tissot van Patot de gedachte geopperd of in Suriname 'by het bestaande gebrek aan werkkrachten, waartoe de Javaan, zooals hij thans is, de voornaamste eigenschappen mist, het niet eens beproefd zou kunnen worden met Syriërs.[64] Deze emigreeren thans by duizenden naar BRAZILIE en wel voornamelyk naar de warmere streken van dit land; zy zyn arbeidzaam, sober in levenswyze en goede landbouwers [...].' Deze notitie die de Nederlandse Consul-Generaal A.P.H. Hotz in Beiroet bereikt, brengt hem er toe deze vraag voor te leggen aan de Vice-Consul Ch. Catzeflis in Tripoli. Deze reageert zeer positief en stelt: '[...] le projet d'attirer des colons syriens ou libanais dans notre colonie de SURINAME (INDES

OCCIDENTALES) est parfaitement pratique et réalisable, pourvu que les conditions y relatives soient favorables et de nature à encourager l'émigration vers notre susdite Colonie'. Hij beschrijft de slechte economische toestand in Libanon en geeft aan: 'J'estime qu'on pourrait aisément emboucher un grand nombre de ces paysans, pour les employer dans notre Colonie précitée, comme ouvriers sur les plantations sucrières'. De consul-generaal overlegt over zulk een mogelijke migratie daarop met 'den Gouverneur van den Libanon Couyondian Pasha, gevolgd door een bezoek van den ambtenaar, met het toezicht op de emigratie'. De Gouverneur (in de context van het Turkse rijk een belangrijke regionale functionaris) zegt echter dat 'toenemende landverhuizing wordt voor den Libanon vanwege zyn geringe bevolking, ongewenst geacht, en kan dus door de Regeering niet worden aangemoedigd. Evenmin echter, kan zy worden tegengegaan, zoolang de bronnen van bestaan in het gebergte op het tegenwoordige peil verkeeren. Indien voldoende waarborgen gegeven kunnen worden betreffende loon, levensvoorwaarden en klimaat, zal door de locale autoriteiten geen beletsel tot emigratie in den weg gelegd worden.' 'De Gouverneur meende, dat de belangen het best in Suriname bewaakt zouden kunnen worden door den Consul van GROOT-BRITTANNIE te PARAMARIBO, daar deze reeds in dezelfde richting optreedt met betrekking tot Britsch-Indische koeli's.'

De minister van Buitenlandse Zaken die door de consul-generaal hierover wordt geïnformeerd, vraagt daarop aan zijn collega van Koloniën om zijn oordeel over 'een landverhuizing van Syriërs naar Suriname'. Deze vraagt Gouverneur van Asbeck in Paramaribo om diens mening. Hij geeft die in een brief van 17 juni 1914 die hier is weergegeven. Allereerst 'werd de heer Karkabé, koopman te dezer stede en het zoogenaamde hoofd der Syriërs hier te lande, verzocht zyn oordeel te kennen te geven over het in het leven roepen eener kunstmatige emigratie van Libaneezen naar Suriname'. Hoezeer de Gouverneur de gedachte van Libanezen als plantage-arbeider kennelijk niet eens niet aan de orde stelt, is Karkabé's oordeel over landbouwmigratie negatief. 'De heer KARKABE is van oordeel, dat zyn landgenooten voor de uitoefening van het kleinlandbouwbedrijf ongeschikt zijn, eensdeels omdat hier geen snel rendeerende uitvoergewassen worden geteeld en aanplant voor de locale markt weinig loonend is, zoodat het vele jaren kan duren, alvorens een kleinlandbouwer een zekere mate van welvaart bereikt. De Libanees trekt uit om te sparen; geld overleggen is zyn doel en waar hy dit niet kan bereiken, daar zal hy ook niet lang blyven. De 'Gouverneur deelt Karkabé's visie: '[...] ook ik acht de emigratie van Libaneezen naar Suriname, althans voorshands, niet gewenscht. [...] Voor werk op de plantages, waar men een voor de behoeften van den Syriër een te gering loon wordt verdiend, acht ik hem, ook nog om andere redenen [die niet worden aangegeven], ten eenenmale ongeschikt.' De Minister van Koloniën meldt vervolgens op 10 juli 1914 aan zijn collega van Buitenlandse Zaken dat de Gouverneur 'het bevorderen van emigratie van Libaneezen naar Suriname vooralsnog niet voor uitvoering vatbaar acht'. Begin augustus 1914 zou de Eerste Wereldoorlog uitbreken. Waarmee dit idee geheel van tafel verdween.

Maar de kleine groep die langs andere weg en met een ander doel was gekomen, breidt zich wel langzaam uit.

De volkstelling in 1921

Bij de Eerste Algemeene Volkstelling in 1921 waren de Libanezen ongeveer 25 jaar in Suriname. Ze vormden een kleine groep die een bescheiden rol speelde in de Surinaamse maatschappij. Deze telling geeft inzicht in waar de Libanezen geboren waren, hoe hun gezinsopbouw was, welke beroepen zij uitoefenden en waar zij woonden.

Al omstreeks 1920 waren er van de Surinaams-Libanese kinderen meer in Suriname dan in Libanon geboren. In 1921 werden er 20 Libanese huishoudens met 85 mensen geteld (zie Tabel 3.1). Onder hen bevonden zich veel jongeren: 45% was niet ouder

Registratie

ten behoeve van het aanleggen van bevolkingsregisters voor de kolonie Suriname (Verordening van 30 April 1917 (G. B. No. 80.)

Der Eerste Algemeene Volkstelling 1921 legt de aanwezigheid, de herkomst, de samenstelling van de huishoudens en het beroep van Libanezen in Suriname vast. Hier worden de gegevens van de familie Bousaid in Paramaribo en Mansour in Nieuw Nickerie vermeld.

Tabel 3.1 Libanezen, aanwezig in Suriname in 1921 naar geboorteplaats en leeftijdsopbouw

Geboorteland	Libanon			Suriname			Car gebied/VS			Totaal		
Leeftijd	M	V	Totaal	M	V	Totaal	M	V	Totaal	M	V	Totaal
0-9	1	0	1	12	11	23	3	1	4	16	12	28
10-19	2	1	3	3	4	7		1	1	5	6	11
20-29	5	6	11	1	0	1	3	1	4	9	7	16
30-39	5	3	8		1	1				5	4	9
40-49	5	3	8							5	3	8
50-59	4	1	5							4	1	5
60 en ouder	1	2	3							1	2	3
Totaal	23	16	39	16	16	32	6	3	9	45	35	80

Als Libanees zijn beschouwd zij die tenminste één Libanese ouder hebben.
Bron: Grondmateriaal Eerste Algemeene Volkstelling 1921.

De winkel van Antonios Astaphan omstreeks 1925, een stoffenzaak aan de Waterkant tegenover de Platte Brug

dan 14 jaar, 22% was tussen 20 en 29 jaar. De ouderen – ouder dan 25 jaar en dus geboren voor 1896 – waren voornamelijk uit Libanon afkomstig, het overgrote deel van de kinderen was in Suriname geboren. Slechts 9% van de kinderen onder de 15 jaar had in Libanon het levenslicht gezien.

Evenals de registratie in 1913 in Bazaoun, toont de volkstelling in 1921 aan dat de migratie van Libanezen naar Suriname geen pure mannenaangelegenheid was – iets wat bijvoorbeeld wel gold voor de migratie van Chinezen. Van hen die ouder dan 25 waren en vrijwel allen in Libanon waren geboren was 60% man en 40% vrouw. Ze leefden vooral in kerngezinnen, waarin het hoofd van het huishouden in overgrote meerderheid een in Libanon geboren man was. Soms was in het huishouden ook een (schoon)vader of moeder aanwezig. Van echt 'uitgebreide gezinnen' was geen sprake.

De Libanese huishoudens geheel Libanees?

Met een Libanees huishouden wordt hier gedoeld op een huishouden waarin minstens 1 Libanees woonde. Van de 20 huishoudens waren er namelijk vijf 'gemengd', dat wil zeggen. met een Libanese man aan het hoofd maar met een niet-Libanese echtgenote of – één keer – met een concubine. Het waren de huishoudens van de Karkabé's evenals drie Bcharre huishoudens, waar de man een Surinaamse, in feite een lichtgekleurde echtgenote of concubine had. Het omgekeerde – een niet-Libanese man met een Libanese vrouw – kwam toen niet voor. Kinderen en (schoon)ouders meegerekend waren er zo van de 85 in deze 20 huishoudens getelden er 77 van geheel Libanese herkomst, drie voor de helft en vijf niet.

Nieuw Nickerie

Niet alle Libanezen woonden in Paramaribo. Nieuw Nickerie, van waaruit onder andere het winnen van balata georganiseerd werd, was in de jaren voor de telling van 1921 een belangrijke plaats van vestiging van de Libanezen geworden. Niet minder dan een kwart van hen woonde toen daar. In de handel reikten zij er verder dan alleen textielverkoop. Gedurende enkele jaren beheersten zij een niet onbelangrijk deel van de *non-food* sector en waren zij zijdelings betrokken bij de organisatie van de balatawinning. Isaac Badwie fungeerde in die jaren daar zelfstandig als importeur.[65]

Daarentegen leken zij Albina te hebben verlaten. In het grondmateriaal van de telling van 1921 zijn er in Albina geen Libanezen te vinden en er is ook geen andere bron die aangeeft dat er in en na 1920 Surinamers van Libanese afkomst daar geboren zijn.

Koopman of winkelier

De beroepen die de Libanezen bij de volkstelling opgeven hebben alle met de handel te maken. Slechts George Chehin valt daar buiten omdat hij zich nu als meubelmaker opgeeft. Twee zeggen dat zij rondventer zijn. De anderen zijn nu 'koopman' of 'winkelier'.

Een goed beeld van de betere textielwinkel uit die dagen laat de oude foto van het interieur van de winkel van Astaphan aan de Waterkant zien. Deze foto toont een behoorlijke sortering van stoffen etcetera. Tekenend is dat op deze foto wel de heer Astaphan en zijn dochter staan, maar niet mevrouw Astaphan. Dit komt overeen met de registratie van de volkstelling van 1921 die aangeeft dat onder de Libanezen alleen mannen werken. Vrouwen worden geclassificeerd als beroeploos, wat een ieder die iets van de inzet van vrouwen in de winkel of op de markt in die jaren weet, als een 'cynische' notering zal ervaren. Een Libanees zei tegen mij in een interview in 1966: 'zonder vrouw is bezit niet te dragen'. Een half-Libanees die al enkele decennia in Nederland woont en een Nederlandse vader heeft die zelf niet in de handel was, beweerde tegenover mij: 'Libanese vrouwen in de handel zijn goud waard'.

Al leidde de Libanees dan een winkel, dat betekende niet dat hij welvarend was. Ook in 1921 woonden nog sommige winkeliers in een eenvoudige erfwoning aan het begin van de Saramaccastraat of langs de Waterkant – zelfs op hetzelfde adres waar in 1902 Antonio Moussei (Issa) geboren was. Er waren er die nu in een redelijk huis woonden, maar het bleef nog wel een huurhuis – ook al had men de middelen om een pand te kopen. Al te vast wilde men zich kennelijk nog niet binden. Dat gold onder anderen voor Astaphan die in die jaren in Keizerstraat 12 woonde en enkele jaren later weer zou vertrekken. In de bovenwoning woonde toen zijn zwager Jozef Nassief die het gebouw later wel kocht.[66]

Leiderschap binnen de groep

In die jaren is Karkabé de steunpilaar voor andere Libanezen geweest, of zoals Gouverneur Van Asbeck hem in 1914 kwalificeerde het 'zogenaamde hoofd der Syriërs'. Maar het is de vraag hoe ver Karkabé's leiderschap reikte. Is zijn invloed op het sociale gedragspatroon van de Bazaouni's groot geweest? Trad hij op als 'sociaal leider' van de groep en had hij zo op het dagelijkse leven van de Bazaouni's een belangrijke invloed? Het valt te betwijfelen. Hij kwam niet uit het district van de Bazaouni's, was niet-maronitisch en was met een niet-Libanese vrouw getrouwd. In die zin verschilde zijn leven van dat van de andere Surinaamse Libanezen. Het is ook niet aannemelijk dat er toen iemand anders als leider van de groep fungeerde. De groep was erg klein, niet verbonden aan vaste handelsactiviteiten en nogal mobiel. Pas in de eerste jaren na de Eerste Wereldoorlog zou dat gaan veranderen.

Door overheid en samenleving geaccepteerd

Opvallend is dat er tegen de komst en het verblijf van de Libanezen in Suriname nooit verzet heeft bestaan. Het Surinaamse gouvernement recruteerde in die jaren uit Brits-Indië en uit Java op relatief grote schaal contractarbeiders om op de plantages te werken. Waarschijnlijk werd in die jaren zowel het gouvernement als de stad zelf zozeer geconfronteerd met deze georganiseerde instroom van deze nieuwe groepen dat een andere, zij het dan niet georganiseerde, binnenkomst van leden van een kleine groep uit Libanon er nog wel bij kon. Hun voorloper, Karkabé, had zich achtbaar gevestigd, de nieuwkomers waren trouw lid van de rooms-katholieke kerk, en langs de plantages en op de markt was er, ook gezien de groei van de bevolking in die jaren, economisch enige ruimte voor handelsactiviteiten.

De acceptatie van Libanezen in Suriname is des te opvallender omdat deze afwijkt van die in andere Caribische landen. Nicholls stelt:

> The arrival of the 'Syrians' in Jamaica was generally greeted with hostility by established merchants and market women. In political independent countries of the Caribbean, like Haiti and the Dominican Republic, political campaigns were directed against them and their stores were occasionally burned down; many were forced by popular pressure or by government action to leave these countries. In the British colonies, however, they received protection from the government, though there were immigration barriers to be overcome.[67]

Kennelijk stak met betrekking tot interetnische verhoudingen – zoals mijns inziens ook vandaag de dag het geval is – Suriname in die tijd gunstig af in vergelijking met de situatie in andere Caribische (ei)landen.

Hoe zou de groep die aan het begin van de vorige eeuw naar Suriname kwam zich nu verder ontwikkelen? Binnen de samenleving zullen de Libanezen steeds meer een eigen en herkenbare plaats innemen zonder zich naar buiten toe te profileren. De groep beheert en beheerst in steeds sterkere mate de textielhandel waarin velen economisch succes boeken. De groep blijft, ook door huwelijkspatronen, een duidelijk eigen groep. Er blijven nog steeds Libanezen komen maar de aantallen zijn klein. Via een eigen club worden de onderlinge banden in stand gehouden. Maar de groep gaat intern meer differentiëren. Er ontstaan rijke en arme Libanezen. Jozef Nassief Bersawi wordt zowel economisch als sociaal de dominerende leider die ook naar buiten toe het gezicht van de Libanese groep gaat vormen. Hoe één en ander in concreto heeft plaats gevonden zal in het volgende hoofdstuk worden geschetst.

HOOFDSTUK IV

Een vaste plaats 1920-1975

De binding van het huwelijk

Na de Eerste Wereldoorlog hebben de Libanezen, hoe klein hun aantal ook was, tussen de vele bevolkingsgroepen die Suriname dan rijk is een vaste plaats gevonden. Hun betekenis reikt verder dan hun aantal dat tot nauwelijks meer dan tot 0,1% van de bevolking toenam. Economisch gezien was er van een algemene opkomst sprake. Zij werden naar buiten toe steeds duidelijker zichtbaar door de textielwinkels die ze in het centrum van Paramaribo leidden. In deze periode bleven zij in sterke mate een eigen groep. Intieme relaties met mensen uit andere bevolkingsgroepen bleven tot na de Tweede Wereldoorlog bij velen beperkt. Wie die wel onderhield, en hun aantal nam toe, kon in die jaren lang niet altijd op een positieve reactie vanuit de eigen groep rekenen. Intern was er ook een toeneming van economische verschillen. Sommigen bleven als marktkoopman of -vrouw een beperkte armslag houden, anderen schoten omhoog, met Jozef Nassief als boegbeeld die meer structuur in de sterk groeiende Libanese bijdrage aan de textielhandel in de stad en de districten bracht. Maar de hele groep werd wel steeds meer deel van hun nieuwe land. Vooral de in Suriname geboren Libanese kinderen richten zich via het Nederlandstalige onderwijs steeds meer op de Surinaamse samenleving.

Een klein voorbeeld van de snelle sociale inpassing van Libanezen in Suriname is de advertentie van A.J. Abboud, die omstreeks 1915 naar Suriname was gekomen en in Nieuw Nickerie een zaak heeft, in *De West* van 2 mei 1924. Deze luidde, geheel in de stijl waarin in Suriname zulke advertenties dagelijks in de kranten te lezen waren: 'Ondergetekende betuigt langs deze weg zijn hartgrondige dank aan dr Nassy voor zijn kundige behandeling aan wie hij naast God zijn algeheelen beterschap te danken heeft'. Enkele jaren later zou deze Abboud, samen met zijn Surinaamse vrouw, Jacoba de Vries – zo'n verbintenis was in die jaren nog uitzonderlijk – bij een bezoek aan Nieuw Nickerie van het Surinaamse Studentencorps in het kader van een bazar die ten bate van het Groene Kruis gehouden werd als één van de gastheren optreden.

> Ondergeteekende betuigt langs dezen weg zijn
> **hartgrondigen dank**
> aan **Dr. Nassy** voor zijne kundige behandeling, aan **Dr. van Haefi** voor zijne kundige schedel-operatie en behandeling, aan **Zuster Paula** en overige zusters van het R. K. Ziekenhuis voor hare liefderijke verpleging, aan wie hij, na God, zijn algeheele beterschap te danken heeft.
> Paramaribo, 30 April 1924.
> A. J. ABBOUD.

A.J. Abboud bedankt na genezing, volgens toenmalig gebruik, in een advertentie in *De West* op 30 april 1924 zijn artsen en verpleegsters

J.W.A. de Miranda, arts, (staand tweede van rechts) is samen met A.J. Abboud (staand tweede van links), zijn Surinaamse echtgenote Jacoba M. Abboud-de Vries (zittend eerste van links), zakenman A. Baptista (staand vierde van rechts) en mevrouw Baptista-Donk (zittend tweede van links) gastheer en gastvrouw wanneer medische studenten uit Paramaribo omstreeks 1927 per boot naar Nieuw Nickerie komen voor een weldadigheidsactie ten bate van het Groene Kruis.

De groep breidt zich uit, ook door immigratie

Het grondmateriaal van de volkstelling van 1950 laat zien hoe de Libanese groep zich in Suriname sinds 1921 meer dan verdriedubbeld heeft. Er waren in 1950 minstens 56 huishoudens waar een Libanees deel van uitmaakte – met in totaal 266 personen, evenredig verdeeld naar sekse. Vooral de groep jongeren (15-24 jaar) was sterk gegroeid – van acht tot 50 personen – wat bijdroeg aan de vergroting van de zichtbaarheid van de Libanezen in scholen en verenigingen.

Ook al verdween de immigratie niet, het aandeel van de Libanezen dat in Suriname was geboren nam toe. Slechts 26% van de mannen en 23% van de vrouwen waren in Libanon geboren en de jongeren (zie Tabel 4.1) beneden de 20 vrijwel allen in Suriname zelf. Dit is een geheel ander beeld dan dat van 1921 toen de wieg van de helft van de Libanezen in het Bcharre district had gestaan. Binnen de huishoudens domineerden de in Libanon geborenen. Van alle huishoudens werd ongeveer 60% door hen geleid.

In de eerste jaren na 1920, het jaar waarin Libanon onder Frans protectoraat kwam en het een zelfstandiger positie verkreeg, arriveerden er in Suriname relatief veel Libanese migranten. In de

Dit paspoort van Youssef Mikhaïël Saouma laat zien welk een reis Libanezen in de tijd dat zij zich per schip verplaatsten moesten maken. In 1935 vertrekt de 29-jarige, vergezeld door zijn 12 jaar jongere vrouw Liza Youssef Béchara vanuit Bazaoun naar 'Nederlands Guyana'. Hun paspoort is in Tripoli door het Franse Hoge Commissariaat uitgegeven. Hij zal in Suriname in de handel werkzaam zijn en stapt op 23 november aan boord in Beiroet. Een week later komt hij in Marseille aan. Vandaar gaat hij over land naar Calais om van daaruit naar Dover in Engeland te gaan. Op 7 december vaart hij met de *Oranje Nassau*, een schip van de KNSM, naar Suriname om daar begin januari 1936 aan te komen. Op 17 januari worden zij in Paramaribo in het Bevolkingsregister ingeschreven. Youssef Saouma is de broer van Antonios Sauwma die hem gehaald heeft en sponsort. Al in hetzelfde jaar begint Jozef een zaak in een pand van zijn broer, Zwartenhovenbrugstraat 90 (Steenbakkersgracht 29). Daarin zou hij tot zijn overlijden in 1966 werkzaam zijn.

Tabel 4.1. Libanezen, aanwezig in Suriname in 1950, naar geboorteplaats en leeftijdsopbouw

Geboorteland	Libanon			Suriname			Car. Gebied/VS			Elders			Totaal		
Leeftijd	M	V	Totaal	M	V	Totaal	M	V	Totaal	M*	V	Totaal	M	V	Totaal
0-9		1	1	32	38	70		1	1				32	40	72
10-19	1	1	2	30	20	50							31	21	52
20-29	3	5	8	16	12	28	1	4	5	1	1		20	22	42
30-39	9	5	14	8	5	13	2	2	4				19	12	31
40-49	7	8	15	2	4	6	2		2	1	1		11	13	24
50-59	10	8	18	1	1	2	1		1				12	9	21
60 +	3	4	7		1	1							7	2	9
Totaal	33	32	65	89	81	170	6	7	13	2	2		132	119	251

Als Libanees zijn beschouwd zij die tenminste één Libanese ouder hebben.
* Inclusief 1 onbekend wat geboorteplaats betreft.
Bron: Grondmateriaal Tweede Algemene Volkstelling 1950.

jaren dertig nam de migratie echter af (zie Tabel 4.2). Terwijl in de periode 1921-1930 nog 19 nieuwelingen in Suriname komen en blijven, halveert het aantal in de periode 1931-1940. In de jaren dertig waren de migranten vooral broers van succesvolle eerder gekomen handelaren, zoals Youssef Saouma en Jacob en Moussi Issa, en vrouwen die zich herenigden met hun al in Suriname aanwezige echtgenoten. Deze verminderde instroom houdt mogelijk verband met de crisis waaronder Suriname in de jaren dertig gebukt ging – ook de Libanese handel moet het toen soms moeilijk hebben gehad.

Deels waren de migranten arme familieleden die gesteund moesten worden. 'De broers van mijn vader woonden de eerste tijd bij ons, vrije kost en inwoning.' 'Een neef van mijn vader is hier gekomen. Hij had niets, werkelijk niets, nog niet eens een beurs om zichzelf in te doen. Maar hij heeft zichzelf opgewerkt, door heel zuinig te zijn. Hij was eerst bij een oom gaan werken, heeft toen diens zaak overgenomen en is ook met een Libanese uit Suriname getrouwd.' Er kwamen er ook die geen relaties hadden. Dan was het Jozef Nassief die 'de bescheiden regelde' – zelfs voor enkele Palestijnen.

Na de Tweede Wereldoorlog – die Suriname economisch zeer goed doorstaan had – kwam er weer een aantal migranten, maar zonder dat het niveau van de instroom van voor 1930 werd bereikt. Mogelijk was Suriname voor de families in Bazaoun en Hasroun minder interessant of was de aantrekkingskracht vanuit Suriname geringer geworden.

In de Tabellen 4.1 en 4.2 is het begrip Libanees opnieuw ruim genomen: een persoon is als Libanees beschouwd als hij of zij minstens één ouder heeft die direct of indirect uit Libanon was gekomen.[68] Lang niet alle huishoudens zijn dan namelijk nog 'puur' Libanees. De opbouw van meer dan eenderde van de huishoudens was etnisch 'gemengd' – meer dus dan in 1921. Dit aandeel is ook veel hoger dan wat Libanezen zelf en de samenleving nu over de situatie van 50 jaar terug denken. Deze 'menging' komt verderop aan de orde.

Paramaribo

Libanese migranten vestigden zich vrijwel uitsluitend in Paramaribo. Wel is er in 1920 een relatief belangrijke groep in Nieuw Nickerie, maar in de daaropvolgende jaren zijn velen van hen naar Paramaribo getrokken. Slechts enkele families, onder wie de familie Elias en A.J. Abboud zijn gebleven. Er staan in 1939 bij de Kamer van Koophandel niet meer dan vier winkels van Libanezen in Nickerie geregistreerd

IV Een vaste plaats 53

Tabel 4.2. Libanezen, aanwezig in Suriname in 1950, naar geboorteplaats en jaar van komst

Geboorteland		M	V	Totaal
Suriname		85	72	157
Libanon	Voor 1921 gearriveerd	16	10	26
	1921-1930 gearriveerd	9	10	19
	1931-1940 gearriveerd	4	6	10
	1941-1950 gearriveerd	4	6	10
	Totaal	33	32	65
Elders		5	7	12
Onbekend		3	1	4
Totaal		126	112	238

Als Libanees zijn beschouwd zij die tenminste één Libanese ouder hebben.
Bron: Grondmateriaal Tweede Algemene Volkstelling 1950, Burgerlijke Stand en informatie.

en in 1950 bij de volkstelling vijf huishoudens met in totaal niet meer dan 12 personen. Dit heeft twee oorzaken. De balatawinning die in Nieuw Nickerie vraag naar producten gaf, raakt in de jaren dertig op de achtergrond en daarmee verdwijnt een stuk van de basis voor de Libanese zaken daar. Die er blijven vervullen wel een duidelijke plaats. De Libanezen die zich ooit in Albina hadden gevestigd, hadden het in 1920 allen verlaten.

> Hannah Brohim (1887-1966) had in Nieuw Nickerie tot zijn dood een manufacturenzaak. 'Verder had hij een heel grote waterbak op het erf waarin hij tijdens regentijd water opsloeg om het bij zeer droge tijden als drinkwater te verkopen. Ze hadden ook nog drie biljarttafels waar je tegen een vergoeding kon spelen.'[69]

Er is ook een positieve reden voor het vertrek naar 'de' stad: het aspiratieniveau van de ouders voor hun kinderen. Alleen in Paramaribo kunnen de kinderen voortgezet onderwijs volgen.

> Een Libanese, geboren in 1914, vertelde mij in 1998: 'Voordat mijn vader omstreeks 1925 naar Nickerie ging verkocht hij op de markt in Paramaribo kleren. Maar dat lukte niet goed en toen zijn wij met zijn allen naar Nickerie gegaan. In Nickerie ging hij

Hannah Brohim en Mary Brohim-Badwie in Nieuw Nickerie

met een kruiwagen langs de boerenbedrijven spullen verkopen – moeder had een kwekerij van kippen etcetera. Maar wij werden groot en vader wilde dat de kinderen verder naar school in Paramaribo zouden gaan. Hij kon een winkel in de Saramaccastraat beginnen. Dat was in 1934. Zelf ben ik niet meer naar school kunnen gaan. Ik was toen 16 jaar en hielp vader in de winkel. Ik ging 's morgens eerst naar de kerk, dan vader in de winkel helpen en dan 's middags met vriendinnen uit. Maar 's avonds was ik thuis want ik had strenge ouders. Libanezen van nu zijn niet meer dezelfde als toen – nu is alles verbasterd.'

Steeds meer gericht op Suriname

Vanaf de jaren twintig was het personenverkeer tussen Suriname en Libanon – op een enkele uitzondering na – eenzijdig, en wel van Libanon naar Suriname. Ook het heen en weer trekken van families tussen Suriname en andere Caribische landen hield nagenoeg op te bestaan. Libanezen schenen hun plaats in Paramaribo of Nieuw Nickerie te hebben gevonden. En zo leken Bazaoun en Hasroun steeds verder weg te komen liggen. Nu zij er zelf in Suriname zo op vooruitgingen werd de streek van herkomst in hun beleving armer en primitiever. Het zou doorwerken in hun perceptie van de waarde van de (boedel)grond die zij er nog hadden zoals eerder is uiteengezet.

Voor de tweede generatie Libanezen, die in Suriname was geboren, gold dat zij zich – nog veel meer dan hun ouders – op Suriname richten. Over Libanon werd in de meeste gezinnen thuis niet gesproken. 'Je durfde er ook niet echt naar te vragen. De wereld was veel meer gesloten dan nu', zegt een van de kinderen van een Libanese migrant. Als er al over Libanon gesproken werd, leek het over een andere wereld te gaan – een wereld van bergen, perziken en schapen, waar de mannen waterpijp rookten. Voor de tweede generatie Libanezen is Suriname hun land.

Wanneer de ouders of althans de vader in Libanon geboren zijn, leidde dit daardoor ook vaak tot specifieke generatieconflicten. De in de Libanese dorpstraditie domineerende vader stond niet zelden ver weg van zijn kinderen die in de Surinaamse samenleving opgroeien. Hij dicteerde het gaan en staan van zijn kinderen. De opvoeding was in de regel streng – zeker voor de meisjes. Twee citaten, van 'meisjes' geboren in 1928 en 1936. 'Mijn vader was heel streng, wij mochten nooit ergens naar toe. Ik moest 's avonds altijd voor acht uur thuis zijn. Ook toen ik op mijn achttiende [in 1946] werkte, bij een Libanese zaak, moest ik elke avond vroeg thuiskomen. Dan werd ik jaloers soms op mijn leeftijdgenotes [waarschijnlijk van Creoolse afkomst] die 's avonds naar feestjes gingen. Ik mocht niet... De kerk was voor mij belangrijk als een uitstapje. Daarom ging ik ook elke week naar het St. Antoniuslof.' Een ander: 'Toch was verder studeren voor meisjes taboe. Ik mocht bijvoorbeeld niet weg, niet naar Holland en niet naar Puerto Rico.'

Kwam Libanon voor de Surinaamse Libanees steeds verder weg te liggen, de eerste generatie Libanezen bleef contact onderhouden met de familie uit de streek van herkomst. Hoewel velen het Arabisch noch konden lezen noch konden schrijven, voerden ook zij een correspondentie met de achterblijvers. Rachid Saba, van oorsprong onderwijzer, ontwikkelde zich tot penvoerder van veel Surinaamse Libanezen. Tot omstreeks 1950 was hij bemiddelaar tussen migrant en thuisfront. Bij hem kwam wekelijks een krant uit Libanon, aldus een dochter.

Het contact tussen Surinaamse Libanezen en hun familie in Libanon bestond ook uit financiële steun. Over de omvang, de duur en de aard van deze steun is weinig bekend. Een Libanees van de tweede generatie herinnert zich: 'Mijn vader maakte elke zes maanden geld over. Het was een obsessie voor hem.' Een enkele keer werd de steun vanuit Bazaoun 'georganiseerd'. Antonio Issa, die in 1902 in de Rosakerk werd gedoopt, vertrok een paar jaar daarna met zijn ouders naar Bazaoun en keerde in 1930, na zijn huwelijk met de 13-jarige Wardie Nassief Bersawi, terug naar Suriname. De familie zou het eerste kind, dat uit deze verbintenis werd geboren, hebben achtergehouden om de band met

IV *Een vaste plaats* 55

Deze foto toont een band tussen het Libanese verleden en het Surinaamse heden in de jaren dertig. Ze is gemaakt in het huis van Jozef Nassief bij een bezoek van een pater uit Libanon die maronitische gemeenschappen in de Amerikaanse diaspora bezoekt. Alle Libanezen op deze foto zijn in Libanon geboren. De pater zit aan het hoofd van de tafel. Naast hem staan (links) Dib Chaia (1898) en (rechts) Joseph Sauwma (1907). Links (van onder naar boven) Antonios Sauwma (1894), Isaac Bitroos (1890; later: Zrour), Antonios Frangie (1903), Antonios Issa (1902), Mike Zehoer (1907), Joseph Badwie Chehin (1903), Antonios Abboud (1912), Antonios Karam (1911), Richard Brohim (geboortejaar ?), George Boussaid (1920), Joseph Abboud (1869), Jacob Issa (1912). Rechts Joseph Nassief (1893), Badwie Michel Chehin (1876), Rachid Saba (1906), Moussi Issa (1917), Antoine Chaia (1919), Jacob Sauwma (1901), Michael K. Brohim (1894), Chep Zehoer (1909), niet bekend, Zicha Karam (1890), Antonios Brohim (1901), Milet Mansoer (1916).

Libanon levend te houden en om verzekerd te zijn van regelmatige overmakingen. Deze zou pas veel later komen.

Van Arabisch naar Nederlands

De afstand tot Libanon wordt geaccentueerd door het taalgebruik in de gezinnen van de eerste generatie. Spreken de ouders onderling Arabisch, op hun kinderen brengen zij die taal niet over. 'Ze spraken in onze nabijheid vooral Arabisch als wij iets niet mochten weten.' Zelfs de kinderen van de Libanese penvoerder leren thuis van hem geen Arabisch: 'Ik spreek geen woord'. Bij hen werd met de kinderen Nederlands gesproken en soms ook Sranantongo en Engels. Zo wordt Arabisch voor de tweede generatie een vreemde taal, een taal van een wereld ver weg.

Kennelijk leefde bij de eerste generatie – van wie de moeders niet zelden analfabeet waren – het besef dat het vasthouden aan de taal en cultuur van het land van herkomst haar in de Nieuwe Wereld in de weg zou zitten. Dit besef leefde zowel bij hen die economisch succesvol als bij hen die economisch minder succesvol waren. Voor de tweede generatie was het Nederlands de taal die zij nodig had om in Suriname vooruit te komen. Daarom stimuleerden ouders hun kinderen om toch vooral deze taal te leren lezen en schrijven.

> Mijn vader en moeder waren bijzonder fijne, goede mensen die alles voor hun kinderen over hadden. Hoewel ze zelf nauwelijks opleiding hadden gehad stonden zij er op dat wij ons zouden ontwikkelen. Ze hebben ons nooit in de weg gestaan. Ook nooit er op gestaan dat wij het Arabisch zouden beheersen. Zelf deden ze hun best om zich verder te ontwikkelen. Op intellectueel vlak zijn zij niet hoog gegroeid maar het waren wel wijze mensen.

Veel ouderen die uit Libanon gekomen zijn, leren in de loop der jaren ook het Nederlands te beheersen – vooral de mannen, zonder dat dit in de eerste jaren hun echte tweede taal wordt. In de handel werd veel meer Sranantongo gebruikt – dat was ook de taal die de kinderen in eerste instantie leerden. 'Toen ik 4-5 jaar was sprak ik geen goed Nederlands, anderen ook niet.' Voor de economisch succesvolle ouderen is daarnaast het Engels van belang geweest dat zij in hun handelscontacten moesten bezigen. Dat de brief van Nassief die hij na het overlijden van Karkabé aan diens familie schreef in het Engels is gesteld, is omdat het Engels de westerse taal was die hij het best beheerste. Nederlands sprak hij heel weinig.

Economische opkomst

Dat de Libanezen zich een vaste plaats in Suriname verwierven hield nauw verband met hun economisch succes. Vanaf de jaren twintig openden steeds meer Libanezen een winkel van waaruit zij de Surinaamse markt voorzagen van textielproducten. Dan is het niet alleen meer Karkabé die in de kranten 'tegen scherp concurreerende prijzen' goederen aanprijst. Sommigen importeerden deze goederen zelf. En zodra zij hun 'manufakturen' in huis hadden, adverteerden zij in de krant hun 'pas ontpakte' goederen en lokten de klant met leuzen als, 'Wij willen onze prijzen niet noteren. Komt U persoonlijk overtuigen.'

Het *Koloniaal verslag* van Suriname geeft in de periode 1920-1930 jaarlijks een lijst van de 'voornaamste invoerfirma's'. In 1920 bevat deze lijst 51 namen, 48 in Paramaribo, 2 in Nieuw Nickerie en 1 in Albina. N. Karkabé staat in Paramaribo geregistreerd als importeur van 'manufakturen, galanteriën en speelgoed'. J. Nassief en Isaac Badwie staan als enige importeurs in Nieuw Nickerie geregistreerd. In 1921 wordt Nassief niet meer genoemd. Dat jaar werkte en woonde hij in Paramaribo en toen Karkabé in 1923 uit Suriname vertrok, zou hij hem als belangrijke importeur en winkelier 'opvolgen.'. In Nieuw Nickerie worden in 1929 A.J. Abboud en J. Elias, die er al een aantal jaren een zaak hadden, geregistreerd als 'voornaamste invoerfirma's'.

Ontvangen VIER ARTIKELEN *van* Prima DUITSCH FABRIKAAT.

I. KINDEREN Klapwagen (Brennabor), Kapwagen, van beste Constructie en worden tegen scherp concurreerende prijzen verkocht
II. Mondharmonicas van M. Hohner. Wereldberoemd fabrikaat.
III. Scheermessen, vervaardigd uit beste Solingen Magnstic Staal.
IV. Globin, beste kwaliteit, Schoenpoetsmiddel, van ouds hier alombekend en waarvan wij contractueel den alleenverkoop voor Suriname hebben.

De drie laatste Artikelen worden en détail en Gros verkocht.

Wederverkoopers genieten een flink Rabat.

N. KARKABÉ.

In 1921 adverteert Karkabé in *De Surinamer* nog volop. In 1923 zou hij vertrekken.

IV Een vaste plaats

Camille, Jozef Anton en Emile Geara (van links naar rechts)

Het *Koloniaal verslag* van 1921 vermeldt wel een tweede 'voorname invoerfirma' in Paramaribo waar Libanezen aan het roer stonden: de firma van de gebroeders Emile en Camille Geara, die gevestigd was aan het begin van de Watermolenstraat tegenover de Platte Brug. De broers importeerden manufacturen en hun bedrijf stond bekend als 'bruidswinkel'. Zij importeerden ook goederen uit Libanon. In de jaren twintig ontwikkelen zich in Paramaribo ook enkele andere Libanezen tot (toen nog kleinere) importeurs die niet in het *Koloniaal verslag* worden genoemd, in het bijzonder Nassief's schoonvader B.M. Chehin en A.M. Sauwma, één van zijn zwagers.

Camille en zijn jongere broer Emile waren in Libanon geboren, aanvankelijk naar Santo Domingo getrokken en van daaruit naar Suriname gekomen, evenals een derde en waarschijnlijk oudere broer Jozef Anton die in 1926 en 1927 twee kinderen in de Petrus en Paulus kerk liet dopen. In het *Koloniaal verslag* van 1930 staat onder de 'voornaamste invoerfirma's' alleen nog de naam van C. Geara vermeld. Emile was, samen met andere Geara's die in Suriname woonden, naar familie in de Dominicaanse Republiek vertrokken. Camille heeft de zaak niet lang voortgezet. Wel behield hij zijn eigen importbedrijfje van Libanese producten en een kleine goudconcessie nabij Republiek.[70] Nadat hij de zaak had opgedoekt, is hij bij Nassief gaan werken. Hij trouwde in 1933 met Elizabeth Fredrik,

In de jaren twintig van de vorige eeuw prezen Libanezen hun waren in de dagbladen royaal aan

een 'blanke' Surinaamse die in zijn winkel werkte. Hij bleef bij Nassief tot aan zijn overlijden in 1951. Nassief werd voogd over zijn dochter die toen 13 jaar oud was. Deze heeft later ook korte tijd in Nassiefs zaak gewerkt.[71]

Libanese textielwinkels

In de jaren dertig nam het aantal Libanese winkels in Paramaribo toe. De nieuwe bedrijfshoofden kwamen van 'onder de markt', uit Nickerie, en soms ook uit Libanon zelf. Uit gegevens van de Kamer van Koophandel blijkt dat in 1939 bijna de helft van de textielwinkels in Libanese handen was. Het zijn jonge – tweederde is jonger dan 40 jaar en sommigen zijn al op twintigjarige leeftijd met een eigen zaak begonnen – en zelfbewuste winkeliers. Die zelfbewustheid komt tot uiting in een advertentie die A.M. Sauwma plaatst in *De Surinamer* van 4 mei 1935: 'Wij bluffen niet maar adverteeren de waarheid. Wij importeerden goederen uit Parijs, Italië, Engeland en Holland – zo net ontpakt, een prachtige bezending "Crêpe Bengali" uit Parijs.'

> Zo werden de Libanezen in de textiel steeds belangrijker. Deze groei in de textiel zette zich in en na de Tweede Wereldoorlog door. Waren er in Paramaribo in 1939 20 Libanese zaken, in 1946 waren dat er 29, in 1956 29, en in 1967 39. Tot na de Tweede Wereldoorlog werkte een enkeling 'onder de markt' en werd er door een enkeling nog wel gevent, bijvoorbeeld in het district Commewijne. Zaiede Elias (1899-1971) was de laatste Libanese marktvrouw. Tijdens mijn onderzoek in 1966 was zij de enige overgebleven verkoper op de markt.

Met hun opmars brachten de Libanezen een deel van de bestaande textielwinkels in de problemen, in het bijzonder de grotere handelaren van Joodse en Portugese herkomst. De Libanezen konden als importeurs of via hun importeur(s) hun klanten goedkope stoffen aanbieden uit tot dan toe 'onbekende' landen als Japan. Omdat zij goedkoper wisten te werken konden zelfs de belangrijkste textielverkopende bedrijven Bettancourt en Fogarty, twee Guyanees-Portugese handelshuizen die hun hoofdvestiging in Georgetown hadden, de Libanese concurrentie niet aan. Beide ondernemingen moesten na de Tweede Wereldoorlog hun activiteiten in Suriname staken omdat ze als onrendabel werden beschouwd. En dat terwijl Libanezen aan het begin van de twintigste eeuw nog op het erf achter Bettancourt hadden gewoond

Zij die geslaagd waren lieten dat naar buiten blijken. Zoals Badwie Michel Chehin (1876-1945) die in 1966 tegenover mij nog herinnerd werd als 'altijd in zijn keurige witte pak, een helm op, een wandelstok en een gouden zakhorloge'.

Toch lijkt het onjuist de opmars van de Libanezen alleen te zien als een proces waarbij zij een deel van de markt veroveren op bestaande bedrijven of door het wegdringen van huisnijverheid. Er heeft een marktexpansie plaatsgevonden. De vraag naar stoffen nam toe, een toename die verband hield met een bescheiden welvaartsvermeerdering – iets wat zeker gold tijdens de Tweede Wereldoorlog toen Suriname tonnen bauxiet ging exporteren ten behoeve van de vliegtuigindustrie. In de context van het Surinaamse consumptiepatroon vertaalde deze welvaartsvermeerdering, althans een vermindering van de armoede, zich juist in een toename van de vraag naar stoffen voor jurken. Er was tot in de jaren zestig nog steeds weinig confectie. Slechts een beperkt deel van de dameskleding werd als jurk verkocht. De klanten naaiden hun jurk zelf of lieten een jurk vervaardigen. Modiste was onder de vrouwelijke beroepsbevolking een veel voorkomend beroep.

> Het is in de kleine Surinaamse samenleving essentieel dat twee dames op partijen en recepties niet dezelfde jurken dragen. 'Als er een receptie bij de Gouverneur is weet ik wie wat koopt en voorkom ik doublures', vertelde in 1966 de eigenaresse van één van de luxe stoffenzaken. Dit geeft ook aan hoe na de Tweede Wereldoorlog winkeliers de koopkrachtige klanten als een belangrijke doelgroep zijn gaan zien.

De Libanese groep wordt zo steeds belangrijker als leverancier van stoffen voor dameskleding. Onderzoek in 1966 geeft aan dat in Paramaribo bijna eenderde van de huishoudens het laatste lapje stof bij een Libanese winkel heeft gekocht, in dezelfde orde van grootte als de twee toen dominerende warenhuizen (Kersten en Kirpalani) samen en het dubbele van wat op de markt aangeschaft werd. Evenzo belangrijk is dat van de rijkere huishoudens toen 45% het laatste lapje in een Libanese winkel had gekocht. Onder de minst verdienende huishoudens was dat 18% – zij kochten veel meer op de markt.[72]

De handel in textiel was, zeker voor importeurs, lucratief. Niet in de laatste plaats moet dit worden toegeschreven aan de hoge winstmarges. De marges

Advertenties uit 1922, 1927 en 1935 van Jozef Nassief

in de distribuerende handel beliepen in principe 33%. Men betaalde namelijk 'een el voor een yard'. De marges van de importeur lagen minstens op 15-25%, zodat deze gemakkelijk tot winstmarges van meer dan 50% kon geraken. Als men succesvol was en zijn geld wist te sparen of te beleggen, kon men in vrij korte een groot kapitaal vergaren.

Succes hield ook verband met verantwoord geldbeheer wat juist in een tijd van opkomst essentieel is. Het economisch falen van sommigen en het succes van anderen wordt in de verhalen ook toegeschreven aan het vermogen om te 'sparen' en daarmee aan de levenswijze. Door verschillende informanten werd in 1966 de tegenstelling tussen 'hen die sparen en hen die opmaken' benadrukt. In het register van de Kamer van Koophandel (dat in 1939 begon) worden dan ook faillissementen gemeld die aan het 'opmaken' van geld kunnen worden toegeschreven. In het register van de Kamer treft ook dat een aantal zaken slechts korte tijd bestond.

Veel Libanezen hebben in korte tijd veel met textiel weten te verdienen. Zij hebben een goed handelsinzicht weten te benutten. Cijfers uit de inkomstenbelasting 1930 en uit de vermogensbelasting 1948-1949 geven een indicatie van hun financiële positie. In 1930 betaalde een zeer belangrijk deel van de volwassen mannen van Libanese herkomst inkomstenbelasting. De onderlinge verschillen zijn echter pregnant. Jozef Nassief had met Sf. 12.000 veruit het hoogste inkomen, gevolgd door zijn schoonvader Badwie M. Chehin en zijn zwager Antonios M. Sauwma die Sf. 2.700 opgaven en een tweede zwager Zicha Karam die Sf. 1.300 opgaf. Kleinere winkeliers, zoals Anthony Mansour en Ghanna Abbousaid, gaven Sf. 1.250 op, terwijl bijvoorbeeld Rachid Saba, A.H. Issa, respectievelijk winkelchef en winkelbediende – toen gangbare Nederlandse benamingen – bij Nassief, en Mike Zehoer, winkelbediende bij de Portugese zaak Fogarty, tussen de Sf. 650-750 verdienden.

In 1948 vormden de Libanezen bij de vermogensbelasting een groep van betekenis. Zij maakten 7% uit van het totaal aantal aangeslagenen – veel meer

Omstreeks 1935 brengt Nagib Karam, een belangrijke Libanees in Frans Guyana, een bezoek aan de Libanese gemeenschap in Suriname. Op de foto waarop de overgrote meerderheid van de volwassen Libanese mannen – en twee Palestijnen – in Suriname afgebeeld zijn, staan van links naar rechts afgebeeld. Onderste rij: Badwie M. Chehin, Isaac Bitroos (Zrour), Isaac Badwi, Joseph Nassief., Nagib Karam (Cayenne), Antonios Sauwma, Camille Geara, Ghanna Abbousaid, Michael K.Brohim; middelste rij: Antonios. H. Issa, Antonios Brohim, Dib Chaia, Jacob Sauwma, Rachid Saba, Elias Sarkis, Badie Mekdessie, Antonios Raphael, Mike Zehoer, Mustafa Yusuf (Palestijn); bovenste rij: Alice Sauwma, Tony Abboud, Moussi Issa, Jacob Issa, Jozef Bousaid, Ganei Mekdessie, Tony Karam, Mohammed El-Wanni (Palestijn), André Nassief, Waddy Sauwma, Michel Sauwma, Farid Sauwma

Hoe A.M. Sauwma in 1935 klanten werft

vermogen opgeven, hebben meestal ook een zwakke familieband met hem. Op die manier is er in korte tijd zowel een algemene economische groei als een interne economische stratificatie ontstaan. De een weet kennelijk beter dan de ander nieuwe mogelijkheden te creëren en van bestaande mogelijkheden gebruik te maken. Kennis, inzicht en netwerk waren in deze belangrijk. Maar ook velen van hen van wie de bezittingen minder hoog waren geschat, hadden naar Surinaamse maatstaven 'behoorlijke' vermogens. De helft van de aangeslagenen had een vermogen van meer dan Sf. 45.000; bij het totale aantal aangeslagenen lag dit bedrag veel lager.

Alle Libanese aangeslagenen waren werkzaam in de textiel en 'aanverwante producten'. Het begrip 'aanverwante producten' werd wel steeds breder. In Nassiefs zaak werd in de eerste jaren na de Tweede Wereldoorlog ook whisky verkocht en in sommige andere zaken begon zich eveneens een begin van een vergelijkbare verbreding af te tekenen. Beroepen buiten de textiel werden toen nog weinig gezocht. Naar de gegevens van de volkstelling van 1950 heeft alleen M.A. Mansour die aan de Prinsenstraat een andere soort winkel, een kruideniersaak, waaraan hij in 1962 verkoop en constructie van stalen meubelen toevoegt. Er is voorts een pettenmaker, een

dus dan hun aandeel van 0,1% in de bevolking. Vrijwel alle Libanezen die toen een zaak hadden, hadden een belastbaar vermogen. Het gaat om 25 personen van wie 14 dezelfde familienaam hebben. Ook hier zijn de verschillen evident. Nassiefs vermogen is veruit het aanzienlijkst. Zij die een bescheiden

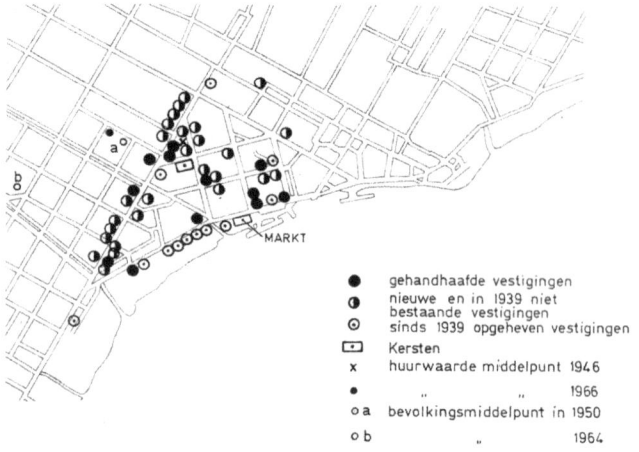

De locatie van Libanese textielbedrijven in 1939 en 1967

schrijnwerker, een modiste, een kantoorklerk, een wasvrouw en er zijn enkelen werkzaam in het (lager) onderwijs. De 'doorbraak' naar een veel breder scala van beroepen, deels ook academische, zou pas later, in de tweede helft van de jaren zestig, komen.

Wonen en werken

Tot na de Tweede Wereldoorlog is het centrum van Paramaribo nog zeer bewoond, zowel in de voorhuizen, waar belangrijke zakenlieden en ambtenaren huisvesting vinden als in de erfwoningen die de achterkanten van veel straten toen nog tekenen.[73]

Libanese winkeliers en importeurs vestigden zich in het centrum van Paramaribo, in winkelstraten zoals de Maagdenstraat, de Steenbakkerijstraat, de Jodenbreestraat en de Saramaccastraat. Na de Tweede Wereldoorlog kwam de Zwartenhovenbrugstraat zeer in trek. De figuur op pagina 62 die de locaties van de bedrijven in 1939 en 1967 aangeeft, laat de verschuiving en de groei zien.

> Ook in de Saramaccastraat was er een aantal panden – in 1939 minstens acht – waarin Libanezen werkten en woonden. Maar dat waren kleinere winkels die zich op de minder draagkrachtigen richtten en zelf ook minder draagkracht opleverden – een trend die zich na de Tweede Wereldoorlog zou versterken. In de jaren zestig vonden de zaken aan deze straat een klantenkring in de Marrons, die toen Bosnegers werden genoemd. Voor hen werd deze straat toen erg belangrijk. Het was de plaats van aankomst uit en vertrek naar het bosland. Op de erfwoningen die daar toen nog volop aanwezig waren woonden veel Marrons.

Een scheiding tussen wonen en werken maakten de winkeliers niet: ze woonden boven de zaak. Zelfs Jozef Nassief is daar altijd blijven wonen. Slechts enkele jonge Libanese zakenlieden zijn in de eerste jaren na de Tweede Wereldoorlog uit het centrum getrokken – naar de C.J. Bawstraat, de Mahonylaan en de Lothlaan in de Eerste Buitenwijk.

Was het rond 1920 zo dat Libanezen woningen en winkels huurden, na de Tweede Wereldoorlog kochten zij hun panden. Meer en meer waren dat stenen panden – in 1966 was 60% van de winkelpanden in steen. Uit gegevens van de huurwaardebelasting 1946 blijkt hoe veel onroerend goed in Paramaribo Libanezen bezaten. Paramaribo was voor 2,2% in hun bezit – een percentage dat drie keer zo hoog lag als hun aandeel in de bevolking. In het centrum waar de handel van belang was, lag dit percentage tussen de 5 en 35%. Dit laatste percentage slaat op het blok Zwartenhovenbrugstraat – Steenbakkerijstraat – Domineestraat.

Enkelen, onder wie Nassief, hadden meer dan één pand en erf in hun bezit. Na de Tweede Wereldoorlog kocht Nassief een scala van erven en panden, zowel in het centrum als in de woonwijken, waardoor hij een onroerendgoedmagnaat werd. In enkele decennia hadden sommige Libanezen die in Suriname waren begonnen als venters en marktkooplieden, zich opgewerkt tot mannen in bonis – met Nassief als onbetwist leider. Wie was Nassief?

> Dit neemt niet weg dat er in het midden van de vorige eeuw ook arme Libanezen in het centrum waren die in erfwoningen bleven wonen en vaak verhuisden, soms naar een nieuwe plek niet meer dan honderd meter verder. Er zijn families die tussen 1920 en 1940 meer dan tien keer van (erf)woning veranderden. Soms moesten ze naar een erfwoning verhuizen omdat ze de huur van een voorwoning niet meer konden betalen. Een voorbeeld van een Libanese in een erfwoning is een alleenstaande vrouw met enkele half-Libanese kinderen. Zij verdiende een inkomen als wasvrouw, onder meer door te werken bij een neef. Een ander voorbeeld is een vrouw die eerder haar (Libanese) man had verlaten omdat deze zich niet correct gedroeg. Zij bleek de hoge huur van haar nieuwe behuizing niet te kunnen kon betalen, hoewel ze via het maken van Libanese gerechten bij feestpartijen van familieleden en andere Libanezen wel enig inkomen verwierf. Later slaagde zij er in weer een voorwoning te bemachtigen. Maar ook een paar 'complete' gezinnen verhuisden dikwijls.

De familie Nassief: Jozef Nassief, Olga, André, Saidi Nassief-Chehin en Eva omstreeks 1938

Jozef Nassief Bersawi

Jozef Nassief (1893-1962) zette in 1910 met zijn vader in Suriname voet aan wal. Het was niet zijn eerste tocht overzee. Zijn vader had hem eerder meegenomen naar New York waar deze enkele jaren gewoond en gewerkt had, samen met zijn boezemvriend Badwie Chehin. Chehin trok later naar Suriname en waarschijnlijk op diens instigatie is Nassief sr later met zijn zoon Jozef vanuit Bazaoun naar Suriname gegaan. Zelf is hij niet lang gebleven. Hij was korte tijd in Paramaribo 'onder de markt' en had daarna een winkel in Nieuw Nickerie, maar trok na enige jaren weer terug naar Bazaoun. De familie was in Bazaoun niet echt arm – de vader had daar naar zeggen minstens acht 'Arabische paarden' in bezit. Zoon Nassief begon toch – volgens de verhalen – met een 'bak', dat is als venter, vanuit Paramaribo naar Mariënburg en andere plaatsen te trekken; zo kwam hij ook op Uitvlugt bij de 'Boeroes'.[74] Na een korte tijd verhuisde ook hij naar Nieuw Nickerie. Aanvankelijk ventte hij daar als marskramer, sjouwend met zijn zware bak van huis tot huis, vaak trap op trap af om zijn waren aan de man te brengen.[75] Korte tijd later had hij een winkel waarin hij deels zelf geïmporteerde textielwaren verkocht. 'Hij was de gelukkige en is daar rijk geworden.' In 1915 trouwde hij met Saidi Chehin, de 16-jarige dochter van Badwie Chehin die al in Suriname woonde. In 1921 keerde hij terug naar Paramaribo en opende een zaak aan de Waterkant tegenover de Platte Brug. Hij gaat zelfstandig importeren. In 1923 neemt hij wanneer Karkabé, in wiens nabijheid hij kennelijk opereerde, naar Europa vertrekt, diens bedrijf en rol over. Hoe Nassief dit heeft gefinancierd is niet duidelijk.

> Nassief schrijft aan de zoon van Karkabé bij diens overlijden in de reeds geciteerde brief: 'You can believe me that the feelings I cherish towards your father is second to the feelings I have toward my own father. I loved and respected your father not only since he left this colony but for all the years we were together. I would never forget the pleasant times we have had, and I am indebted to him more than any one else, for his guidance and the many good advices he used to give me from day to day.'

Nassief had een droomcarrière: van venter werkte hij zich op tot groothandelaar. In 1930, minder dan 20 jaar na zijn aankomst in Suriname, had hij een inkomen vergaard dat kon wedijveren met dat van vele andere handelaren, al lagen die van de directeuren van grote zaken als H.J. de Vries en Van Romondt nog hoger. Rond 1950 is hij niet alleen de meest vermogende Libanees, hij is één van de meest vermogende Surinamers geworden. Dit zonder dat iemand mij ooit verteld heeft dat hij onoorbaar zou hebben gehandeld – handel in drugs was trouwens toen nog geheel onbekend. Dat wijst op handelsinzicht maar ook op een structuur van een samenleving die benutting daarvan zeer succesvol mogelijk maakt. Een winkelier aan de Saramaccastraat zei mij in 1966: 'Wat Nassief alleen bezat, bezitten de anderen niet samen'. Zelf had Nassief een eenvoudige verklaring voor zijn succes. 'Ik heb gewoon heel hard gewerkt en heb elke keer als ik wat reserve had geïnvesteerd', zou hij in de jaren vijftig hebben gezegd tegen een niet-Libanees die bij hem werkte.

In de jaren dertig zijn de 'lapjes' nog steeds het belangrijkste deel in het assortiment van de textielwinkel. Nassief en enkele andere Libanese importeurs weten handig in te spelen op de lokale vraag en laten in het buitenland (Japan, Engeland) de bekende *anjisa's*, de Surinaams-Creoolse hoofddoeken vervaardigen. Telkens brengen zij, vooral in de weken vóór 1 juli, de dag van de Emancipatie, nieuwe hoofddoeken in de eigen zaak, of via wederverkoop op de markt. In *De Banier* van 1935 wordt de verkoop door Nassief van deze doeken als nieuws vermeld. Het is een goed voorbeeld hoe op lokale vraag kan worden gereageerd.

Nassief bracht de door hem geïmporteerde stoffen aan de man via systematische doorverkoop aan Libanese winkeliers die deze stoffen aan hun klanten verkochten. Dit was een nieuw systeem van distributie – succesvol voor Nassief (en voor Chaïa en enkele andere importeurs) en voor veel andere Libanezen. Er werd bij hem – in elk geval in de jaren voor en van de Tweede Wereldoorlog – gekocht op basis van wekelijkse aflossingen. 'Elke dinsdagmiddag ging er iemand, dochter of zoon, met geld naar Nassief om daar af te betalen.' Soms maakte hij voor iemand 'een winkel open'. 'Een winkel open maken' is de Surinaams-Nederlandse vertaling van een Arabische wijze van uitdrukken die nu in Suriname gangbaar is geworden. Deze winkels stonden, juridisch gezien, niet op zijn naam, maar door de kredietverlening en het eigendom van het pand was er sprake van een afhankelijkheidsverhouding. Ook enkele andere handelaren en winkeliers zoals D.B. Chaïa, A.H. Issa en A.M. Sauwma, hadden in 1939 een of twee filialen. Soms kreeg iemand na een leertijd van enkele maanden zo een eigen plaats om te verkopen. Maar soms waren het ook ouderen die zelfstandig niet geslaagd waren. Tot in de jaren vijftig zijn vergunningen van zaken die failliet gingen aan Nassief overgedragen.

> Bij de firma Nassief & Co. is een hoofddoek verkrijgbaar gesteld, gedoopt met den naam: 'Vo drie moismoisi hédé anansi go na koro béré Deze houdt — zegt men - verband met een gebeurtenis der laatste dagen en moet de naam, omgezet in 't Hollandsch luiden: 'Om een drieling is Dr. Nassy in Dr. Cool's buik binnen geloopen'.
>
> Dit herinnert wij aan een Negerengelsche odo; 'mam pira pikien so te, ma toch a de meki asau ron'. (Vrij vertaald: „het stekend vliegje drilt den olifant.")
>
> * * *

Hoe Nassief in 1935 met het verkrijgbaarstellen van een Surinaams-Creoolse hoofddoek op een actuele gebeurtenis inspeelt

In Trinidad heeft Joseph Sabga (1898-1985) een vergelijkbare en een nog dominerender rol gespeeld. In de jaren dertig ontwikkelde hij een systeem om nieuwe migranten te doen trainen door hen die meer ervaren waren totdat zij capabel genoeg geacht werden om zelfstandig te kunnen opereren. In zijn huis werden bijeenkomsten belegd waarop zowel zakelijke als persoonlijke punten aan de orde kwamen. Wekelijks brachten de nieuwkomers geld dat hij beheerde en dat, onder zijn toezicht (!), gebruikt kon worden voor zendingen aan de familie overzee of voor activiteiten in Trinidad zelf.[76]

Zaken zijn zaken. Dat was Nassiefs devies, ook

tegenover zijn familie en vrienden. Hij was, zoals sommigen uit eigen kring het op de meest positieve wijze zeggen, zeer 'voorzichtig' met het verstrekken van krediet. Hij gaf bijvoorbeeld geen korting aan zijn eigen familie en steunde hen ook niet wanneer hij vond dat ze niet 'zakelijk' genoeg waren. Maar als de nood aan de man – soms ook: vrouw – kwam, toonde hij zich soms bereid in te springen. Hij had een vriend en familielid die over veel capaciteiten beschikte maar in effectief geldbeheer het niet zelden liet afweten. Meer dan eenmaal heeft hij, toen diens bestaande zaak failliet ging, hem de mogelijkheid tot een nieuwe start gegeven en ook de familie gesteund.

Hij was ten opzichte van zijn groepsgenoten loyaal, maar hij verwachtte dan wel dat dezen bij hem, of in elk geval bij zijn zwagers, hun importgoederen zouden kopen en niet bijvoorbeeld bij Fogarty of Bettancourt, de andere grote importeurs van manufacturen. Deze verwachting werd overigens niet altijd bewaarheid. Jack H. Issa (1912-1979), die na het overlijden van Nassief, zij het in veel beperktere mate, de centrale figuur onder de Libanezen werd, antwoordde in 1966 op mijn vraag waar hij, voordat hijzelf na de Tweede Wereldoorlog importeur werd, inkocht: 'Bij Nassief, Bettancourt en Fogarty'.

In die jaren kon het importeren van goederen in Suriname alleen op basis van moeilijk te verkrijgen vergunningen plaats vinden. Sinds de jaren twintig had Nassief die ingang wel gekregen en – wat nog belangrijker was – hij had een netwerk van internationale contacten opgebouwd. Zo had hij vlak voor de Tweede Wereldoorlog grote hoeveelheden textiel uit Japan ingevoerd. Dat heeft hem, zeker in de eerste jaren van die oorlog, veel opgeleverd omdat toen de mogelijkheden tot invoer sterk waren afgenomen. Hij had zijn voorraden en die verkocht hij de jaren daarop succesvol al dan niet via kleinere winkeliers. Een familielid zegt: 'met barbaarse winsten'. In de jaren daarna richtte hij zich ook met succes op de import vanuit Japan van 'Djuka-bont' dat door de Marrons werd gebruikt.

Nassief was de directeur van zijn eigen zaak maar wist in de jaren dertig in zijn management enkele gekwalificeerde personen te betrekken, zoals C. Gonçalves, de vader van de advocaat mr K. Gonçalves die op 8 december 1982 op bevel om het leven werd gebracht, en Camille Geara die gedurende lange tijd als sleutelpersonen fungeerden.

Vanaf het midden van de jaren twintig tot aan zijn overlijden in 1962 was Nassief onbetwist leider van de Libanese migranten. Hij gaf, zoals een Surinaams-Libanese intellectueel – geen familielid – het tegenover mij uitdrukt, 'op briljante wijze' leiding aan de Libanese groep die hij zakelijk aan zich wist te binden. Hij werd het gezicht van de Libanezen in Suriname. De andere Libanezen waren – zoals een nu oudere Libanees het uitdrukt – tegenover hem 'niet onderdanig maar hadden wel veel respect voor hem'. Een ander is geprononceerder: 'Als je als kleine Libanees iets durfde te doen zonder de toestemming van de grote baas dan was je op jezelf aangewezen'. Nassief was meer dan de economisch machtigste en rijkste Libanees in Suriname. Hij fungeerde binnen

Het echtpaar Nassief wordt in het najaar van 1955 door Koningin Juliana en Prins Bernhard tijdens hun bezoek aan Suriname begroet

Mevrouw de Weduwe Saidi Nassief Bersawi geboren Chehin geeft hierbij met diep leedwezen kennis van het plotseling overlijden van haar zeer geliefde echtgenoot de heer

Jozef Nassief Bersawi

in de ouderdom van 70 jaar

De uitvaart zal nader worden bekend gemaakt

Koopman Nassief overleden

Hedenochtend omstreeks half twee is vrij plotseling in het St. Vincentius Ziekenhuis overleden de bekende koopman Jozef Nassief Bersawie.

De overledene werd op 28 augustus 1892 te Libanon geboren. Op achttien jarige leeftijd kwam hij naar Suriname en vestigde zich in 1911 in het district Nickerie, waar hij vijf jaar lang een manufacturenzaak had.

In 1916 reisde wijlen de heer Nassief naar Paramaribo en opende een zaak aan de Waterkant tegenover de veersteiger. Later vestigde hij zich aan de Waterkant tegenover de Plattebrug en daarna aan de Watermolenstraat. Sinds 1931 is de zaak Nassief overgebracht naar de Maagdenstraat.

De heer Nassief huwde nadat hij enige tijd hier was met mejuffrouw S. Chehin, uit welk huwelijk twee dochters en een zoon geboren werden.

De overledene had de laatste tijd klachten over zijn gezondheidstoestand. In 1959 ging hij in verband hiermee naar de Verenigde Staten. In augustus jl. vertrok hij wederom naar Nederland, om gezondheidsredenen. Hij was nauwelijks tien dagen geleden hersteld uit Nederland teruggekeerd. Eergisteren werd hij plotseling onwel en was zijn opname in het St. Vincentius Ziekenhuis noodzakelijk. Zijn toestand verergerde en binnen twee dagen gaf hij de geest.

In verband met de overkomst van een broer van de overledene uit het buitenland zal het tijdstip van de begrafenis nader worden bepaald.

De heer Nassief is tijdens zijn leven een harde werker geweest, die veel deed op sociaal gebied, doch niet wenste, dat daaraan bekendheid werd gegeven.

Enkele dagen geleden overleed een zuster van de heer Nassief in het Ziekenhuis.

De aankondiging van het overlijden van Jozef Nassief in *De West* van donderdag 8 november 1962

Begrafenis van Nassief

de groep ook als de sociaal meest gerespecteerde Libanees wiens wil wet was. Jarenlang hield hij 's zondags open huis voor zijn groepsgenoten en tot in de jaren vijftig werd elke Libanees geacht op zijn nieuwjaarsreceptie te komen.

Ook buiten de groep trad hij op als dé belangrijkste onder de Libanezen. Dit blijkt onder meer in 1953 wanneer in Paramaribo een nieuw Surinaams cultuurtijdschrift verschijnt, *Vox Guyanae*. Het tijdschrift wordt ondersteund door een aantal eigenaren en directeuren van de grotere handelszaken, voornamelijk Joden en mulatten, maar ook drie andere 'vooraanstaanden', respectievelijk van Hindostaanse,

In de loop der jaren zijn zes zusters van Jozef Nassief naar Suriname gekomen. Op de foto van links naar rechts, Wardie Issa-Nassief, Saidi Sauwma-Nassief, Maroun Chehin-Nassief en Elmoza Frangie-Nassief. Anne Astaphan-Nassief, toen wonend in Dominica, en Badia Karam-Nassief ontbreken.

Chinese en Libanese afkomst. Nassief treedt als de Libanese sponsor op – en daarmee als de vertegenwoordiger van de Libanese groep zoals hij zichzelf al sinds lange tijd nadrukkelijk geportretteerd had. De toenmalige Gouverneur Jan Klaasesz zou, als hij de brief van Gouverneur Van Asbeck uit 1914 had gelezen, in diens typering van Karkabé als 'koopman te dezer stede en het zogenaamde hoofd der Syriërs hier te lande', Jozef Nassief hebben herkend. Bij het bezoek in het najaar van 1955 van Koningin Juliana

IV Een vaste plaats

en Prins Bernhard aan Suriname is ook hij met zijn vrouw aanwezig. Op 16 april 1962 werd Nassief de onderscheiding Ridder in de Orde van Oranje Nassau verleend. Als hij in november dat jaar overlijdt wijden *De Ware Tijd* en *De West* artikelen aan hem en drukken foto's van de begrafenisplechtigheid af.

Hij was de leider van de Libanese gemeenschap in Suriname en de Libanese manufacturenwinkels waren te zijner nagedachtenis gesloten. [...] Voor immigranten uit zijn geboorteland Libanon, was hij een grote steun en hielp velen een manufacturenzaak te beginnen.[77]

Antony Mansour (1880-1965) en Nazira Mansour-Psjara (1895-1989) met een 'gemengd' scala van kinderen, aangetrouwde kinderen en kleinkinderen omstreeks 1958

Tabel 4.3. Burgerlijke staat van Libanese mannen >25 jaar in 1950 naar geboorteland

		Gehuwd met Libanees	Gehuwd met niet-Libanees	Ongehuwd	Totaal
Libanon of elders	Gehuwd naar Suriname	12			12
	Na 10e jaar ongehuwd naar Suriname	5	3	1	9
	Voor 10e jaar naar Suriname	4	1		5
Suriname		5	8	7	20
Totaal		26	12	8	46

Gehuwd = inclusief samenwonend en weduwnaar/weduwe.
Bron: Grondmateriaal Tweede Algemene Volkstelling 1950 en Burgerlijke Stand 1966.

Zijn houding, invloed en macht heeft zich, zoals uit het navolgende blijkt, tot het einde van zijn leven inderdaad telkens gemanifesteerd.

De binding via het huwelijk

Libanezen zijn jaren na hun eerste komst nog steeds een te onderscheiden groep die zich ook uitbreidt. Juist omdat de migratie voornamelijk gezinsmigratie was of er vaak onderling huwelijken werden gesloten, waren er telkens ook nieuwe 'puur' Libanese gezinnen, waarbinnen bovendien vaak veel kinderen werden geboren – een tiental kinderen was in de jaren dertig geen regel maar ook geen uitzondering. De onderlinge relaties zijn in die jaren, ook omdat de betrekkingen in sterke mate familiebetrekkingen zijn, intensief. Onderling werd veel samen opgetrokken.

Maar op den duur differentiëren de contacten zich steeds meer. Er zijn families die meer en andere die minder in de Libanese netwerken functioneren – en minder werd niet zelden: steeds minder. Die lijnen berusten op familiebanden en op economische verbindingen.

Veruit de meeste Libanezen uit Bazaoun en Hasroun waren naaste of verre familie van elkaar. In Suriname werd de familieband aanvankelijk alleen maar hechter. Dat kwam door het sluiten van onderlinge huwelijken, soms zelfs tussen volle neven en nichten. Het meest veelzeggende voorbeeld zijn de huwelijken van en rondam Jozef Nassief. Zelf trouwt hij, zoals al vermeld, met de in Suriname wonende Saidi Chehin, die een nichtje van hem was. Zij was geboren in de Verenigde Staten en teruggekeerd met haar ouders naar Libanon die vervolgens naar Suriname trokken. Ook zes van zijn zusters trouwen (sommigen als ze pas 13 jaar oud zijn) met Libanezen uit Bazaoun die allen op Suriname betrokken zijn of worden. Ze komen, al of niet getrouwd, naar Suriname. Zijn zuster Anne is getrouwd met Antonio Astaphan die, zoals eerder is aangegeven, sinds 1919 een aantal jaren in Suriname woonde en werkte. Saidi treedt in het huwelijk met Antonios M. Sauwma, Elmosa met Michel Antoine Frangie, Maroun met haar neef Michel Badwie Chehin, Badja met Zicha Karam, en Wardie huwt in Bazaoun met de al genoemde Antonio Issa en komt met hem in 1930 naar Suriname. Diens jongere broer Moussi zou enkele jaren later komen en met een dochter van Jozef Nassief trouwen. Nassief's zoon zou later huwen met een dochter van zijn broer Elias. Deze was, na een kort en persoonlijk problematisch verblijf in Suriname, in Dominica zeer winstgevend in de handel actief geworden en heeft van daaruit ook nabije en verre familie in Suriname financieel gesteund.

Tabel 4.4. Burgerlijke staat van Libanese vrouwen >25 jaar in 1950 naar geboorteland

		Gehuwd met Libanees	Gehuwd met niet-Libanees	Ongehuwd met kinderen	Ongehuwd geen kinderen	Totaal
Libanon of elders	Gehuwd naar Suriname	16				16
	Na 10e jaar ongehuwd naar Suriname	8			3	11
	Voor 10e jaar naar Suriname					
Suriname		9	4	2	2	17
Totaal		33	4	2	5	44

Gehuwd = inclusief samenwonend en weduwnaar/weduwe.
Bron: Grondmateriaal Tweede Algemene Volkstelling 1950 en Burgerlijke Stand 1966.

Huwelijken zoals die van Jozef Nassief en zijn tijdgenoten waren huwelijken tussen hen die in Libanon waren geboren. Onder hen blijft het onderlinge huwelijk vooralsnog min of meer regel. In 1950 zijn van de in Libanon geboren en gehuwde mannen van 25 jaar en ouder, zo toont de volkstelling, bijna 85% met Libanezen getrouwd; geregistreerd samenwonen kwam onder hen toen niet voor (zie Tabel 4.3). Maar bij hen die in Suriname zijn geboren is juist de meerderheid van de getrouwden ouder dan 25 jaar wel met een niet-Libanese getrouwd. Daarnaast zijn er nogal wat (nog) niet getrouwd. Bij de vrouwen blijft, zoals Tabel 4.4 laat zien, het onderling huwen sterker. Ook onder de in Suriname geborenen jonger dan 25 jaar is de meerderheid met leden van de eigen groep getrouwd. Er waren er echter ook enkelen die als ongehuwde alleen met hun kinderen woonden. Maar de personen en de families achter deze cijfers verschilden in hun economische positie en in de perceptie bij de gezaghebbende Libanezen van wat 'correct gedrag' was.

Het onderling huwen rustte op een bestaand familie- en relatiepatroon dat via huwelijken versterking kreeg. Familienetwerken vergemakkelijkten de intrede en het vinden van een plaats in een nieuwe samenleving. Er was echter een vrij belangrijk verschil waar te nemen tussen de kinderen van hen die het in zaken goed deden en de anderen. Of er al of niet door hen die in Suriname waren geboren of er jong waren gekomen onderling getrouwd werd had waarschijnllijk ook een economische dimensie. Opvallend is namelijk dat in de jaren voor en vlak na de Tweede Wereldoorlog er min of meer een verband bestaat tussen onderling trouwen en economisch succes – iets wat Barclay ook in Trinidad heeft geconstateerd (zie p. 16). Binnen de kerngroep, de groep die in de jaren rond de Tweede Wereldoorlog de textiel in handen had en zelf voor een groot deel in Libanon geboren was, beschouwde men huwelijken buiten de groep als één van de redenen voor het falen in de textielhandel. 'Een handelaar moet een Libanese trouwen die ook voor de zaak werkt', was toen het devies, 'anders wordt het sukkelen.'

Hoewel – dit zij benadrukt – ook in onderlinge huwelijken liefde en genegenheid centraal kunnen staan, kunnen zulke huwelijken inderdaad een dimensie van kapitaalbehoud in zich sluiten. In die zin kan een voorkeur voor zulke huwelijken een 'rationeel' argument bevatten – zij het betwistbaar: mevrouw Sowma-Hiemcke, één van de succesvolste 'Libanese' zakenvrouwen van de laatste 20 jaar, is biologisch een licht-creoolse Surinaamse. Er waren bovendien onderlinge huwelijken tussen niet rijke Libanese families.

Een en ander vond een tijd lang zijn weerslag in het huwen met en uithuwen van Libanezen buiten Suriname, zelden nog uit Libanon zelf maar

Antonios en Wardie Issa met een aantal kinderen, Jacob en Martha Issa, en Akl Issa, omstreeks 1950. Staand Nasser Issa (1932), Martha Issa-Brahim (1924), Youssef Issa (1928), Habib Issa (1926), Selma Issa-Bahri (1927), Akl Habib Issa (1920) en Norma Issa (1934); zittend Jacob Issa (1912), Lyla Issa (1936), Wardie Issa-Nassief (1912) en Antonios Issa (1902); op voorgrond Geneviève (1940), Philip (1942), Foued (1938) en Evelien (1944). Van de personen op deze foto zijn Nassser, Martha, Jacob, Wardie en Antonios overleden. Youssef, Habib, Selma, Akl Habib, Philip en Evelien wonen in Suriname. Norma en Foued wonen in Dominica, Lyla en Geneviève in Antigua.

veel meer met die vanuit de andere Caribische eilanden en Frans Guyana. Deze laatste vorm van huwen en uithuwen is vooral in de jaren 1945-1955 voorgekomen, minstens zeven keer. Zoals Maurice Issa het omschrijft: 'Mijn moeder ontmoette mijn vaders oom Jack Issa, toen ze op zakenreis waren in New York. Ze kwamen uit hetzelfde dorp in Libanon. Toen ze op vakantie kwam in Suriname ontmoette ze mijn vader, Naser Issa. Zo is het gekomen.'[78] Trouwen met iemand uit het Caribisch Gebied – soms ook, zo is mij verzekerd, uit 'liefde op het eerste gezicht' – gaf tevens een mogelijkheid de Libanese groep 'sociaal' te bewaren. Het was zo ook een antwoord op de problemen die voor sommige kinderen het onderling huwen in Suriname zelf teweegbracht.

Belangrijk is dat door sommige leidende Libanezen, onder wie zeer zeker Nassief zelf, gemengd huwen, laat staan samenwonen als 'ongepast gedrag' werd bestempeld. Dit moest worden tegengegaan. Libanezen op leeftijd wisten mij te vertellen: 'Zelfs toen wij als kinderen met een niet-Libanees verkering hadden, mochten wij die niet thuisbrengen', en 'Ondenkbaar dat mijn zusters met een Creool zouden zijn getrouwd. Oudste zus had wat verkering met een Creoolse jongen en werd toen thuis gehouden.' Deze strikte voorkeur die er bij velen was voor een wederhelft van 'eigen' afkomst wil niet zeggen dat in de Libanese groep van die dagen 'buitenvrouw' en 'buitenkinderen' geheel onbekende noties waren.

Tot na de Tweede Wereldoorlog bleef binnen sommige families het 'intern' trouwen een sociaal vereiste. Het leidde dan soms tot zeer felle discussies en conflicten in die families. Het kwam in die jaren voor dat ouders een zoon die met een niet-Libanese wilde trouwen hiervoor geen toestemming gaven en dat deze dan via de rechter het huwelijk mogelijk moest maken. 'Als je nog geen 30 was moest de rechter er aan te pas komen.' Soms kwam die toestemming wel. 'Eigenlijk had ik nooit gedacht dat mijn vader toestemming zou geven om met mijn [Nederlandse] vriend te trouwen. Ik durfde hem niet thuis te brengen. Maar toen hij hem ontving, bleek alles direct goed te zijn.' Dit heeft zich rond 1950 afgespeeld. Pas in de jaren zestig zou dit echt gaan veranderen, mede in gang gezet door het huwen van jonge mannen die voor studie in Nederland zijn met Nederlandse (zie Hoofdstuk V).

Toch waren er rondom de Tweede Wereldoorlog Libanezen die buiten de eigen groep trouwden of relaties aangingen. Zij deden dat dan wel dikwijls met mannen en vrouwen van 'lichte' afkomst. Verzet tegen relaties buiten de groep sloeg in die jaren namelijk in het bijzonder op relaties met personen die sterk van de Libanese kleur afweken. De relaties die in die jaren werden afgewezen door de bewakers van de 'groepsmoraal', onder wie Nassief, betroffen vooral die met 'donker gekleurde' personen. Dit verzet zal binnen de toen sterk op kleur gestratificeerde samenleving waarschijnlijk ook een 'strategische' dimensie hebben gehad.

In een gesprek met een vrouw, geboren in 1930, van wie de moeder Libanese en de vader zwart is, vertelt zij mij het volgende. De (ongehuwde) moeder werd onterfd nadat ze een kind verwachtte – de baby moest zelfs in Georgetown worden geboren. 'Libanezen zijn racisten. Verbasteren mocht niet vroeger.' 'Maar ik ben nooit afhankelijk van ze geweest.' Ze vertelt ook dat Nassief tot twee keer toe in de jaren daarna wel een winkel voor haar moeder geopend had, maar dat deze het niet kon volhouden. 'Moeder was geboren handelaarster maar kon, ook omdat ze analfabeet was, geen zaak runnen. Ze keerde terug naar de markt.' Dit is niet het enige voorbeeld. Een achternicht van Jozef Nassief zegt: 'De verhouding van moeder met andere Libanezen was niet zo geweldig. Contacten waren er weinig meer toen mijn moeder met een zwarte man ging wonen en met hem kinderen had. Dat was omstreeks 1930 helemaal niet aan de orde. Toen zette men zich af tegen ons. Zelf had ik in mijn jeugd [ze is geboren rond 1940] ook geen contacten met andere Libanezen buiten mijn directe familie om.' Toen in de jaren vijftig een twaalfjarige 'half-Libanese' wees was geworden, werd ze in het huis van een Libanese zakenman opgenomen. Ze moest, naar zeggen, daar voor alles als 'dienst' optreden en werd duidelijk buiten het gezin geplaatst. Ze was geen echte Libanese.

Wanneer Libanezen buiten de eigen groep trouwden betekende dat in die jaren dat zij – en zeker hun kinderen – meestal uit de groep 'verdwenen'. Een vrouw die uit een zogenaamde kernfamilie komt: 'De [familienaam] zijn vroeger begonnen met integratie. Nooit *close contact*. Alsof ze voelden geen echte Libanees te zijn. Ze zaten ook minder in textielhandel. Hun grootmoeder had wel een zaakje aan de Saramaccastraat. De kinderen later niet.' Wat niet wil zeggen dat alle banden verloren gingen. Directe familiebanden bleven functioneren en bij manifestaties op hoogtijdagen is de groep ineens weer groter.

De 'menging' in die jaren was al aanzienlijk en veel aanzienlijker dan door de groep en de samenleving werd aangenomen. Was in 1950 van de Libanese

De familie Zrour. Boven hun winkel aan het begin van de Saramaccastraat werd omstreeks 1955 de Libanistenclub gevestigd. Door een foutieve inschrijving luidde de naam van deze familie die in 1908 naar Suriname kwam, oorspronkelijk Bitroos (Petrus). In 1940 is de naam Bitroos in die van Zrour gewijzigd. Isaac Zrour en Eva Zrour-Joseph hadden een zestal kinderen van wie vijf jongens. Vandaag de dag is in Suriname door verbintenissen met andere Surinamers en emigratie de naam Zrour nauwelijks meer bekend. De familie is ook niet meer in de zakenwereld actief.

kinderen die tussen 1931 en 1940 geboren waren minder dan een eenvierde geen 'puur' Libanees, van hen die tussen 1941 en 1950 het levenslicht zagen had bijna tweederde een niet-Libanese moeder of vader.

De Libanistenclub

Hoe de Libanezen als groep in die tijd bijeen kwamen toont de foto op pagina 61 die in het midden van de jaren dertig genomen is, ter gelegenheid van de komst van Nagib Karam, een belangrijke Libanees uit Cayenne, naar Paramaribo. De groep bevat de grote meerderheid van de volwassen mannen die dan in Paramaribo leven. Het zijn er 26 – er ontbreken er vijf of zes. De rangschikking op de foto is kennelijk naar leeftijd en belangrijkheid. Nagib Karam zit tussen Josef Nassief en Antonios Sauwma in. Het is een foto van goed geklede mannen – een meisje lijkt er haast verdwaald op te staan, maar dat zal niet zozeer hebben gegolden voor de jongens die op de foto staan. Zij zijn kinderen van de dan sociaal en economisch

IV Een vaste plaats

Antonios Sauwma, de voorzitter van de Libanistenclub, met zijn vrouw Saidi Sauwma-Nassief en hun kinderen. Van links naar rechts staand: Orlando (1934), Waddih (1926), Faridih (1932), Micheale (1922), Alice (1928), Faridh (1924) en Rudolf Elias (1936); zittend: moeder Saidi (1898), vader Antonios (1894), Susanne (1920), Jacob (1940) en Clarice (1938). Van de tien kinderen zijn momenteel acht in leven van wie er vier in Suriname wonen. Van de zes zonen zijn er twee in de textielhandel, in de ruime zin, werkzaam (geweest), van de vier dochters geen. Van de zonen hadden/hebben er twee een Libanese vrouw, van de dochters twee een Libanees als man.

belangrijkste Libanezen, te weten Jozef Nassief en zijn zwager Antonios Sauwma. Interessant is dat op de foto ook twee Palestijnen staan. Nassief was bij hun toelating tot Suriname betrokken geweest.

Het onderlinge contact speelde zich vooral af in de winkels annex woonhuizen. Veel Libanezen ontmoetten elkaar na hun werk bij de stenen trap aan de Waterkant of – later – op Leonsberg. De zondag was voor alles een familiedag. 'Elke zondag uitstapjes, iedereen koken voor iedereen.' Als de groep groeit, differentieert en de contacten verwateren wil Jozef Nassief de sociale en economische samenhang van de groep in stand houden en die zelf vorm geven.

In het begin van de jaren dertig richt Nassief daartoe de Libanistenclub op. Zijn zwager Sauwma wordt voorzitter, Camille Geara die dan bij hem werkt, secretaris en hijzelf penningmeester. Hij bestemt een bovenverdieping van één van zijn panden – aan het begin van de Saramaccastraat aan de rivierzijde, waar beneden Isaac Zrour een winkel dreef – tot de ruimte waar Libanezen elkaar kunnen ontmoeten. Hij laat er onder meer twee prachtige biljarttafels plaatsen en neemt in de eerste tijd zelfs de drankjes voor zijn rekening. De club wordt vooral de plaats van Libanese mannen die er op doordeweekse avonden komen en daar praten, biljarten, drinken en, in de achterkamer waar geen enkele vrouw mocht komen, ook kaart spelen – om geld, om forse bedragen. Zondags, na de Heilige Mis, kwamen de meeste Libanese mannen naar de club. Dan moesten ook de jongens er komen spelen.

> Eén van de jongens van die jaren vertelt nu hoe dat er vlak voor de Tweede Wereldoorlog aan toeging. 'Als je dan om tien uur daar kwam zaten alle mannen netjes in pak gekleed op een houten stoel rondom de biljarttafel en dan moesten wij hun één voor één allemaal een hand geven rondom een grote tafel en zeggen: "dag oom, dag oom". Dan mochten we daar gaan spelen. We deden er alleen Arabische spelletjes, bijvoorbeeld *shej bej*, wat in het Nederlands tric-trac heet.'

Als de ruimte aan de Saramaccastraat in de jaren vijftig te klein wordt, verhuist de club naar een bovenhuis op de hoek van de Zwartenhovenbrugstraat en de Gemenelandsweg. 'Mijn vader [geboren rond 1900] kwam, als hij de zaak had gesloten, naar boven, waste zijn handen, at wat en ging naar buiten, naar de club. Met zijn broer, met Elias, met Sauwma, altijd in de hoek op het balkon van het gebouw aan de Zwartenhovenbrugstraat-Gemenelandsweg.' Vrouwen worden nu ook toegelaten en uitgenodigd. Er worden regelmatig dansavonden georganiseerd die overigens weinig Libanese vrouwen trekken. Anderen dan Libanezen zijn er niet welkom, alleen Boeroe's. De club spreekt de in Suriname geboren kinderen en kleinkinderen niet aan. Een man, eind jaren veertig geboren en als kind op de club gebracht, zei mij in 1978: 'je deed er alleen maar Arabische spelletjes'. Het blijft toch voor alles Nassief's club en als Nassief in 1962 overlijdt, verliest de club zijn aantrekkingskracht en wordt korte tijd later, na een dertigjarig bestaan, opgeheven. In 1966 zeiden vrijwel alle winkeliers met wie ik toen gesprekken had, dat het opheffen van de club 'heel erg jammer' was. Een toen 65-jarige zegt: 'Schande, hadden ze nooit moeten doen. Zo onderhield je contacten en had een plaats om te gaan.' Een ander, dan 40 jaar oud, is 'realistischer': 'Het is heel erg jammer maar het zou altijd gebeurd zijn. De onderlinge steun is weggevallen.'

In 1996 wordt er opnieuw een Surinaams-Libanese Vereniging opgericht (zie Hoofdstuk V).

Onderlinge steun

In hoeverre werd nu in de jaren rond de Tweede Wereldoorlog onderling steun bij de economische opbouw gegeven? Wie vandaag de dag aan economisch minder succesvolle Libanezen vraagt hoe de bestaande inkomensverschillen te verklaren zijn, krijgt als eerste antwoord veelal: 'Ze steunden als families elkaar'. Daar zal een kern van waarheid in schuilen, maar het is niet doorslaggegevend. Het belangwekkende is immers dat vrijwel alle Bcharre-Libanezen in sterke mate verwant waren. Wel waren er gradaties, bijvoorbeeld in de familiale banden met Jozef Nassief, maar toch kon vrijwel een ieder zich tegenover andere Libanezen op een familieband beroepen.

Er zijn voorbeelden hoe in die jaren vooral Nassief maar ook Issa's een aantal Libanezen die om een

Michel Halil Brohim en Nagibi Brohim-Latouf, de ouders van nu bekende Brahims en Brohims, omstreeks 1950 voor hun winkel aan de Zwartenhovenbrugstraat 155

De familie Elias die zowel in Paramaribo als in Nieuw Nickerie haar sporen heeft verdiend. Staand van links naar rechts: Youssef Elias, winkelier in Nieuw Nickerie, zijn broer Alexander, winkelier in Paramaribo, Georges Shaoul en Challita Raad, zwagers van Alexander en wonend in Cayenne. Zittend van links naar rechts: Facira Raad-Shaoul, de echtgenote van Challita, en Mora Elias-Shaoul, de echtgenote van Alexander. Daaronder de kinderen van Alexander en Mora, thans ir Georges, Rudolf (overleden), Bernadette Brahim-Elias, Wadede Sonneveld-Elias en wijlen Thérèse Abbout-Elias (zie p. 120). De foto is omstreeks 1935 genomen.

of andere reden economisch in problemen waren geraakt, een nieuwe kans hebben gegeven. Dat heeft waarschijnlijk in sterkere mate voor directe familieleden gegolden. Hoezeer rijkere Libanezen in hun netwerken voor directe familieleden een hoge plaats inruimden, ook zij werden niet vanzelf gesteund. Dat werd pas echt gedaan indien hij of zij als economisch betrouwbaar werd gezien, als een investering als potentieel rendabel werd gezien en de kansen op terugbetaling positief werden geschat.

Er is een voorbeeld uit de jaren dertig dat Nassief een direct familielid niet wilde steunen omdat hij de investering te riskant achtte en die steun pas gaf toen een andere zwager zich voor dat familielid garant stelde. Evenzo is er een voorbeeld van iemand die van een 'belangrijke' Libanees die geen familie is, het aanbod krijgt om een zaak te beginnen. Deze zou voor het winkelpand en de bevoorrading zorgdragen.

Kortom, in die jaren was er van steun van familie

(ook in de ruime kring genomen) sprake maar deze steun, dit 'sociale kapitaal', had vaak een economische keerzijde. Als zij die niet tot welvaart zijn gekomen zeggen dat het ontbreken van steun door rijkere familieleden een sleutelvoorwaarde voor hun lagere positie of van die van hun ouders is geweest, is dit mogelijk een rationalisatie van het gemis aan eigen succes van henzelf of dat van hun ouders.

Onderwijs als een weg naar boven

De economische vooruitgang leidde er toe dat veel Libanese ouders, vaders èn moeders, de opleiding van hun kinderen steeds meer van groot belang gingen vinden en hen stimuleerden door te leren. In de jaren dertig kreeg dit een nieuwe dimensie als er veel kinderen de lagere school afronden. Het secundair onderwijs was dan een weg tot vooruitgang. Omdat beroepsgericht onderwijs van niveau in Suriname niet werd aangeboden, stuurden de ouders, als het kon, hun kinderen naar de MULO (Meer Uitgebreid Lager Onderwijs).

Bij de schoolkeuze van de ouders voor hun kinderen heeft de rooms-katholieke kerk een belangrijke rol gespeeld. De geestelijkheid dringt er bij de ouders sterk op aan het beste voor hun kinderen te kiezen – wat een positief effect op hun keuze voor voortgezet onderwijs heeft. 'We hebben erg veel aan de paters te danken', aldus een nu oude Libanees. Dit paste in de maronitische context. Een nu in Paramaribo wonende Libanees zegt: 'ik heb de lagere school bij de Franse paters in Tripoli bezocht en afgemaakt'.

Ook onder de economisch minder succesvolle ouders waren er die goed onderwijs voor hun kinderen belangrijk achtten en zich daarvoor inzetten. De MULO's die binnen hun bereik lagen, verschilden van kwaliteit, stand en schoolgeld. Het moet de armere families veel gekost hebben als zij hun kinderen op de betere MULO's, zoals de Hendrik-, Paulus- en Louiseschool wilden laten doorleren. Op aandringen van de paters en fraters verplaatste een armere Libanese familie in het midden van de jaren dertig haar kinderen van de Leonardusschool en Willebrordusschool naar de betere, maar duurdere Paulusschool. Nu nog wordt verteld dat Nassief toen tegen de vader gezegd zou hebben: 'Brutaal dat je hem naar de Paulusschool stuurt – ik ga je daar nooit geld voor lenen'.

Het onderwijs zou sommige jongeren van wie hun familie economisch niet tot de meest succesvolle behoorden nieuwe perspectieven geven. Allereerst via de in 1950 gestichte Algemeen Middelbare School (AMS), met HBS-examens die conform die van Nederland waren. Dit kon uitmonden in studie in Nederland zelf. Op de stichting van de AMS werd zelfs niet altijd gewacht. Begin 1940 – kennelijk geloofde men nog dat de Nederlandse neutraliteit tijdens de uitgebroken oorlog bewaard zou blijven – zou I.M.K. 'Mike' Brohim, dan 12 jaar, als de eerste Bazaoun jongere dezelfde weg gaan als Charles Karkabé dertig jaar eerder nam, die voor opleiding en studie naar Nederland.

Libanese integratie en het Spitfirefonds

Een goed voorbeeld van de integratie van de Libanese groepering in Suriname en van de rol die Nassief daarbij speelde was de steun aan het Spitfirefonds in 1940. De bijdrage van de Libanezen aan dit fonds geeft een onverwacht maar tekenend beeld van hun plaats in de koloniale Surinaamse samenleving.[79]

In mei 1940 wordt Nederland door de Duitsers bezet. Om hun solidariteit met Nederland te tonen richtten Nederlandse bestuursambtenaren en Surinaamse zakenlieden in augustus dat jaar het Spitfirefonds op met als doel onder de bevolking gelden in te zamelen om een Spitfire te kunnen kopen die in de strijd tegen Duitsland kon worden ingezet. Geld wordt verkregen via collectes, grote loterijen en de verkoop van allerlei speldjes. Het nieuwsblad *Suriname* (dat toen vrijwel geheel op de verslaglegging van de oorlogsgebeurtenissen gericht was) meldde telkens de resultaten.[80] In het fonds wordt inderdaad geld gestort, zowel door Gouverneur Kielstra, die

Als groep ondersteunen de Libanezen in 1940 het Spitfirefonds

als eerste op 21 augustus ƒ 1.000 inzet en later, in iets bescheidener vorm, zijn gift enkele malen zal herhalen, tot en met de leerlingen van de hoogste klas van de St. Claraschool in Nieuw Nickerie die ƒ 1,50 en een groep van 22 Indianen die via een rooms-katholieke missiepost ƒ 9,20 bijdragen. Het fonds heeft tot augustus 1942 gelden ingezameld. In totaal werd meer dan ƒ 40.000 ingebracht.

Libanezen hebben al vrij snel na de oprichting van het Spitfirefonds geld gestort. Op 23 augustus als de stand van het fonds nog slechts ƒ 2.161 bedraagt, vermeldt *Suriname* in de rubriek 'Spitfirefonds' de giften 'Van de Libanisten t.w.' waarna 26 personen volgen die samen ƒ 555 storten.[81] Het is de enige keer dat in de lange lijsten die gedurende twee jaar zeer regelmatig, in het begin in elk nummer, gepubliceerd werden, een etnische groep als zodanig genoemd wordt.[82] Mogelijk steunden Libanezen het Fonds omdat Libanon en Syrië in de oorlog waren betrokken. De Franse troepen daar hadden de zijde van de geallieerden gekozen – zoals ook *Suriname* vermeldt op de dezelfde dag als de Libanese bijdrage aan het fonds wordt vermeld. Minstens zo waarschijnlijk lijkt dat de Libanezen op deze wijze aan de Surinaamse samenleving wilden duidelijk maken dat zij deel uitmaakten van die samenleving. Wij zijn in Suriname en dus is het nu ook onze strijd.

Alleen – het is niet zozeer een steun door 'de Libanisten' gezamenlijk opgezet maar één die, zoals nu nog gemeld wordt, door Nassief werd gestimuleerd en gecoördineerd. Hij zette allereerst zelf hoog in, met een bedrag van Sf. 200 – wat in vergelijking met giften van andere personen en bedrijven zeker aanzienlijk was. Ook enkele andere Libanezen dragen fors bij: A.M. Sauwma met Sf. 100, de gebroeders Issa met Sf. 75 en D.B. Chaïa (die een zaak aan de Waterkant had) met Sf. 50. De lijst eindigt met kleine giften van Sf. 5 en van Sf. 2,50 waaronder ook van enkele niet-Libanezen die bij Nassief werken. De lijst geeft vrijwel zeker iets van de financiële verhoudingen in de Libanese groep aan, maar laat ook zien hoe Nassief kennelijk in staat was vrijwel alle Libanese families tot een bijdrage te 'stimuleren'. Er zijn slechts enkele families die ontbreken. Interessant is voorts

De grafstenen van Antonie Jozef Abboud en Jozef A. Elias, vooraanstaande Libanezen in Nieuw Nickerie

herhaalde Nassief zijn gift, evenals A.M. Sauwma. Zij deden dat toen samen met andere zakenlieden – met een duidelijke etnische achtergrond, namelijk Hollanders, Joden en Mulatten.

Veranderingen in de jaren zestig

In het midden van de jaren zestig vonden belangrijke veranderingen plaats in de Libanese textielhandel. De specifieke positie van Nassief en de andere oude importeurs, zijn zwagers, als degenen die via de import de handel geheel beheersten, was aan het verdwijnen. Na zijn overlijden in 1962 kwam de leiding in handen van zijn zoon en nam de betekenis van de firma als grootimporteur van textiel verder af. De mogelijkheden tot eigen import waren door een toegenomen juridische en fysieke openheid van de Surinaamse markt ook voor kleinere handelaren

Jacob (Jack) H. Issa, na het overlijden van Jozef Nassief
de nieuwe Libanese voorman, en
zijn vrouw Martha Issa-Brahim

dat volgens de gepubliceerde lijst ook de Palestijnse broers El-Wanni (Mohamed en Yusuf) die een filiaal van A.H. Issa aan de Saramaccastraat beheerde, tot de geldgevers behoort. Kennelijk werd hij als deel van 'de' groep beschouwd. In die jaren waren er namelijk enkele Palestijnen naar Suriname gekomen en Nassief had hen, wat nu nog door hen verteld wordt, 'geaccommodeerd'. Op 29 november 1940

Geachte Ouders,

Moet Uw zoon of dochter, dit jaar zijn of haar Eerste Heilige Communie doen, of belijdenis afleggen? Maakt U zich geen zorgen aangaande de kleding

Bij Winkel M. SOWMA vindt U alles

wat U hiervoor nodig mocht hebben o.m.

Verschillende soorten wit goed, w.o. Borduursel & kant, witte jongens- meisjes en damesschoenen, witte jongenshemden, compleet met strikdas en manchetten
Creme Gabardine. Verschillende soorten Sluiers en kronen, witte meisjessokken, dames- en kinderhandschoenen.

Ook voor U geachte ouders zijn wij ruim voorzien. Neemt daarom eerst een kijkje, bij winkel M. SOWMA aan de Steenbakkerijstraat U zult zeker bij ons slagen en de prijzen zullen U erg meevallen

Aanbevelend winkel M. SOWMA

Hoe M. Sowma in 1963 inspeelt op de 'Eerste Heilige Communie'
van rooms-katholieke kinderen

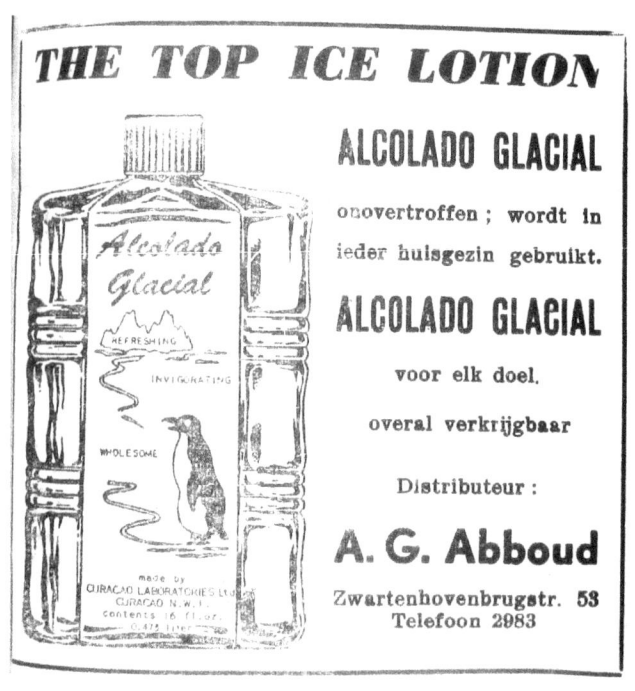

Alcolado Glacial wordt in 1963 door A.G. Abboud in de *De West* geadverteerd. In 1957 was hij bij de Kamer van Koophandel als vertegenwoordiger van buitenlandse firma's geregistreerd. Nog steeds wordt dit populaire artikel via deze zaak Suriname binnengebracht.

groter geworden en deze gingen daar meer en meer gebruik van maken.

In de jaren zestig kan de Libanese textielhandel in vier typen bedrijven worden onderscheiden – een onderscheid dat sterk samenhing met de vraag of en hoe men importeerde. Voor het eerste type bedrijven is de import het belangrijkste, pas daarna komt de verkoop in de detailhandel. In het midden van de jaren zestig was J.H. Issa NV van hen de belangrijkste; in 1966 had zijn bedrijf, volgens statistieken van de Kamer van Koophandel, meer dan 50 werknemers. Andere grote textielbedrijven waren toen Habib Issa's Beyrouth Bazaar, Moussi Issa's zaak, Naser Issa's Lucky Store en M.K. Brahims Ebro Store. Dit blijkt ook uit de advertenties in de dagbladen. In het eerste kwartaal van 1970 plaatsten in het dagblad *De West* Beyrouth Bazaar en J.H. Issa de meeste advertenties, gevolgd door M.H. Issa, M. Sowma en Lucky Store. De in de jaren vijftig gekomen Michel Frangie plaatst er met zijn Brokopondo Store één; (André) Nassief twee, waarvan een ter aanbieding van een vliegtuig. Een groot deel van hun import, voornamelijk de goedkopere stoffen, zetten ze af als 'wholesaler' – in die tijd een veel gebruikte aanduiding in de Surinaamse handel. Hierbij speelde de afname door marktverkopers een belangrijke rol.

Het tweede type bedrijven treedt wel als importeur op, maar doet dit voornamelijk voor de verkoop in de eigen winkel. De lokale doorverkoop blijft beperkt tot een aantal stofjes waarvan een andere winkelier vermoedt dat die het ook goed in zijn

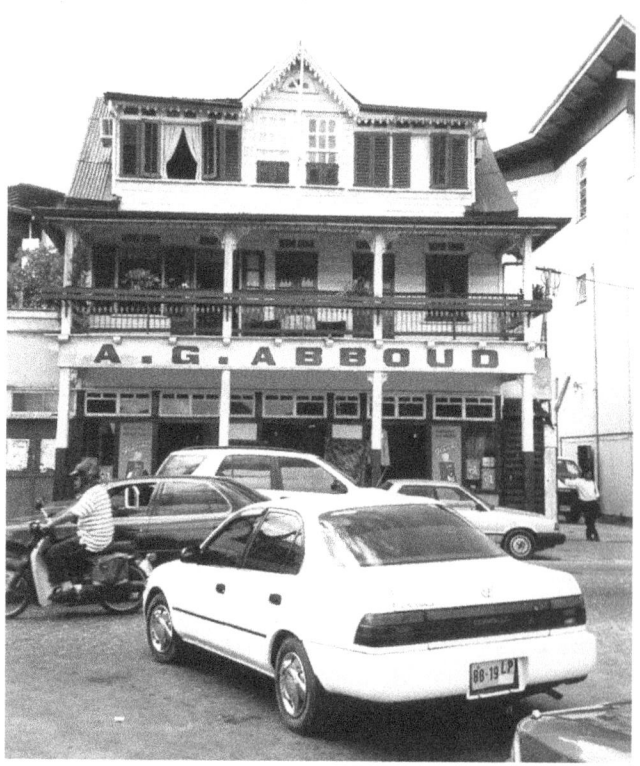

Het winkelpand van A.G. Abboud aan de Zwartenhovenbrugstraat

winkel zullen doen, of tot restantpartijen aan marktverkopers. Tegelijkertijd koopt men ook lokaal; dit betreft vooral de goedkopere stoffen. Het derde type koopt voornamelijk lokaal in, maar heeft wel een importvergunning. Er is een bescheiden import, soms van stoffen, soms ook van nevenartikelen zoals sportkleding en toiletartikelen. De meeste bedrijven behoren tot het tweede en derde type. Een vierde en kleiner type winkel koopt alles lokaal.

Het importpatroon is sinds de Tweede Wereldoorlog dus sterk veranderd. Dat is toe te schrijven aan nieuwe communicatieverbanden met de buitenwereld en met een overheid die importeren voor een ieder gemakkelijker had gemaakt. Realisering van veranderingen houdt echter dikwijls nauw verband met de inzet van één of enkele personen. Binnen de Libanese groep wordt de aanzet tot die veranderingen vooral toegeschreven aan een nieuweling in de Surinaams-Libanese gemeenschap, te weten Carlos Thomas.

Carlos Thomas

Carlos Thomas (1901-1963), een in Georgetown geboren Libanese koopman, sloeg in de Tweede Wereldoorlog zijn vleugels uit in Suriname. Vanuit Brazilië bracht hij in de laatste oorlogsjaren buiten de 'traditionele' kanalen om een groot aantal goedkope stoffen op de markt. Hij verkocht deze stoffen aan detailhandelaren vanuit zijn zaak The Braziletto, op de hoek van de Waterkant en de Knuffelsgracht, vlak bij het huidige monument van de Revolutie. In die jaren was hij ook, handelend in opdracht van het Surinaamse gouvernement, inkoper van voedingsmiddelen in het buitenland ten behoeve van de Surinaamse consument. Later handelde hij in Braziliaanse koffie die hij in Europa afzette. In zijn laatste levensjaren deed hij vooral in rijst.

Thomas nam binnen de Libanese groep een uitzonderlijke positie in. Hij had geen familieband met de Bcharre-Libanezen en concurreerde fel met Nassief en andere importeurs. Tegelijkertijd moet hij op de Surinaamse Libanezen indruk hebben gemaakt. Als Libanees werd hij gerespecteerd en hij maakte daarom toch deel uit van de groep. Ook hij kwam op de Libanistenclub en verpoosde zich daar met Nassief en anderen. Dat was tekenend voor de onderlinge verhoudingen tussen de Libanese handelaren. Er werd vaak een onderscheid gemaakt tussen het handelswerk waarin men elkaars concurrenten was en de sociale verhoudingen waar men joviaal met elkaar omging. In elk geval lieten Nassief, A.H. Issa en Thomas zich samen fotograferen.

In de handel ging Thomas verder dan Surinaamse Libanezen ooit waren gegaan. Hij nam meer risico's dan zij, en had, zoals de cijfers van

Jozef Nassief, Carlos Thomas en Antonio Issa tezamen (van rechts naar links)

Carlos Thomas overleden

Hedenmorgen omstreeks vijf uur is in 's Lands Hospitaal op 62-jarige leeftijd overleden de bekende koopman Carlos Thomas.

De heer Carlos Thomas was de laatste maanden sukkelende. Gaandeweg verslechterde zijn toestand en vertrok hij naar Nederland. Daar kon de heer Thomas geen genezing vinden voor de slepende ziekte, waaraan hij leed. De heer Thomas keerde twee weken geleden terug naar Suriname. Sinds zijn terugkeer lag hij in bovengenoemde ziekeninrichting.

De overledene, die in Brits Guyana geboren werd, arriveerde in juli 1942 in Suriname. Hij had eerder geruime tijd in Brazilië zaken gedaan. In Suriname zette hij op de hoek van de Waterkant en de Knuffelsgracht een handelszaak onder de naam "The Braziletto" op. Tijdens de oorlog en de na-oorlogse jaren heeft de heer Carlos Thomas vele goede diensten bewezen aan de Surinaamse gemeenschap. Zo deed hij in opdracht van het Surinaamse Gouvernement inkopen van voedingsmiddelen in het buitenland ten behoeve van de Surinaamse consument. Hij kreeg speciale opdrachten.

Later deed de overledene zaken in koffie en rijst. De laatste tijd vrijwel uitsluitend in laatstgenoemd product. Hij stond bekend als een pientere zakenman met vele relaties in het buitenland. Nadat Suriname jaren geen circus op bezoek had gekregen zorgde de heer Carlos Thomas voor de komst van een „big tent".

Naast zijn zakelijke activiteiten had de overledene belangstelling voor de aanleg van een weg naar Brazilië.

Hij kwam de laatste drie jaar regelmatig in de publiciteit vanwege het proces, dat hij aanhangig maakte tegen het rijksdeel Suriname en de Surinaamse Productenhandel in verband met het padi-drama in Venezuela. De vordering is zoals bekend toegewezen; de heer Carlos Thomas heeft de slotfase echter niet mogen meemaken.

Zijn stoffelijk overschot zal morgennamiddag om half vijf op de R.K. begraafplaats ter aarde worden besteld.

Naar wij vernemen, had het verplegend van het hospitaal, toen de toestand van de heer Carlos Thomas critiek werd, opdracht om onmiddellijk bij zijn heengaan de directeur Dr. Wijngaarde hiervan op de hoogte te stellen, die op zijn beurt de procureur generaal moest inlichten.

Hedenmorgen in alle vroegte verscheen in het kantoor van de overledene aan de Watermolenstraat Mr. van der Geld, kantonrechter, vergezeld van de hoofdinspecteur Guicherit en de griffier mejuffrouw Bierman. In tegenwoordigheid van Mr. van der Geld werden alle kasten, laden etc. verzegeld alsook alle in- en uitgangen van het kantoorgebouw.

Het bovenstaande zou geschied zijn om „bepaalde belangen" te beschermen.

De West bericht op 4 april 1963 het overlijden van Carlos Thomas

de vermogensbelasting rond 1950 aantonen, meer wisselende vermogens dan de andere Libanezen. Door zijn organisatie van de handel gaf Thomas een aanzet tot een verbreding van de opbouw van de import van textielgoederen door de Libanese handelaren. Dan kunnen en durven ook andere jongere Libanezen, zoals Waddih Sowma die bij Thomas als chauffeur en assistent in dienst was geweest, dit voorbeeld te volgen en geheel zelfstandig te importeren. Wel blijft bij hen textiel vooralsnog het hoofdproduct, maar door Thomas' toedoen geschiedde de import voortaan meer gespreid.

Thomas nam risico's en was strijdbaar. Door hem viel Minister van Justitie H. Shriemisier in 1962. De minister had Thomas telegrafisch voor een fictief verhoor doen terugroepen uit Venezuela toen deze daar was om een rijstexport order in de wacht te slepen. Thomas concurreerde om deze order met de Surinaamsche Producten Handel waarin onder anderen mr J. Lachmon een belangrijke rol speelde en die na het terugroepen van Thomas de vergunning verkreeg. Thomas spande een proces aan dat hij, nadat hij in beroep was gegaan bij het Hof van Justitie, won. De minister moest aftreden.[83]

In de jaren van het proces was aan zijn welvaart kennelijk een einde gekomen. Toen hij ernstig ziek werd en voor medische behandeling naar Nederland 'moest', is zijn vliegreis door een vooraanstaande Bazaoun Libanees en familie van Nassief betaald. Niet genezen keerde hij terug naar Suriname en is daar korte tijd later in april 1963 overleden.[84] Een deel van de begrafeniskosten is ook door dezelfde persoon voor zijn rekening genomen. Dit vormt een goede illustratie van het gewicht van persoonlijke relaties binnen de Libanese groepering. Er werd onderlinge verantwoordelijkheid gevoeld.

Als groep steeds meer van betekenis – maar welke?

Na de Tweede Wereldoorlog en zeker na de totstandkoming van het Statuut in 1954 – de eerste aanzet tot Suriname's onafhankelijkheid – worden de Libanezen door hun toenemende economische betekenis en hun groeiende participatie in de maatschappij steeds meer als een Surinaamse groep gezien, die meewerkte aan de ontwikkeling van het land. In 'hun' kerk, de Rosakerk, hadden zij nu op de voorste rijen hun eigen zitplaatsen met naambordjes – iets

OP HUN WANDELING DOOR DE TUIN ZULLEN HARE MAJESTEIT DE KONINGIN EN ZIJNE KONINKLIJKE HOOGHEID DE PRINS DER NEDERLANDEN ENKELE BEELDEN UIT HET VEELKLEURIGE SURINAAMSE KULTUURPATROON WORDEN GETOOND.

OP HET EINDE VAN DE AVOND ZULLEN DE VOLKSLIEDEREN TEN GEHORE WORDEN GEBRACHT DOOR DE VERENIGDE MANNENKOREN: CENTRAAL, HARMONIE EN MARANATHA.

MEDEWERKING AAN DEZE AVOND WORDT VERLEEND DOOR DE MILITAIRE KAPEL O.L.V. KAPELMEESTER P.G. VAN UFFELEN.

GALARECEPTIE

ter gelegenheid
van het bezoek
aan Suriname

van

HARE MAJESTEIT
DE KONINGIN

en

ZIJNE KONINKLIJKE
HOOGHEID
DE PRINS DER
NEDERLANDEN

PARAMARIBO   8 OCTOBER 1965

DOOR DE RAAD VOOR CULTURELE SAMENWERKING (RACUSA), WERDEN ONDER REGIE VAN HENK ZOUTENDIJK, DE VOLGENDE, AANGESLOTEN ORGANISATIES INGESCHAKELD: YWCA, NAKS, LEPI STARI, DE STER, ONS VREUGD, DE INDONESISCHE CULTURELE VERENIGING KRIDO SUWORO, DE ALGEMENE MOSLIM ORGANISATIE SURINAME (AMOS), DE STUDIEKRING BARHANTIE, HINDOSTANI NAUWJOEWAK SABHA (HNS), DE CULTURELE VERENIGING SHANTI DAL.

VERDER WERKEN MEDE VERTEGENWOORDIGERS VAN DE INDIANEN, BOSNEGERS, LIBANEZEN EN CHINEZEN.

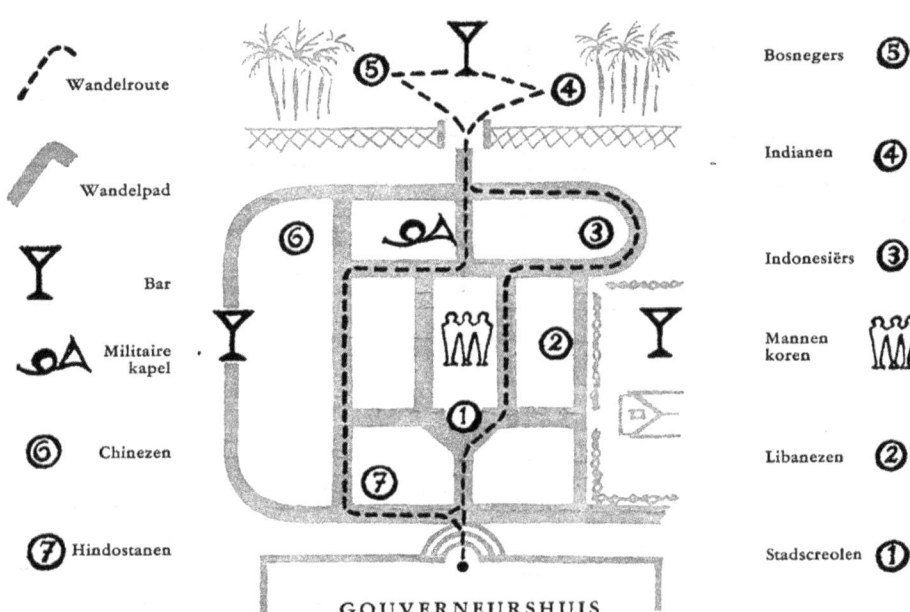

Koningin Juliana en Prins Bernhard ontmoetten tijdens hun bezoek aan Suriname in 1965 vertegenwoordigers van culturele groepen in de Palmentuin. Ook de Libanezen hadden er hun eigen plaats.

Libanese jongeren omstreeks 1955.
Zittend van links naar rechts, Leila Issa, Norma Issa, Jamilie Saba, Detta Elis; staand Selma Issa-Bahri, Foued Issa, George Brohim, Michiel Sawma, Kalil (Gabby) Saba, Johan Chehin, Michel El Serharreni, Detta Chehin.

Nu 50 jaar later is vanzelfsprekend veel veranderd. Opvallend is dat er van deze groep niemand in Nederland woont maar wel enkelen in andere Caribische landen. Momentaal woont Leila Shoul-Issa in Antigua, Norma Astaphan-Issa in Dominica, Jamilie van Brussel-Saba, Detta Brahim-Elias en Selma Issa-Bahri in Suriname, Foued Issa in Dominica, George Brahim, Michiel Sawma en Gabby Saba in Suriname, Johan Chehin is overleden, Michel El Serharreni kwam uit Cayenne en is slechts twee jaar in Suriname gebleven en Detta Manichand-Chehin woont in Suriname.

wat President Venetiaan die als 'zwarte jongen' in die kerk kwam, toen wel als problematisch heeft ervaren.[85]

Surinaamse Libanezen hebben zich, in tegenstelling tot Libanezen in andere Caribische en Latijns-Amerikaanse landen, openlijk nauwelijks met politiek beziggehouden. Na de Tweede Wereldoorlog is er ongetwijfeld, zoals handelaren in Suriname geacht worden te doen, financiële steun geweest aan verschillende politieke partijen, in het bijzonder die van Creoolse signatuur. In elk geval was er steun en ook sympathie voor de in 1946 door Pater Weidmann opgerichte en rooms-katholiek georiënteerde Progressieve Surinaamse Volkspartij (PSV); van J.H. Issa wordt gezegd dat hij één van de 'steunpilaren' van die partij was. Vanuit de families wordt de inzet, al of niet bewust, gedeeld vooral tussen de PSV en de politiek belangrijker Nationale Partij Suriname (NPS). Maar er zijn in die jaren geen Libanezen die zich persoonlijk in de landspolitiek begeven. In 1939 had, volgens het archief van de Kamer van Kooophandel, geen van de Libanese winkeliers trouwens de Nederlandse nationaliteit. Zij stonden als 'Libanist' of soms ook als 'Syriër' geregistreerd. Ook in de jaren vijftig hadden veel leidende Libanezen alleen de Libanese nationaliteit. Jozef Nassief en zijn zwager A.H. Issa zijn beiden in 1954 Nederlander geworden, M.K. Brohim en J.H. Issa in 1960 en 1961.

In de etnisch verscheiden samenleving werden de Libanezen als groep erkend. Zo werd hun bij het bezoek van Koningin Juliana en Prins Bernhard in 1965 een eigen plaats toegewezen. Het was in die jaren gebruikelijk om bij culturele festiviteiten de verschillende etnisch-culturele groepen de kans te geven zich te manifesteren. Dat gaf iedere groep een eigen waarde en werd bovendien als kleurrijk ervaren. Hoewel hun eigen culturele inbreng veel minder pregnant is geweest dan die van de Hindostanen en Javanen, zijn Libanezen herkenbaar bij zulke gelegenheden. Zij kleden zich 'Arabisch' en er wordt Libanees voedsel uitgedeeld of verkocht. Ook in andere opzichten blijft de groep een afzonderlijk gezicht behouden, ook onder de jongeren. Bij carnavalsoptochten was er een aantal jaren een eigen Libanese groep. Maar dit was en is toch vooral naar buiten toe. Bij huwelijken gaat men bijvoorbeeld 'westers' gekleed.

Libanezen traden dan wel als groep op, zij isoleerden zich niet. Buiten de eigen groep om hadden zij tal van contacten. Twee broers wijzen impliciet op de betrokkenheid bij de katholieke kerk die jongens met elkaar in de jaren voor de Tweede Wereldoorlog in contact bracht: 'In onze jeugd hadden wij een set van vriendjes, ook uit andere groepen. Onder onze vriendjes waren er misdienaar en dat waren niet allen Libanezen.' Ook bij voetbal lieten de Libanezen zich zien, zelfs al vrij vroeg na hun komst. Zo was Jozef Chehin in de jaren dertig aanvoerder van de voetbalvereniging Olympia waarmee hij een keer in wedstrijden tussen Guyanese en Surinaamse clubs als eerste eindigde. In dit verband kan ook gewezen worden op Jong Libanon. Jong Libanon was een basketballvereniging, waarin omstreeks 1950 jonge Libanese mannen zich met andere bundelen. Ze werd zelfs Surinaams kampioen.

Hoezeer men zich bij tijden 'cultureel' manifesteerde, dit neemt niet weg dat de eigen culturele bijdrage van deze handelsgroep aan de nieuwe samenleving onduidelijk is en weinig zichtbaar wordt. Loor stelt: 'Het is moeilijk aan te geven waar zij een typisch Libanese bijdrage hebben geleverd aan de Surinaamse cultuur'.[86] Ook voor henzelf. Voor de in Suriname geboren kinderen werd in de Tweede Wereldoorlog en de jaren daarna de vraag naar de culturele setting van hun Libanese herkomst steeds problematischer. Een dame vertelt mij over de festiviteiten in 1963, 100 jaar na de afschaffing van de slavernij, en zegt: 'Toen moest ik mij als Libanees gaan verkleden'. Het gaat verder. Een oude in Suriname geboren vrouw van Libanese herkomst, opgegroeid in de jaren rond de Tweede Wereldoorlog, antwoordt op mijn vraag 'wat is de Libanese cultuur?' heel open: 'Dat zegt mij niets'. Niet alleen Libanon maar dus ook wat specifiek Libanese cultuur zou zijn, was voor velen die in die jaren in Suriname geboren waren ver weg.

En nu? Jongeren van nu herkennen toch specifieke

kenmerken van een Libanese cultuur waarin hun ouders leven en zij zijn opgevoed zoals in het volgende hoofdstuk zal worden aangegeven.

Naamgeving

De integratie van Libanezen in de Surinaamse samenleving wordt ook zichtbaar in de namen die zij dragen. Toen de eersten zich in Suriname inschreven hebben zij hun Arabische naam in Latijns schrift moeten omzetten en moeten kiezen voor naamgeving zoals die in een westerse kolonie als gebruikelijk gold. Volgens Libanees gebruik had iemand drie namen – een voor-, midden- en achternaam. De achternaam was de middennaam van de vader, de middennaam was de voornaam van de grootvader. Hierdoor veranderde de achternaam dus met elke nieuwe generatie. In Suriname gekomen hebben zij dikwijls de middennaam van de vader als nieuwe achternaam gebruikt.

Dit wil niet zeggen dat in de aanvang precies duidelijk werd hoe de naam in het Latijnse schrift gespeld zou worden. In de doopregisters zijn bijvoorbeeld verschillende vastleggingen te vinden. In Nieuw Nickerie worden tussen 1925 en 1929 drie kinderen Abboud gedoopt. De naam van de moeder is drie keer verschillend gespeld, te weten Tamman Betrus Chaïa, Tonny Boutros Chaïa en Taman Bentros Chaïa. De familie zegt nu dat Taman Bentros Chaïa de correcte Latijnse spelling is. De naam Nassief wordt in die dagen gespeld als Nasif of Naciph. Het naamsdeel Bersawi dat door de familie Nassief wordt gehanteerd, wordt ook wel geschreven als Bersaoui. De namen die in de volkstelling van 1921 worden aangegeven, corresponderen ook lang niet altijd met die welke nu worden gebruikt – bijvoorbeeld About en Abboud, Sehin en Chehin. Maar ook nu verschillen de namen zelfs nog onder naaste familieleden. De namen Abissaid en Bousaïd duiden bijvoorbeeld op dezelfde familie. Hetzelfde geldt voor Brahim en Brohim. Antonios M. Sauwma liet zijn broer Youssef Saouma komen. Deze heeft zijn naam niet veranderd en zijn kinderen ook niet, maar de kleinkinderen van A.M. Sauwma heten Sowma. De namen Frangie en Frangieh slaan op zonen van dezelfde ouders.[87] Soms heeft men de naam waaronder men ingeschreven werd later doen veranderen, zoals de familie Bitroos –wat in het Arabisch Petrus betekent – die zich sinds 1940 Zrour noemt.

Turken, Syriërs, Libanisten, Potogisi en Libanezen

Libanezen is momenteel de gangbare Nederlandse naam voor de groep waarover deze studie gaat. Tot na de Tweede Wereldoorlog werd in Suriname de naam Libanezen echter niet of nauwelijks gebruikt.

In tegenstelling tot de Libanezen in Curaçao zijn de Libanezen in Suriname nooit Arabieren genoemd. Het is ook geen benaming die hen aanspreekt.[88] Integendeel. Als maronieten grijpen zij liever terug op de pre-islamitische geschiedenis van Libanon en noemen zich dan Feniciërs. Dat doen zij ook in Guadeloupe waar de Libanese vereniging Le Phénicien heet.[89] Dat sluit aan bij hun christelijke traditie. Het Nieuwe Testament vertelt dat Jezus in Tyrus de dochter van een vrouw 'van Syro-Fenicische afkomst' geneest.[90] Dat zij van oorsprong Feniciërs zijn vertellen zij soms ook hun kinderen. Daarentegen wordt de naam Levantijnen die in beschrijvingen van het Caribisch Gebied op de Libanezen, Syriërs en Palestijnen gezamenlijk betrekking heeft, zoals ook blijkt uit de titel van een van de artikelen van Nicholls, in Suriname in het geheel niet gehanteerd.[91] In Suriname worden Libanezen evenmin als Turken betiteld. Dat geldt wel voor vele andere Zuid-Amerikaanse landen en de Dominicaanse Republiek. Daar wordt nog steeds met Turcos op Libanezen en Syriërs gedoeld. Dat hangt samen met de politieke geschiedenis van het Midden-Oosten. Libanon was deel van het Turkse rijk dat tot aan de Eerste Wereldoorlog een groot deel van die regio beheerste. Voor oude migranten is de verwijzing naar Turkije dan ook niet onlogisch, hoewel Turk geen benaming is die door hen werd geapprecieerd.

Wel is de aanduiding Turk terug te vinden in oude officiële Surinaamse papieren. Libanezen die voor 1918-1920 naar Suriname kwamen hadden de Turkse nationaliteit en dat gold ook voor hun kinderen. Syrië en Libanon kwamen na de Eerste Wereldoorlog onder Frans protectoraat. In het kader van een toescheidingsovereenkomst werden de Turken die in het Syrisch-Libanese gebied geboren waren, tot Syriërs, zoals ook uit de stukken van Nicolas Karkabé blijkt. De verwarring – voor hen en voor de Surinaamse bureaucratie – werd er alleen maar groter op. Zo werden sommige Libanezen in Paramaribo op de formulieren van de Eerste Algemeene Volkstelling uit 1921 als Turk aangeduid en werden anderen als Syriër genoteerd, terwijl zij die in Nickerie geteld werden als 'Fransch onderdaan' vermeld staan. Toch ziet ook nu nog een enkeling in Suriname de namen Turk en Libanees als synoniem. In juni 2002 tijdens de wereldkampioenschappen voetbal zei een klant tegen een Libanese directeur van een textielzaak: 'Mi feliciteer joe'. Hij snapte dit niet en dacht dat het misschien sloeg op de overwinning de dag daarvoor van de Brazilianen op de Verenigde Staten (want Brazilië was in Suriname zeer populair tijdens dat WK), maar zijn dochter die ook in de zaak werkte, zei: 'Dat is mij vandaag al twee keer overkomen, het gaat om de overwinning van Turkije op Senegal'.[92]

Vandaag de dag worden de Libanezen in Suriname ook geen Syriërs genoemd, zoals nog wel in Trinidad en Haïti.[93] Die aanduiding zouden zij nu ook ver van zich werpen. Vanaf het begin van hun immigratie tot de eerste jaren na de Tweede Wereldoorlog was Syriërs of Syrianen echter een gangbare benaming. Als Syriërs hebben zij zich in hun nieuwe land gepresenteerd. Bij de eerste doop van een Libanees kind in 1912 in de Petrus en Pauluskerk in Paramaribo staat achter de naam van de ouders (Bitrous Isaac en Eva Joseph) vermeld: 'Syreniërs'. Nassief heeft het in 1935 in de condoleancebrief aan de familie van de overleden Nicolas Karkabé over 'all Syrian friends'. Ook de buitenwereld betitelde Libanezen voor de Tweede Wereldoorlog als Syriërs. De *Nieuwe Surinaamsche Courant* van 26 mei 1907 heeft het over de 'Syriërs, die zich met venten van handelsartikelen bezig houden'. En het *Koloniaal verslag* van 1911 meldt dat twee Syriërs zijn binnengekomen en een het land heeft verlaten.

De naam Syriërs is na de Tweede Wereldoorlog spoedig in onbruik geraakt. Wordt in het jaarverslag van het Register van de Kamer van Koophandel van 1946 nog gesproken van Syriërs, op de telformulieren van de volkstelling van 1950 staat in de regel Libanees als hun 'landaard' aangegeven. Pater De Klerk, in die jaren – en nog steeds – een autoriteit op het gebied van de immigratie en de religie van de Hindostanen die toen nog de Brits-Indiërs heette, heeft in zijn boek over de geschiedenis van de Brits-Indische immigranten dat van 1953 dateert, dit jaarverslag via een artikel in het dagblad *De West* uit 1946 geciteerd. Maar hij heeft de aanduiding Brits-Indiërs daarin ongemeld gewijzigd in Hindostanen en die van Syriërs in Libanisten.[94] Een enkele maal werd de naam Syriërs nog gehanteerd. Een niet-Libanees, nu getrouwd met een Libanese, zei mij dat hij in zijn jeugd, die zich in de jaren vijftig afspeelde, zijn Libanese buren Syriërs noemde. Toen ikzelf in 1965 mijn eerste onderzoek onder de Libanezen deed, werd de naam Syriërs nauwelijks meer gebruikt. Nu wordt in gesprekken soms zelfs ontkend dat men zich ooit Syriër genoemd heeft.

In het grondmateriaal van de volkstelling van 1950 is ook een enkele maal het woord Libanist te vinden. De term Libanist schijnt in de jaren veertig en vijftig in zwang geweest te zijn. In de – reeds vermelde – aankondiging in het nieuwsblad *Suriname* van 23 augustus 1940 van de Libanese bijdrage aan het Spitfirefonds ter ondersteuning van de strijd tegen de Duitsers wordt gesteld 'Van de Libanisten, t.w.' en dan volgen namen van een belangrijk deel van alle Libanese mannen in Suriname (zie illustratie op p. 78). In het in 1947 bij Leo Victor uitgegeven aardrijkskundeboek van Frater Van Kessel wordt bij de weergave van de bevolkingssamenstelling gesproken van de groep overige blanken, onder wie Libanisten en Amerikanen. Een zelfde benaming komt voor in een geschiedenisboek voor de lagere school dat uit

1952 dateert. De term is nu geheel verdwenen.

De naam Libanezen is in Suriname dus vrij nieuw. Maar vandaag de dag is dat de naam die door henzelf en de samenleving gebruikt wordt om de groep die uit het hedendaagse Libanon komt aan te duiden – althans in het Surinaams-Nederlands.

In het Srananto ngo worden de Libanezen 'Potogisi' genoemd. Deze aanduiding vormt een belangwekkend voorbeeld van begrijpelijke maar onjuiste naamsvorming op basis van ogenschijnlijk identieke kenmerken. Suriname kende rond de eeuwwisseling een kleine groep Portugezen, afstammelingen van de plantagearbeiders die in de tweede helft van de negentiende eeuw in Madeira ten behoeve van de plantages in Suriname en Guyana geworven waren. Deze waren in de stad onder andere in de handel, vooral de textielhandel, werkzaam en waren als rondventers in de districten actief geweest. Toen nu mensen uit een geheel ander gebied maar met vergelijkbare uiterlijke kenmerken zich in de Surinaamse samenleving op een zelfde soort economische activiteiten toelegden, kregen zij in het dagelijks stedelijk spraakgebruik dezelfde naam. Het verschil werd niet of nauwelijks gezien. De Portugezen zijn in Suriname als een aparte groep vrijwel geheel verdwenen, maar via de Libanezen leven zij in het Srananto ngo voort. Wat door hen niet altijd als positief ervaren werd. 'Op het internaat werd je soms voor Portugees uitgescholden'; dit speelde in de Tweede Wereldoorlog. De verwarring tussen Libanezen en Portugezen werkt tot vandaag de dag door. Een Libanese handelaar die nabij de haven en markt een winkel heeft, vertelde dat hij een keer van een Surinaamse vrouw een in het Portugees geschreven brief van een Braziliaanse schepeling die zij had ontmoet, kreeg met het vriendelijke verzoek deze voor haar te vertalen. Hij was toch een 'Potogisi'. Deze naamsverwisseling correspondeert met de geringe kennis die er ook vandaag de dag in de samenleving over Libanezen is.

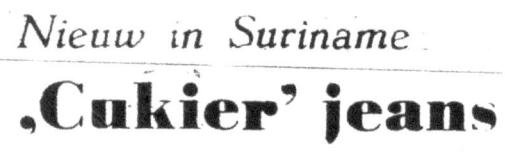

Moussi Issa adverteert met 'African print' aan de vooravond van Srefidensi, de onafhankelijkheid van Suriname op 25 november 1975

Katwijk, het enige Surinaams-Libanese bedrijf dat in de landbouw actief is, wenst de Surinaamse gemeenschap geluk met de onafhankelijkheid

Herkenbaar deel van het palet

Toch zijn de Libanezen sinds het begin van de vorige eeuw als handelsgroep en later in breder verband tot een herkenbaar deel geworden van het palet waarmee het schilderij dat Suriname is, telkens opnieuw geschilderd wordt – hoe gemengder en in elkaar vloeiender dat palet op den duur wordt. Want wat is de situatie vandaag de dag? Zet de migratie uit Libanon zich voort? In hoeverre blijft er sprake van een eigen groep? Wat is hun huidige economische, sociale en politieke positie binnen de Surinaamse samenleving? En wat zijn de concrete banden met Libanon? Vormen zij, om een nu veel gebruikt begrip te gebruiken, een transnationale groep? En hoe valt hun migratie te waarderen? Op deze vragen zal in het laatste hoofdstuk worden ingegaan dat zich afspeelt in een onafhankelijk geworden Suriname – een vernieuwing die in advertenties in november 1975 ook in de pers werd begroet.

Het is ONS LAND.
De toekomst hebben wij in eigen hand
Samen vormen wij een hechte band

UW INKOPEN RONDOM HET ONAFHANKELIJKHEIDSFEEST DOET U BIJ

J.H. Issa
a/h Sivaplein

Penny Garden
a/d Maagdenstraat.

J.H. Issa, dan de meest invloedrijke onder de Libanezen, ondersteunt in een advertentie in *De West* van 23 november 1975 de onafhankelijkheid van Suriname

Zicht op de Zwartenhovenbrugstraat waar zoveel Libanese winkels zijn. De foto is genomen in de richting van Spanhoek. Linksonder een bord van M. Sowma.

Zicht op Krasnapolsky, het grote hotel aan de Domineestraat. In de nabij gelegen Steenbakkerijstraat, Maagdenstraat en Jodenbreestraat zijn veel Libanese zaken.

Zicht, tijdens oudejaarsdag 2004 in Paramaribo, op de Domineestraat, hoek Jodenbreestraat waar Dojo, één van de winkels uit het Lucky Store concern, gevestigd is

HOOFDSTUK V

Vandaag de dag
1975-2006

Duidelijker aanwezig maar wel anders

In het kader van Caricom (Caribbean Community), de bundeling van Engelssprekende landen in het Caribisch Gebied waarbij zich in 1995 ook Suriname en recent Haïti hebben gevoegd, wordt elke vier jaar Carifesta (Caribbean Festival of Arts and Culture) gehouden. Daarop presenteren de verschillende landen van de Caricom en in het bijzonder het gastland hun cultuur om zo de eenheid en de verscheidenheid van het Caribisch Gebied te tonen en daardoor meer op elkaar betrokken te raken. In 2003 vond de Carifesta voor het eerst in Suriname plaats. In de Surinaamse traditie werd dit samenzijn verbonden met de etnisch-culturele rijkdom van het land en had als thema Cultural Diversity. Op deze Carifesta hebben ook de Libanezen zich kunnen manifesteren, onder andere in de openingsoptocht en in culinaire activiteiten. 'De Libanese aanwezigheid op het VIIIe Carifesta in Paramaribo in augustus 2003 heeft de Surinaamse bijdrage aan deze grootste Caribische culturele manifestatie wel zeer verhoogd', zo stelt *De Ware Tijd*, Suriname's grootste dagblad.[95] Opvallend is dat op de folder die in Suriname over deze Carifesta werd verspreid, een foto van een aantal Libanezen een belangrijke plaats inneemt. De nog steeds kleine groep Libanezen – niet groter dan 450 personen – is een duidelijk gezicht van Suriname.

Wie staan op deze foto? De man is de in 1991 uit Libanon gekomen Bassam Haykal die nu twee kleine textielzaken beheert.[96] De foto geeft daarmee aan dat er nog steeds – meer dan 110 jaar na de komst van de eerste Libanezen in Suriname – Libanezen uit het Bcharre gebied naar Suriname migreren. De vrouwen laten het brede spectrum van de Libanese komst naar en aanwezigheid in Suriname zien. Zij zijn, in de ruime zin genomen, van de familie Issa op één na die van de familie Bou Izak is. Zij zijn met hun ouders in verschillende tijden naar Suriname gegaan of in Suriname zelf geboren. Zij zijn ook niet allen van puur-Libanese herkomst. Drie zijn in Libanon geboren en vier in Suriname van wie één een niet-Libanese moeder heeft. Ook binnen één familie is de verscheidenheid groot. Allen volgen wel een goede opleiding. Vijf meisjes studeren aan een universiteit, terwijl de twee anderen 'daar nog niet aan toe zijn'.

De 'historische' Libanese kleding die in Suriname wordt gedragen om zich te manifesteren en de sfeer te verhogen is opvallend. Maar het is zeker geen typische weergave van de kleding die in Libanon gangbaar is. Het zijn vaak creaties lokaal vervaardigd, gebaseerd op fantasie en foto's uit boeken. In Libanon zelf is, zeker onder de niet-moslims, westerse kleding de norm. Onder vrouwen in elitekringen is dat de Franse haute couture. Het enige authentieke Libanese kledingstuk waarmee sommige mannen zich bij bijzondere gelegenheden kleden is de *sherwal*, een zeer ruime bandplooibroek waarvan het kruis tot de knieën reikt.[97]

De textiel blijft het handelsartikel waardoor Libanezen in de samenleving via hun winkels, die nu vaak een

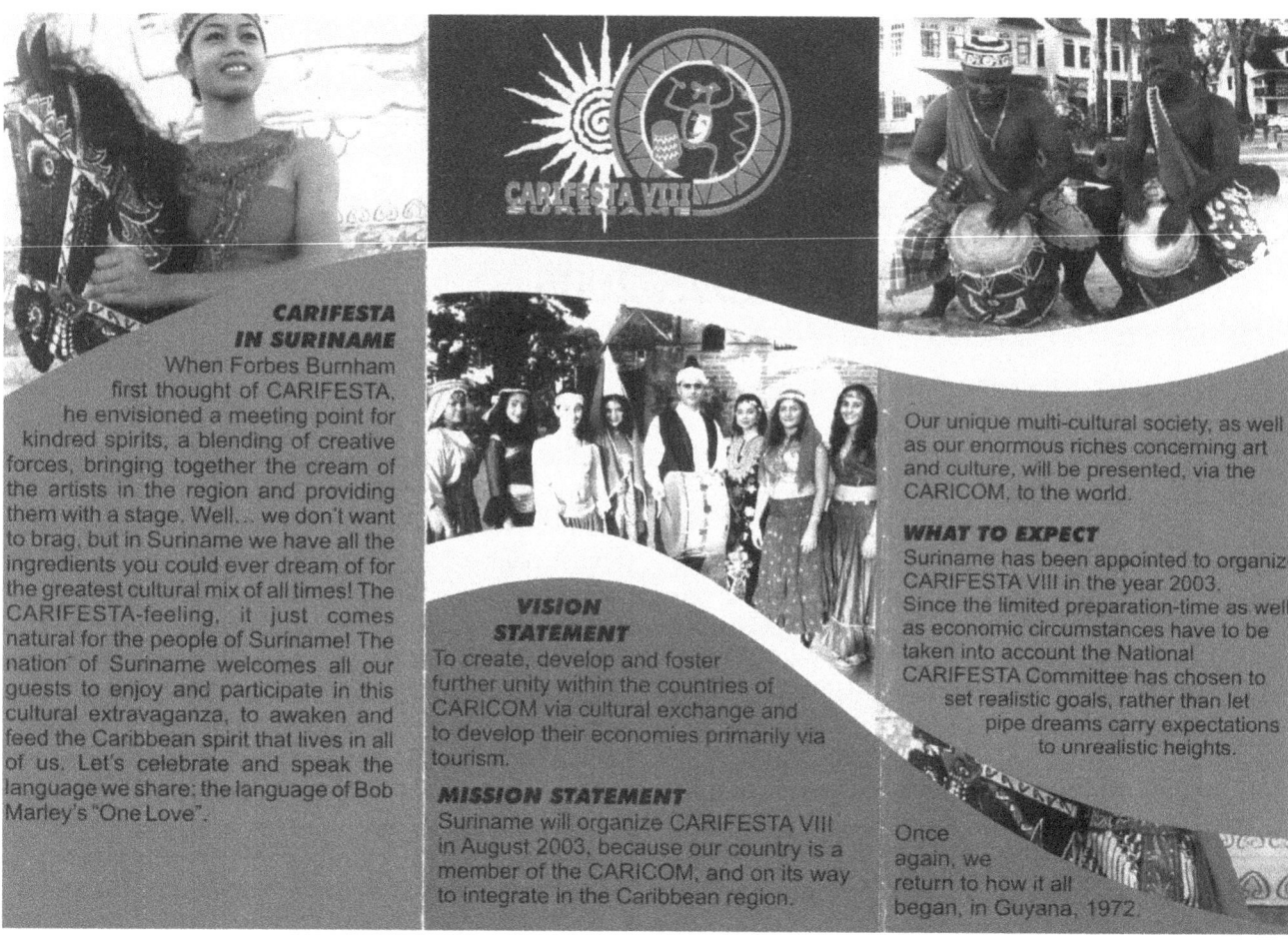

Op de folder die ter introductie van Carifesta 2003 verspreid werd, nemen Libanezen een belangrijke plaats in

veel breder assortiment hebben, zichtbaar zijn. Lang niet voor alle Libanezen is dat het hoofdmiddel van bestaan. Zij hebben nu een scala van beroepen, zeker als ze niet in Libanon zijn geboren. Een aantal heeft nu belangrijke posities in en rondom het bedrijfsleven. Hun economische positie is, evenals die van sommige handelaren, zichtbaar in de fraaie huizen waarin zij wonen. Maar dit geldt niet voor allen. Er zijn, zowel onder de (klein)kinderen van hen die 50 jaar geleden niet tot economische ontplooiing waren gekomen als onder hen die recent gekomen zijn, huis-

houdens die met veel minder moeten rondkomen. Er zijn in Paramaribo zowel Libanese directeuren van grote handelszaken, velen die al of niet in de textiel werkend een, naar Surinaamse maatstaven, behoorlijk inkomen hebben, als ook anderen, onder wie een straatverkoper, zichtbaar present.

In het brede spectrum van de samenleving wordt door vele Libanezen bewust geparticipeerd. In de afgelopen decennia hebben zij zich economisch en sociaal verder omhoog gewerkt, zonder echter als etnische groep een positie in de maatschappij in te nemen die de aandacht trekt. Als groep manifesteren zij zich naar buiten toe weinig. Ook in de politiek blijft, ook achter de schermen, hun rol beperkt.

Een bescheiden groei

In 2005 wonen ongeveer 450 Libanezen, wat wil zeggen personen met minstens één Libanese grootouder, in Suriname. Zij maken deel uit van iets meer dan 210 huishoudens waarin ongeveer 625 mensen leven. In vergelijking met 1950 is dit een groei, maar een geringere groei dan die tussen 1921 en 1950. Er is in vergelijking met 50 jaar geleden bovendien veel veranderd. De samenstelling en achtergrond van hen die hier als Libanees geteld zijn, is geheel anders. De Libanezen hebben zich, zowel cultureel als biologisch, veel meer in de Surinaamse samenleving ingevoegd. Hierdoor is hun groepsidentiteit zich aan het wijzigen. Hun huishoudens zijn vaak veel 'gemengder'. In 1950 hadden ongeveer 200 van de 250 Libanezen zowel een Libanese moeder als vader. Nu ligt dit aantal op 165 van de 450. In alle delen van de groep die in Suriname geboren is, is het onderlinge huwelijk namelijk vrijwel geheel verdwenen. Sinds de jaren tachtig heeft dat nauwelijks meer

Tabel 5.1. Libanezen in Suriname naar geboorteplaats, 2005

Geboorteplaats	Man	Vrouw	Totaal
Libanon	42	20	62
Suriname	190	160	360
Overige Amerikaanse landen	5	10	15
Nederland/België	2	8	10
Totaal	239	198	447

Als Libanees is beschouwd hij/zij die tenminste één Libanese grootouder heeft.
Bron: eigen veldonderzoek.

plaatsgevonden. Daardoor zijn er onder de jonge kinderen vrijwel geen 'pure' Libanezen meer te vinden. Er zijn dan ook geen Libanezen in Suriname die alleen maar Libanese overgrootouders hebben die zelf ook in Suriname gewoond hebben. Toch valt bij vele 'gemengden', zeker onder de jongeren, een – al dan niet sterke – affiniteit tot hun Libanese herkomst waar te nemen. Maar niet allen die in deze telling zijn opgenomen, zullen zich Libanees of Surinamer van Libanese afkomst noemen. Door de veel sterkere menging in de Surinaamse samenleving kan daarom de vraag gesteld worden hoe lang de Libanezen nog een herkenbaar deel van deze samenleving zullen vormen. Vooralsnog zal dit het geval zijn, maar er wijzigt zich veel en vrij snel.

Wel trekken nog steeds mensen uit het Bcharre district naar Suriname. Het aantal in Libanon geborenen is nu even groot als in 1950 (zie Tabel 4.1 en 5.1). De helft van hen die uit Libanon zijn gekomen, vooral ongetrouwde mannen, heeft dit de laatste 20 jaar gedaan.[98] De positie van recent gekomenen is nu geheel anders dan die van hen die lang geleden naar Suriname kwamen. Binnen de Libanese groepering nemen de nieuwkomers geen dominerende plaats in. Het gezicht van de Libanezen naar buiten toe wordt vooral bepaald door diegenen die in Suriname, uit twee of één Libanese ouders, zijn geboren, en door uit Libanon afkomstigen die al decennialang in Suriname zijn.

Antoine Elias, de enige Libanees uit het Bcharre district die nog in Nieuw Nickerie woont, in zijn winkel

Tabel 5.2. Libanezen in Suriname naar geografische en etnische herkomst naar geboortejaar, 2005

Geboorteland	Libanon		Suriname			Elders			Totaal
Herkomst ouders	2 ouders	1 ouder	2 ouders	1 ouder	1 grootouder	2 ouders	1 ouder	1 grootouder	
0-14	1	1	7	51	40	0	3	1	104
15-29	5	1	10	26	36	1	3	5	87
30-49	27		28	47	36	4	3		145
50 en ouder	27		52	25	2	5			111
Totaal	60	2	97	149	114	10	9	6	447

Als Libanees is beschouwd hij/zij die tenminste één Libanese grootouder heeft. Hij/zij van wie één ouder Libanees en de ander half-Libanees is, is beschouwd uit Libanese ouders te zijn geboren.
Bron: Eigen veldonderzoek.

Tabel 5.1 geeft een indruk van de Libanese groep naar geboorteplaats en naar de samenstelling van de huishoudens. Het aantal Libanezen – zij die minstens één Libanese grootouder hebben – is de laatste halve eeuw bijna verdubbeld.[99] Dit is een bescheiden groei, procentueel zelfs iets lager dan die van Suriname als geheel. Een belangrijke reden van de bescheiden groei is de afname van het kindertal. Waren gezinnen met zes à tien kinderen vroeger niet ongebruikelijk, het 'moderne' Libanese gezin heeft in de regel twee tot drie kinderen, iets wat zowel geldt voor hen die in Suriname geboren zijn als voor hen die uit Libanon gekomen zijn. Zulke gezinnen worden bovendien dikwijls pas op latere leeftijd gevormd. Het valt op, ook onder de Libanezen, dat jongeren momenteel laat trouwen of – wat nu onder hen ook voorkomt – officieel samenwonen. Ook op latere leeftijd is er nog een aantal alleenstaand.

De bescheiden groei wordt ook beïnvloed door migratie. Er is een immigratie vanuit Libanon en, in veel beperktere mate, vanuit andere landen. Daartegenover staat een emigratie van vooral kinderen naar Nederland en ook naar de Verenigde Staten. Zoals bij vele andere Surinamers is dit vertrek dikwijls blijvend. Er zijn ouders van wie het merendeel van de oudere kinderen nu in Nederland woont. Toch valt het op dat in de grotere Libanese zaken ook jongeren werken die na hun opleiding in het buitenland, vooral in de Verenigde Staten, terug zijn gekomen. Kennelijk is het voor hen economisch en sociaal aantrekkelijk om in Suriname actief te zijn.

Vrijwel alle Libanezen wonen in Paramaribo. Elders in Suriname wonen nauwelijks Libanezen meer. In Nieuw Nickerie, vroeger zo belangrijk onder de Libanezen, wonen en werken – op een enkele uitzondering na – nu alleen leden van de familie Elias. Alle anderen zijn naar 'de' stad getrokken. Wel hebben twee Libanese zaken uit de stad in Nieuw Nickerie filialen, maar die worden beheerd door niet-Libanezen.

Samenstelling van de groep

Tot rond de Tweede Wereldoorlog was onderling huwen onder Libanezen, zeker bij een aantal families die in het vorige hoofdstuk de kerngroep genoemd is, min of meer een vereiste. Nu zijn, in een land waar menging wel steeds meer voorkomt maar niet vanzelfsprekend is, 'de Libanezen de meest gemengde groep in Suriname geworden'.[100] Dat wordt mij met nadruk gezegd door een 'pure' Libanees uit die kerngroep die zelf 'gemengd' getrouwd is. En in een interview in *De Ware Tijd* stelt een jonge Libanese vrouw die zelf niet getrouwd is: 'Er is maar een handjevol Libanezen die nu nog niet geïntegreerd en of gemixt zijn'.[101] Is dat overdrijving?

Voor vandaag de dag is dit inderdaad ietwat

overdreven maar, zeer waarschijnlijk, niet voor de toekomst. Tabel 5.2 laat goed zien dat het percentage 'puur' Libanezen onder hen die in Suriname geboren zijn, snel zal afnemen. Nu ligt het op 27% en is daarmee lager dan de 42% met ook een niet-Libanese ouder en de 32% met 'slechts' één Libanese grootouder. Daaraan gekoppeld is dat de verschillen in leeftijdsopbouw tussen deze groepen tekenend zijn. Het aantal van hen dat alleen een Libanese overgrootouder heeft is met ongeveer 50 personen nu nog klein, maar het zal snel toenemen.

Het verdwijnen van het onderlinge huwelijk

Tegenwoordig is een onderling huwelijk van in Suriname geboren Libanezen ongebruikelijk. Van de mannen onder de 40 jaar die in Suriname uit Libanese ouders zijn geboren, zijn er slechts twee met een Libanese vrouw getrouwd. Als nu twee jonge Libanezen, zonder (nog) samen te wonen, een relatie hebben, wordt dat door Libanezen opmerkelijk gevonden. Surinaams-Libanese jongeren met Libanese ouders zeggen geen specifieke voorkeur voor een Libanese levensgezel te hebben. In hun keuze laten zij zich, naar hun zeggen, leiden door de 'persoonlijkheid', 'het bewustzijnsniveau' van een vrouw of man. Dit wil niet zeggen dat deze keuze geen algemene karakteristieken zouden hebben, integendeel. Vorming en financiële draagkracht blijken van betekenis te zijn. En ook 'kleur'. Zij hebben meestal een lichtgekleurde wederhelft, van Surinaamse, Hollandse of Amerikaanse komaf – zoals ook Karkabé, de eerste Libanees in Suriname een dochter van een Nederlandse militair als echtgenote had. Wel zijn er belangrijke uitzonderingen.

De keuze voor iemand buiten de eigen groep was en is, zo wordt nu door jongeren uit gemengde huishoudens gezegd, soms ook een soort rebellie tegen de manier waarop zij werden opgevoed, hoezeer die nu achteraf vaak geprezen wordt. In de keuze bij meisjes voor niet-Libanese mannen zou meespelen dat huns inziens binnen de Libanese gemeenschap de vrouw minder hoog gewaardeerd werd. 'Eerst kregen de ooms de goede stukken kip en mijn moeder kreeg altijd het minste stuk.'

Jongeren kunnen deze keuzes maken omdat ouders van nu, ook als beiden Libanees zijn, niet meer van hun kinderen verlangen dat ze 'onderling' trouwen. Veertig jaar geleden moest er een enkele maal een rechter aan te pas komen als een Libanese jongen met een niet-Libanees meisje wilde trouwen. Dat zou nu ondenkbaar zijn. De 'gemengde' relatie is inmiddels algemeen geaccepteerd, ook binnen de zogenaamde 'kerngroep' zoals die in het vorige hoofdstuk werd beschreven. De aanzet tot deze algemene acceptatie lijkt te zijn gegeven door jongens die in de jaren zestig in Nederland gingen studeren en daar een Nederlandse vriendin kregen met wie ze trouwden. Ook zij die niet voor studie overzee gingen konden nu veel gemakkelijker voor iemand buiten de groep kiezen.

Sterker, ouders beschouwen het onderling huwen tussen familieleden als ongewenst. Het is op dit moment 'not done', zo wordt gezegd. Huwelijken tussen directe familieleden zijn zelfs door ouders geblokkeerd die daarmee nadrukkelijk afstand nemen wat in het land van herkomst gebruikelijk was. Daardoor is de keuzemogelijkheid voor een Libanese wederhelft, hoewel de groep in aantal toenam, kleiner geworden. Gingen Surinaamse Libanezen enkele decennia geleden nog op zoek naar een Libanese man of vrouw in een ander Caribisch land, nu doen zij dat niet meer. En een relatie met een Libanese levensgezel uit Libanon is voor hen momenteel niet aan de orde. Bij de nieuwkomers ligt dat anders. Zij die in Libanon zijn geboren hebben, als zij getrouwd zijn of samenwonen, vooral een Libanese levensgezel, de vrouwen zelfs uitsluitend. In deze keuze verschilt Suriname met andere Caribische landen, zoals Trinidad waar – in elk geval in de jaren negentig – onder Libanezen het onderlinge huwelijk nog min of meer in gebruik is.[102]

De keuze wordt, niet ongebruikelijk in de Surinaamse samenleving, nu veel minder dan vroeger gebed in een huwelijk. Onder de nog geen veertigjarigen is eenderde van hen die een relatie hebben, samenwonend. Wel is het zo: hoe meer Libanees bloed men heeft, hoe minder men samenwoont. Men verbindt zich ook veel later dan vroeger. Terwijl grootmoeder vaak nog geen 15 was toen ze trouwde, wordt de keuze nu pas veel later of zelfs helemaal niet gemaakt. Mannen en vrouwen jonger dan 25 hebben zelden een wederhelft met wie zij samenwonen. Bij de mannen en vrouwen tussen de 25 en 29 is, respectievelijk 60% en 45% single. Het percentage daalt bij 30-39 jaar respectievelijk tot 27% en 11%. Maar ook dan is, zeker onder mannen, het percentage 'alleenstaanden' hoog te noemen.

Kinderen nog Libanees?

In hoeverre worden de kinderen uit de huidige relaties nog Libanees genoemd en noemen zij zich zo? Velen doen dat. Het heeft wel te maken met de omstandigheden waaronder zij opgroeien. Zijn de ouders in zaken dan zullen de kinderen eerder als Libanees gelden. 'Ik ben nooit als iets anders dan als Libanees gezien', zegt een zoon van een Libanese vader en een Chinese moeder, die een grote winkel hebben. Hij typeert zichzelf ook als Libanees. Van invloed is ook of de niet-Libanese ouder Libanees lijkt. Dan behoort men eerder tot 'de' groep: 'gemengde' kinderen van wie de ouders in de textiel werken en licht getint zijn zullen als Libanees worden beschouwd. Daarentegen worden de kleinkinderen van Libanezen die lang geleden een donkere niet-Libanese relatie hadden, door de buitenwereld veel minder snel als Libanees getypeerd. En dat doen zij zelf ook.

Door de bank genomen worden half-Libanese kinderen – vooral die in de afgelopen 10-20 jaar geboren zijn – voor alles als Libanees gezien en ook zo opgevoed. Binnen de Libanese groep speelt heel vaak een hechte, soms ook emotionele, familieband. 'Wat ons sterk heeft gemaakt is de familieband.' Dat leidt er toe dat kinderen in gemengde gezinnen vaker naar de Libanese kant getrokken worden en zich daarnaar ook laten trekken. Maar als deze zelf later een relatie buiten de groep aangaan, zwakt dit af.

Maar hoe speelt een en ander zich af bij de nieuwkomers?

Nieuwe migranten en hun invoeging

De laatste 20 jaar, vooral rond 1990, heeft er een bescheiden migratie plaatsgevonden vanuit Bazaoun en omgeving naar Suriname. Tussen 1985 en 1994 zijn er 14 mannen en 4 vrouwen gekomen, tussen 1995 en 2004 respectievelijk 7 en 6.[103] De helft van de ongeveer 60 Libanezen die in Libanon geboren zijn, is na 1985 naar Suriname gekomen. In vergelijking met 50 jaar geleden is het aantal in Libanon geboren mannen wat toegenomen, het aantal in Libanon geboren vrouwen is sterk afgenomen.

De samenstelling van deze migranten verschilt nogal van die van de migranten voor hen. Het zijn vooral ongehuwde jongeren van in de twintig die onderwijs, soms zelfs universitair onderwijs, hebben genoten. Zij komen naar Suriname omdat zij daar contacten hebben, maar ook omdat zij in andere landen geen mogelijkheden vinden. De migranten komen nu, meer dan 50 jaar geleden, uit verschillende delen van het Bcharre district en niet meer alleen uit Bazaoun. Er zijn er uit Hasroun en ook uit Barsa omdat families uit Bazaoun daar zijn gaan wonen. Dit betekent dat de nieuwkomers verschillende patronen van onderlinge relaties hebben en daardoor ook niet dezelfde lijnen van (wederzijdse) ondersteuning. Zulke verschillen worden door hen die in Suriname zijn geboren niet altijd herkend.

Betekent de komst van de jonge migranten een versterking van de Libanese groep, hun komst roept ook onderlinge spanningen op. Vanwege de verhalen, de overmakingen en de huizen door Surinaamse Libanezen in Bazaoun en Hasroun gebouwd, hebben zij zich een beeld gevormd van een Suriname waar welvaart te bereiken is. Eenmaal in Paramaribo aangekomen, zien zij dit beeld bevestigd. Zij zullen verwonderd zijn over de welstand van vele – lang niet alle – Libanezen die hier al lang wonen of er

Jozef Abboud, een nieuwkomer, in zijn kleine textielzaak Dreams in de Saramaccastraat

geboren zijn, een welstand die verkregen is door forse eigen inzet en capaciteiten of door de ouders. En hoewel de nieuwkomers beseffen dat dit vooralsnog buiten hun bereik ligt, lijken zij zich daaraan wel te spiegelen. Iemand die al 40 jaar in Paramaribo woont zegt: 'De jongeren nu willen snel succes boeken. Ze willen niet afwachten. Als het ware niet via fiets en motor komen, maar direct een fraaie auto hebben.' In het gesprek dat ik met een groep jongeren had, zegt één van hen die in Suriname is geboren: 'Het zijn nieuwe mensen met misschien andere normen en waarden. Zij denken dat je snel rijk kan worden. Ze zijn verbaasd dat ze nog zo weinig hebben.' Een nieuwkomer draait dit om. 'De Surinaamse Libanees is geweldig trots en voelt zich de meerdere van een Libanees uit Libanon. Deze is laag en hij is hoog. De nieuwe Libanezen worden gewaardeerd op grond van hun succes. Pas als je een mooie auto hebt word je anders bekeken.'

Er kan worden gesproken van een 'cultural clash' tussen gevestigden en nieuwkomers. Waarschijnlijk ook om zich een plaats te verwerven in het gevestigde milieu vragen nieuwkomers zich soms kritisch af of Surinaamse Libanezen wel 'echte' Libanezen zijn. 'Alleen wie zich verbonden weet met zijn land van herkomst en intensief contacten met dit land tracht te onderhouden, is een echte Libanees.' Dit onderstreept dat er een verschil bestaat in opvoeding, vorming en gerichtheid tussen de jonge migranten en jongeren die in Suriname geboren zijn. Surinaams-Libanese jongeren zeggen dat de afstand tussen hen en de nieuwkomers groot is. 'Wij hebben een andere vorming en een ander zicht op de wereld.' Zij noemen de nieuwkomers af en toe zelfs 'oosterlingen', waartoe zij zichzelf 'natuurlijk' dan niet rekenen. De nieuwkomers zijn in hun gedrag kennelijk anders. Ze zijn, zo zegt één van hen het zelf, 'harder en agressiever. We moeten nog leren hoe het hier toegaat'. De reactie van Surinaamse Libanezen is soms fel – zeker als het families betreft die met de in Hoofdstuk II aangegeven boedelkwesties te maken hebben gehad. 'De burgeroorlog heeft hun moraal verslechterd. Door het oorlogsgeweld zijn zij niet meer als vroeger.' Tegelijkertijd zijn ook in Suriname geboren jongeren zeer bezorgd over wat er in de zomer van 2006 in Libanon is gebeurd.

Generalisaties hebben hun beperkingen. Er zijn ook heel 'rustige' migranten die op een universiteit of hogeschool zijn geweest. Eén van hen is 'zelfs' van huis uit theoloog en nauw bij het werk in één van de parochies betrokken.

> Enkele jaren terug werd de tegenstelling tussen oud en nieuw voor mij zichtbaar gemaakt toen ik op een

avond door in Suriname geboren jongeren en hun niet-Libanese partners was uitgenodigd om met hen te eten. Het gesprek ging vooral over de situatie in Suriname en over de betrekkingen tussen Suriname en Nederland. Voor zover Libanon en Libanezen aan de orde kwamen, werd vooral de positie van familie in andere Caribische landen besproken. Wel vertelde iemand die in Libanon geboren is dat hij via de satelliet het nieuws in Libanon volgt. Aan een andere tafel in het restaurant vierde een groepje mannen die in Libanon waren geboren – en ook één in Palestina – de verjaardag van een Libanees uit Cayenne die hun gast was. Zij zongen Arabische liederen. Het leek een andere wereld.

Terugkeer naar Libanon

Niet alle nieuwkomers bleven. Niet om 'verder te gaan' want de migratie naar Suriname wordt nauwelijks gebruikt om van daaruit naar andere landen zoals de Verenigde Staten of in Europa te trekken. Maar sommigen zijn teruggekeerd naar Libanon omdat zij in Suriname niet waren geslaagd. De burgeroorlog die Suriname in de jaren tachtig teisterde, maakte het er niet gemakkelijker op voor wie een eigen zaak wilde beginnen. Het gebruik om voor een nieuwkomer een winkel 'open te maken' is verdwenen. De financiële verhoudingen tussen gevestigden en nieuwkomers zijn er harder op geworden. In die jaren van forse inflatie wilde – of kon – ook familie alleen tegen rente krediet geven. Er ontstonden soms, als het geen directe familie betrof, zakelijke conflicten tussen gevestigden en nieuwkomers, die leidden tot ontslag van de laatsten. Er zijn er zelfs die, voorzien van een ticket, werden teruggestuurd naar Libanon. Een enkeling dook later weer op in Suriname om nogmaals een poging te wagen.

Ruimte voor nieuwkomers?

Is er ruimte voor nieuwkomers? Daarover zijn de meningen verdeeld. 'Wat tot het midden van de jaren negentig nog mogelijk was, kan nu niet meer. Er is gewoon geen ruimte', stelt een in Libanon geboren zakenman die al lange tijd in Suriname woont. 'Dat is nu niet zinnig en er wordt ook in Libanon nu goed verdiend', zegt een geslaagde handelaar die in de jaren tachtig kwam. Maar iemand die er ook is geboren, zegt dat hij naar Libanon gaat om uit Barsa mensen te halen. 'Mij wordt nog steeds gevraagd: kan mijn zoon of neef komen?' 'De komende jaren zullen er zeker 30 komen', zegt iemand anders die zelf 15 jaar geleden arriveerde. Maar zijn visie is uitzondering. Een andere grote handelaar zegt: 'Ik heb mijn directe familie geholpen. Nu is het op. Ik maak nu gebruik van mensen die van hier zijn.'

Natuurlijk is er in Suriname ruimte voor nieuwkomers. Maar kunnen zij dat bereiken wat hun voor ogen staat? Van hen die de laatste 20 jaar uit Libanon gekomen zijn, is tot nu toe nauwelijks iemand economisch echt succesvol is geweest. In de paragraaf 'Beroepen, bedrijven en welstand' (pp. 103-4) wordt hier nader op ingegaan.

Nieuwkomers zijn vandaag de dag dus vooral ongetrouwde twintigers. Dit heeft als gevolg dat velen van hen in Suriname een relatie willen aangaan. Hun eerste voorkeur gaat uit naar Libanese vrouwen die in Suriname geboren zijn. Konden zij dit in de jaren zeventig en tachtig nog realiseren, in de afgelopen 10-15 jaar is hun dat niet meer gelukt. Wie hier arm komt, is als levensgezel, althans volgens iemand die eind jaren tachtig kwam, 'niet aantrekkelijk'. 'Men denkt dat hij geld, een winkel, een gebouw zoekt. Een Libanees die hier met vakantie uit Miami komt wordt anders bekeken.' Enkele nieuwe migranten kiezen voor een niet-Libanese, maar de meesten blijven alleen wonen of bij directe familie. In tegenstelling tot vroeger laten zij als zij een aantal jaren in Suriname zijn, vanuit Libanon ook niet iemand komen. Ook gaan zij heel weinig terug naar Bazaoun of een andere plaats uit het Bcharre district om daar te trouwen. Het kan zijn dat sommigen nog niet over de middelen beschikken om dat te doen. Maar in Bazaoun zelf is onder de meisjes ook de vanzelfsprekendheid afgenomen van een snel, georganiseerd huwelijk met een migrant die een vrouw zoekt. In 2005 is één van de nieuwkomers, die zich in 1989 in Suriname had gevestigd, wel teruggegaan om er te trouwen en dat wordt dan alom verteld.

Betrokkenheid bij Libanon

Bij de migranten van de afgelopen jaren ligt Libanon nog in hun gezichtsveld. Ze onderhouden, zo zeggen zij, veelvuldig contact met de familie in het Bcharre district. Er wordt geld overgemaakt en er wordt vaak gebeld om de stand van zaken uit te wisselen.

Voor jonge Libanezen die in Suriname opgroeien is Libanon een andere wereld. Ze weten dat hun ouders of grootouders daar vandaan komen. Uit een gesprek met Libanese jongeren blijkt dat zij de omwenteling in 2005 in Libanon weliswaar met veel belangstelling hebben gevolgd – 'Ik ben erg geschrokken van de moord op oud-premier Hariri, ik had respect voor hem.'[104] – maar dat hun concrete kennis over dat land beperkt is. Er wordt weinig over Libanon gelezen. Maar als in de zomer van 2006 in de oorlog tussen Hezbollah en Israël kinderen door bommen worden getroffen, is een aantal emotioneel geschokt en is ook onder hen Libanon weer het gesprek van de dag. Met familie in het Bcharre district onderhouden ze nauwelijks contact, al raken velen tijdens de zomer van 2006 zich er wel van bewust dat zij die daar hebben.

Jongeren waren tijdens mijn gesprek met hen verrast toen zij van een nieuwkomer hoorden dat hij geld overmaakte aan zijn familie in Libanon. Zij die in Suriname geboren zijn, doen dat niet. Een handelaar die in de jaren tachtig is gekomen stelt dat de familiebijdrage die door de hier gevestigde en daar geboren Libanezen wordt gegeven, in feite beperkt is gebleven. '"Snoepgeld" maar geen werkelijke ondersteuning. Nassief heeft niets in Libanon geïnvesteerd.'

De Surinaamse Libanezen van de derde en vierde generatie zijn nauwelijks betrokken bij het wel en wee in Bazaoun. Toen in Suriname geld werd ingezameld voor de restauratie van de kerk doneerde één van de grote in Suriname geboren handelaren met tegenzin geld. 'Natuurlijk, ik heb het aan mijn oom gegeven, maar ik was het er totaal niet mee eens. Sociale bijstand hier is veel belangrijker. Om geld te geven aan de kerk in Libanon die moet worden opgebouwd? Om een kerk in Libanon te gaan sponsoren? [hij zegt niet Bazaoun] Ik ben misschien fout, ik ken het niet.'

Van hen die in Suriname geboren zijn, is slechts een beperkt aantal in Libanon geweest en er wordt ook weinig gebeld met familie in Libanon, zo bleek uit onderzoek onder Libanese gezinshoofden. 'Ik heb nooit interesse gehad in Libanon. Mijn ouders zijn gegaan, ik mocht mee maar ging liever naar mijn familie op de eilanden. Ik ben nog steeds niet geïnteresseerd.' En als men gaat, dan gaat men alleen om het geboorteland van hun (groot)ouders te zien, niet naar hun gebied van culturele herkomst.

Er kunnen ook andere redenen zijn om naar het Bcharre gebied te gaan, bijvoorbeeld om er te trouwen. Dat is echter, zoals vermeld, nu uitzondering, ook bij hen die in Libanon zelf geboren zijn. Er zijn soms zakelijke redenen om naar Libanon te gaan. Er zijn familiebezittingen, maar wat is er nog en wat is het waard? In hoeverre is het mogelijk de boedels te verdelen en hun deel te verkopen. Dat kan een goede reden zijn, want de waarde van zulke bezittingen is vaak hoger dan men in Suriname dacht. Soms heeft familie daar getracht het zich toe te eigenen.

Momenteel gaan er, de laatste jaren zelfs meer dan 20 jaar terug, wel Surinaams-Libanese jongeren, 'met vakantie' naar Bazaoun en Hasroun. Men wil toch het geboorteland van hun (groot)ouders zien. En dan is men verrast door wat men er ziet. 'Het zag er veel beter uit dan ik gedacht had.' Maar een concrete relatie met Libanon is bij de meesten van hen weinig manifest. Iemand die in de jaren zeventig gekomen is: 'Ik denk niet dat iemand van hier daar echt zou willen wonen. Ze vinden het leuk om te gaan, maar nog leuker om terug te komen.'

Toch is Suriname duidelijk zichtbaar in Bazaoun, want door twee leden van de familie Frangie(h), die in de jaren zeventig naar Suriname kwamen, zijn in Bazaoun huizen gebouwd waar zij bij tijd en wijle verblijven. Een andere broer, die als eerste in de jaren zestig door zijn oom J.H. Issa gehaald naar Suriname was gekomen en daar naam heeft gemaakt, is enkele jaren terug na verkoop van zijn grote zaak tijdelijk geremigreerd. Anderen die recenter naar Suriname zijn gekomen, gaan soms hun ouders of andere familie bezoeken. Maar dan moet toch eerst iets van economisch succes in Suriname getoond en verteld kunnen worden.[105]

De contacten met Libanezen in andere landen

Surinaamse Libanezen hebben nauwelijks contacten met Libanezen in andere landen. Er is een netwerk van Libanezen over de gehele wereld, onder andere via www.leb.org – 'Leb.org is your virtual nation' – waar men zich kan inschrijven voor onderling contact. Hiervan wordt door in Suriname wonende Libanezen weinig gebruik gemaakt en dan vrijwel alleen nog door hen die in Libanon geboren zijn.[106]

Er is soms briefwisseling met familie elders in de wereld, bijvoorbeeld in Zuid-Afrika of de Verenigde Staten. Maar dit is toch uitzondering geworden. In een gesprek over zulke contacten werden brieven van 40 jaar geleden tevoorschijn gehaald. Dit gaf dus aan dat deze contacten, althans bij deze (grote) familie, er vandaag de dag niet meer zijn. Sommige families hebben verwanten op één van de Caribische eilanden of in Frans Guyana waarmee zij contact onderhouden. Zo ging één van de Surinaamse Libanezen in 2003 naar Dominica toen daar de weduwe van de broer van zijn grootvader was overleden. Hij reisde via Cayenne en Guadeloupe waar hij familie en een aantal andere Libanezen ontmoette en vandaar naar Dominica waar hij familie trof die hij niet of nauwelijks kende. Maar nu Surinaamse Libanezen niet meer trouwen met Libanezen uit het Caribisch gebied, zullen ook deze contacten in de komende jaren waarschijnlijk steeds meer afnemen. De nog bestaande contacten binnen het Caribisch gebied reiken namelijk niet verder dan de familiebanden. Er zijn geen culturele uitwisselingen die de Libanese identiteit in de Amerikaanse wereld beklemtonen. Er zijn ook nauwelijks zakelijke contacten tussen Libanese bedrijven in Suriname en Libanese bedrijven op de verschillende eilanden. Wanneer ik aan een zakenman die de volgende dag naar Trinidad vertrekt een artikel over economische activiteiten van Libanezen in Trinidad geef, is hij niet echt geïnteresseerd.

Nationaliteit

In de regel kiezen Surinaamse Libanezen nu voor de Surinaamse nationaliteit. Dat was vroeger anders. Zoals eerder is aangegeven heeft het tot de jaren zestig geduurd voordat de in Suriname wonende Libanezen kozen voor de Surinaamse nationaliteit die toen nog met de Nederlandse overeenkwam. Ook bij de onafhankelijkheid zijn er die bewust voor de Surinaamse nationaliteit hebben gekozen. Vandaag zijn er ook nog enkelen die de Nederlandse nationaliteit hebben. Ik heb in 2005 in een winkel met

Antoine Issa, de in Bazaoun geboren voorzitter van de Surinaams-Libanese Vereniging, bezoekt zijn geboorteplaats samen met zijn vrouw Sandra van wie de ouders al in Suriname woonden

enkele in Libanon geboren 'Nederlanders' uitgebreid gesproken over het referendum voor de Europese Grondwet.[107] Nieuwkomers trachten de Surinaamse nationaliteit snel te verwerven. Zij kunnen dat doen als zij tenminste vijf jaar in Suriname zijn.

'Dubbele' nationaliteit

Ook als Libanezen een 'vreemde' nationaliteit hebben is het voor hen mogelijk de Libanese nationaliteit via een ID-card te behouden. Wie buiten Libanon woont, kan in een district in Libanon ingeschreven blijven of zich laten inschrijven als iemand die uit Libanon stamt. Dit heeft voor buiten Libanon wonende Libanezen soms een puur emotionele kant die hun binding met Libanon aangeeft. Het dient soms ook een zakelijk doel, want alleen met een ID-card kan men grond kopen en erfaanspraken

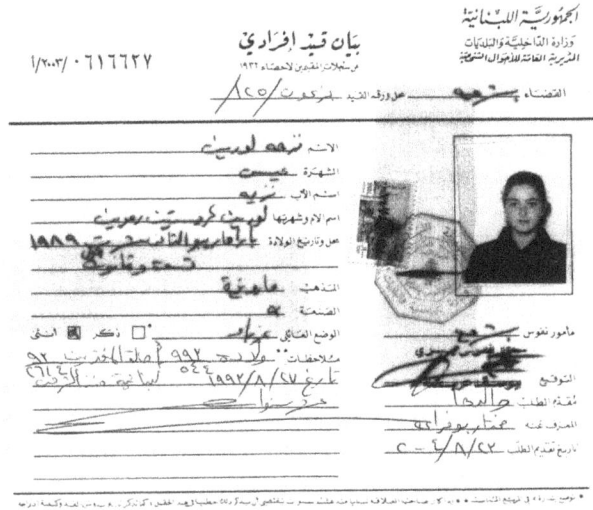

Nazha Loraine Issa, in 1989 geboren in Suriname, heeft zoals ook anderen in Suriname tevens de Libanese nationaliteit

behouden op gronden en andere familiebezittingen in Libanon. Ook Surinamers van Libanese herkomst die in Suriname wonen, kunnen zo ingeschreven zijn of zich laten inschrijven in het bevolkingsregister van het district Bcharre waar zij of hun ouders vandaan komen. Elke familie heeft een stamnummer wat voor de registratie essentieel is. Vanuit Suriname moeten nieuwe inschrijvingen via de consul van Libanon worden georganiseerd. Dan moet aangetoond kunnen worden dat de persoon uit Libanon stamt. Als een huwelijksakte kan worden overgelegd kunnen ook de kinderen worden ingeschreven. Via het Libanese Ministerie van Buitenlandse Zaken gaat de aanvraag dan naar het district dat als 'hun' district geldt, in dit geval dus naar Bcharre. Volgens de honorair consul van Libanon zijn er ongeveer 100 Surinaamse Libanezen in dit district ingeschreven. Dit zijn er meer dan zij die in Libanon zelf geboren zijn. Voor een aantal Surinaamse Libanezen is deze band met Libanon dus niet verdwenen.

Het wapen van Libanon bij het Libanese consulaat in Paramaribo

Steeds minder kennis van het Arabisch

Dat relaties met het erfgoed niet prevaleren, blijkt ook uit de rol van het Arabisch. Het Arabisch is één van de vele talen die in Suriname gesproken wordt. Maar het wordt alleen gebruikt door Libanezen die in Libanon zelf geboren zijn en door de kleine groep Palestijnen. Het is ook nu geen taal die gehanteerd wordt onder hen die in Suriname zijn geboren. Van de in Suriname geboren mannelijke gezinshoofden beheerst dan ook nog geen 10% het Arabisch. Zij hebben het niet geleerd van hun ouders (zie ook pp. 55-6). Op een samenkomst van één van de grote families, waar meer dan 50 mensen bijeen waren, werd geen Arabisch maar Nederlands gesproken. Sommige kinderen van hen die in Libanon geboren zijn, leren het wel 'een beetje' van hun ouders. Zij kunnen het verstaan als hun ouders het spreken, kunnen het ook 'een beetje' met hen praten, maar zijn de officiële taal, het grammaticaal correcte Arabisch, niet machtig. Iemand laat mij een boekje Engels-Arabisch zien. 'Het is wel erg moeilijk.' Dit belemmert ook het intensief bezien van de Libanese satelliet tv, waar Arabisch de voertaal is, hoe interessant sommigen die uitzendingen ook vinden. Zelfs kinderen van hen die recent gekomen zijn, leren lang niet allemaal Arabisch. Dat hangt sterk af van de moeder. Als zij een niet-Libanese is, is de kans dat kinderen Arabisch leren spreken, wel heel klein. Als zij wel een Libanese is hangt het sterk af van haar intentie en haar inzet.

Dat de Surinaamse Libanezen geen Arabisch spreken wordt ook toegeschreven aan de geringe omvang van de groep. Arabisch is buitenshuis nauwelijks te gebruiken, in tegenstelling tot Hindostanen met hun Sarnami en Javanen met hun Javaans. 'Op school heb je geen klasgenoten die met jou Arabisch zouden kunnen spreken.' Ook in de beleving van de religie speelt het Arabisch geen rol. Vrijwel alle Libanezen zijn rooms-katholiek, een kerk waarbinnen in Suriname Nederlands de taal is. In Frans Guyana waar ook een kleine groep uit het Bcharre district woont, wordt het Arabisch daarentegen meer gebruikt.

Dat heel veel ouders hun kinderen geen Arabisch leren wordt door de kinderen ook vandaag de dag in verband gebracht met het toekomstperspectief dat zij voor hen voor ogen hebben. Dat ligt in Suriname en niet in Libanon. Het Arabisch gaat hinderen bij de opvoeding. 'Mijn moeder die geen goed Arabisch spreekt heeft mijn vader die de taal wel zeer goed beheerst, gevraagd: 'Leer de kinderen Arabisch' – maar hij wilde dat niet, want Nederlands is belangrijker.' Het gebruik van Arabisch door ouders heeft thuis, zoals ook jaren geleden, een geheel andere functie. Het is – zoals jongeren het nu zelf zeggen – een 'geheimtaal' waarin zij dingen zeggen die de jongeren niet mogen weten. Er zijn uitzonderingen. Een andere vader, die in Libanon is geboren, spreekt thuis wel Arabisch met zijn kinderen.

Soms willen oudere kinderen zelf geen Arabisch leren als rebellie tegen de traditioneel strenge opvoeding door de ouders. 'Wij wonen toch hier.' Voor nieuwkomers is het Arabisch juist een bewijs van hun Libanese identiteit. 'Als je je een echte Libanees voelt, stuur je je zoon naar Libanon om Arabisch te leren', zegt een niet-getrouwde.

Nederlands is de taal die de Libanezen kennen en zo niet dan leren zij het. Veel jongeren spreken het, zoals ook andere Surinaamse jongeren, correcter en beter dan menige Amsterdammer. Niet alle ouderen beheersen het Nederlands echter goed. Bij een rouwplechtigheid op een avond voor de begrafenis viel het mij op dat een grote handelaar die in Libanon geboren is, Nederlandstalige kerkliederen niet mee kon zingen. Hij doet zijn correspondentie in het Engels. Engels is over het algemeen een taal die vele Libanezen beheersen. Zij die in Libanon geboren zijn en daar een opleiding hebben gevolgd, kennen ook vaak het Frans.

Sranantongo leren, kennen en gebruiken Libanezen ook, maar hoe intensief hangt mede af van met wie men leeft, wat men doet en waar men werkt. Een Libanese jonge migrant die eerst in een textielzaak in de Zwartenhovenbrugstraat, 'de' Libanese winkelstraat, werkte en daarboven woonde, had Nederlands leren spreken. Toen hij net een nieuwe opdracht dichtbij de markt aan de Waterkant had gekregen, vertelt hij: 'nu moet ik Sranantongo leren gebruiken'.

Onderwijs blijft hoog aangeschreven

Nog steeds heeft in Libanese gezinnen onderwijs prioriteit. Vorming wordt van belang geacht, nu ook voor hen die in de handel zullen gaan werken. De ouders die uit Libanon kwamen, lieten hun kinderen meestal zo veel als mogelijk studeren, een vooruitgangsgeloof dat, toen hun kinderen zelf ouders werden, niet is verlaten. In de naoorlogse tijd kwam na de MULO de AMS en kwamen later ook andere vergelijkbare scholen die tot een vwo/havo eindexamen leiden. Dat examen lijkt het minimum ideaal te zijn voor Libanese kinderen wat, vanzelfsprekend, niet door elk kind bereikt wordt. Kregen jongens aanvankelijk voorrang boven meisjes bij het volgen van onderwijs, in de huidige tijd wordt, bij mijn weten, dit onderscheid niet meer gemaakt. Sinds de jaren vijftig behoort een studie in het buitenland tot de mogelijkheden. In de meeste handelsgezinnen kregen kinderen die kans. In de keuze voor een specifieke studierichting is er een verband met bedrijvigheid: economie is een vaak gekozen studie. Procentueel gezien zijn Libanese academici het meest in economie en management gevormd. Er zijn geen jongeren die voor Arabisch, een andere taal of geschiedenis gekozen hebben. De keuze voor geneeskunde, diergeneeskunde of een bètavak is slechts enkele malen gemaakt. Interessant is waar men de vervolgstudie doet. Was dat eerst alleen Nederland, nu gaan er ook voor opleiding naar de Verenigde Staten. Deze gaan allereerst voor bedrijfseconomische studies ter voorbereiding op het werken thuis. Soms wordt daar ook een andere studie, zoals geneeskunde, gevolgd. Studeren in de Verenigde Staten is duur en kan alleen bekostigd worden als de ouders er echt geld voor over (kunnen) hebben. Er wordt ook in Nederland gestudeerd, vooral economie maar ook andere vakken. Er zijn weinig Libanezen op de Universiteit van Suriname. Het zijn kinderen van minder rijke ouders die zich daar vormen. Op het Instituut voor de Opleiding van Leraren zijn nauwelijks Libanese studenten te vinden. Wel zijn er enkelen op het NATIN (Natuur Technisch Instituut), de natuurwetenschappelijke HBO.

Een en ander heeft er toe geleid dat momenteel veel jongere ondernemers van Libanese afkomst die in Suriname geboren zijn het vak niet alleen in de zaak hebben geleerd maar ook een commercieel gerichte opleiding hebben gevolgd. Zij zijn na hun studie teruggekeerd. De zaken die zij leiden hebben kennelijk een postuur waarin commerciële vorming en/of managementtraining zinnig kan worden ingezet. Er zijn kinderen van Libanese zakenlieden die zelf een economische studie hebben gevolgd en voor het zaken doen interesse hebben, maar nu in andere functies werken. 'Mijn tijd komt wel – niet twee kapiteins op één schip.'

Beroepen, bedrijven en welstand

Was in 1950 vrijwel iedereen binnen de Libanese groepering in de textielhandel werkzaam, nu zijn Libanezen in Suriname ook op andere terreinen actief. Textiel blijft wel hun herkenningsteken. Van de beroepsbevolking werkte in het begin van deze eeuw 42% van de mannen en 35% van de vrouwen in zaken waarbinnen textiel een belangrijke component is.

Het huidige beroepspatroon vertoont enkele opvallende kenmerken. Allereerst is er een verband tussen beroep en geboorteplaats. Zij die in Libanon geboren zijn werken vrijwel allen in de textiel. Van hen die in Suriname geboren zijn, is er ook een verband tussen Libanese herkomst en de textielbranche. Zij die twee Libanese ouders hebben zijn veel meer in de textiel werkzaam dan zij die alleen een Libanese vader of moeder hebben, respectievelijk 62 en 25%. Van hen die 'alleen' een Libanese grootouder hebben werkt nauwelijks meer iemand in de textiel. Er zijn oude Libanese namen, zoals Bousaid, Karam, Saba, Zehoer en Zrour die in de textielbranche niet meer voorkomen.

Libanezen, die niet werkzaam zijn in de textiel, hebben uiteenlopende beroepen. Zij zijn econoom, monteur, architect, omroepster, arts, dierenarts, eigenaar van een reisbureau, secretaresse en meubelmaker. Wel hebben kinderen van hen van wie de vader of moeder in de jaren van en direct na de Tweede Wereldoorlog met een niet-Libanees leefde, soms minder opleiding genoten en daardoor ook een minder renderend beroep. Dit werkt dan weer door op hun kinderen. Maar onder de 'echte' Libanezen zijn, wel een uitzondering, ook een tegelzetter en een straatventer.

De meeste Libanese huishoudens behoren tot de 'welgestelden'. Veel Surinaamse Libanezen scoren hoog op de 'welstandsindex', die gebaseerd is op het aantal duurzame consumptiegoederen waarover huishoudens beschikken.[108] Maar ook onder de 'welgestelde' Libanezen zijn de inkomensverschillen aanzienlijk. Succesvolle handelaren zijn, zoals de praktijk heeft laten zien, economisch beter af dan succesvolle economen. Een aantal behoort tot de middenklasse. Dat zijn de eigenaren van kleinere textielzaken en een deel van hen die niet in de handel zijn. Slechts enkele huishoudens zijn tot de zogenaamde volksklasse te rekenen.

De belangrijkste activiteit blijft de textielhandel

De Libanezen zijn nog steeds dominant in de handel in textielproducten, zeker in de hogere en midden echelons. Precieze cijfers zijn niet voorhanden, maar hun bedrijven zijn het talrijkst en het grootst. In het centrum van Paramaribo zijn de Libanese textielzaken prominent. Het zijn er ongeveer 70 die stoffen en kleding aan de vrouw en de man brengen. De zaken variëren sterk in omvang, in hoe zij importeren en in welke textielproducten zij aanbieden. Soms zijn het min of meer zelfstandige zaken, soms zijn zij in een groter verband opgenomen. De grote zaken – waarvan er enkele zijn – hebben meer dan 50, de middelgrote zaken 15-20 en de kleine zaken 2-5 mensen aan personeel. De middelgrote zaken zijn het grootst in aantal. Het totale personeelsbestand is aanmerkelijk groter dan in de jaren zestig.[109]

Vrijwel alle grote Libanese zaken zijn in handen van Libanezen die in Suriname geboren zijn of daar al geruime tijd wonen. Er zijn ook kleinere zaken van in Suriname geboren Libanezen, zoals Chentex aan de Sophie Redmondstraat (in 1920 was daar ook een Libanese winkel) en Adoniah aan de Prinsenstraat van leden van de familie Chehin of Charbel Store aan de Waterkant van van Debs jr. Ook zulke zaken brengen kennelijk 'redelijke' inkomens op.

Stoffen en kleding worden geïmporteerd. Essentieel is dan wat, waar en tegen welke prijs te koop is. Wat er in de winkels ligt komt uit veel verschillende landen. Daartoe wordt door de inkopers (vaak de eigenaars zelf) soms ver gereisd, zoals naar China, Singapore, Indonesië. Daarnaast is Internet een aank(n)ooppunt. Duurdere artikelen worden ook gekocht in de Verenigde Staten en in Europa. Voor goedkopere goederen zijn de vrijhandelszones in het Caribisch gebied en Midden-Amerika (Panama) van betekenis. Om te kunnen importeren waren importvergunningen nodig. Momenteel zijn die afgeschaft. Er is alleen een nummer nodig van de douane. In de jaren van het militaire bestuur en, in mindere mate, ook tijdens verwante regeringen later

Charbel Debs in zijn Charbel Store aan de Waterkant

Chenntex, de zaak van J.E. Chehin, aan
de Sophie Redmondstraat

Het beeld van de Libanese winkel waar vooral stoffen voor dameskleding worden verkocht, is achterhaald. Inmiddels hebben winkeliers hun assortiment verbreed. Zij bieden confectie – jurken, broeken, ondergoed, sokken – en vaak ook meubelstoffen aan. Tevens verkopen zij toiletartikelen, een belangrijk product in de Surinaamse samenleving, en huishoudelijke artikelen. Soms gaat de verbreding van het assortiment zo ver dat wat eens stoffenwinkels waren nu 'non-food supermarkets' zijn. Maar hoe breed het assortiment ook is, textiel ontbreekt in deze zaken niet.

Er zijn echter nog steeds enkele zaken die zich lag dit anders.[110] De meeste zaken importeren nu zelf. Ook kleine zaken importeren vaak een deel van hun kledingaanbod, zoals T-shirts, om 'authentiek te blijven'. De eigenaars gaan daarvoor dan bijvoorbeeld naar vrijhandelszones zoals op Curaçao of naar Miami. Er is een zaak van wie de beheerder in Brazilië heeft gewerkt. Hij importeert Braziliaanse kleding. Voor kleine zaken is het echter meestal niet rendabel om zelf stoffen in te voeren.

In de zaken zelf wordt, sinds de forse inflaties in en na de jaren tachtig, veel minder op krediet gekocht. Toch zijn er middelgrote zaken die met een kredietsysteem werken en zo hun vaste omzet verhogen. Klanten kunnen op krediet kopen (tegen iets duurdere prijzen) en dan in termijnen betalen. Interessant is dat hun betaling dan in principe gegarandeerd is. De winkelier heeft namelijk een aantal commissionairs. Zij brengen mensen aan, krijgen daarvoor commissie maar zijn wel voor die mensen aansprakelijk. Vooral vrouwen maken hiervan gebruik om kledingstukken voor de eigen kinderen te kopen.[111] In bescheiden mate wordt ook aan transito gedaan, dat wil zeggen goederen die in Suriname worden ingevoerd worden doorgevoerd naar andere landen, onder ander naar het oosten van Guyana. In de context van Caricom is dit nu gemakkelijker geworden.

Kleine textielzaken zijn vaak overvol, ook die van Ibrahim aan de Steenbakkerijstraat

puur op de verkoop van stoffen richten. Dé zaak is Lamara, van de familie Frangieh-Sowma, die in 2005 aan het Neumanpad dat in het 'loopcentrum' ligt, een groot nieuw pand heeft betrokken. Het heeft een scala aan exclusieve stoffen.[112] Er zijn ook enkele kleinere zaken, zoals die van verschillende Abbouds aan het begin van de Saramaccastraat, die in het bijzonder goedkopere stoffen verkopen of Casa Popular van een andere familie Abboud die onder andere Indonesische stoffen in voorraad heeft. Alleen de 'echte' herenkleding ontbreekt. Er is slechts één 'Libanese' zaak, Butterfly, waarvan de leiding berust bij een Hindostaans-Libanees echtpaar, die kostuums en dergelijke verkoopt.

Familiezaken

Opvallend is dat de bedrijven het niveau van het familiebedrijf niet overstijgen. Er wordt gezegd dat Libanezen – althans die in Suriname – individualistisch zijn en niet geneigd zijn tot samenwerking, hoogstens in gezinsverband. Dat geldt niet alleen voor de kleine bedrijven waar met weinig of geen 'vreemd' personeel gewerkt wordt. Ook wanneer een bedrijf zich heeft uitgebreid en verwijd tot een onderneming die in verschillende vennootschappen geheel verschillende taken vervult, blijft het in de kernfamilie.

Er is een grote textielfamilie waarbinnen de ouders Waddih Sowma en Astrid Sowma-Hiemcke (in 1926 en 1936 geboren) niet alleen zelf enkele zaken hebben opgezet maar ook allianties met zaken van een aantal van hun kinderen hebben. Waddih Sowma is de zoon van de eerste voorzitter van de Libanistenclub. Samen hebben zij meer dan tien relatief grote winkels zoals Carequino, Extasy, Senso en Ultima opgebouwd die in de verkoop aan de consument zelfstandig opereren maar die de inkoop grotendeels centraal doen. De ouders, in het bijzonder de moeder, regelt een belangrijk deel van de inkopen. Het is een familiebedrijf waarin ouders, kinderen en kleinkinderen vaak gezamenlijk lunchen. De grootouders dragen 's middags zorg voor enkele kleinkinderen: ze helpen soms met huiswerk maar ook met het trainen van 'tieners' hoe die een bedrijf moeten runnen, zoals het controleren van voorraden en het aangeven wat besteld zal moeten worden etcetera. Zo worden zij al op jonge leeftijd bij de bedrijfsvoering betrokken. Helaas is het hier bovenstaande deels geschiedenis geworden. In januari 2006 is de heer Sowma vrij plotseling in een ziekenhuis in de Verenigde Staten overleden.

Een ander groot bedrijf is dat van familie Issa-Shoul waarin drie zelfstandig wonende zoons van een nog actieve moeder (in 1938 in Antigua geboren) samenwerken in Lucky Store NV. Het werd gesticht in 1969 en omvat nu twee nabijgelegen textielzaken Lucky Store en Dojo Couture aan de Jodenbreestraat/Domineestraat en daarnaast een apart gelegen zaak Oso Sani aan de Henck Arronstraat waar – een uitzondering – witgoed en meubilair te koop is. Deze zaken hebben echter niet-Libanese managers die de dagelijkse leiding voeren. Deze familie is daarnaast onder andere ook in goud actief.

Beyrouth Bazaar aan de Zwartenhovenbrugstraat, een grote importeur en 'non-food super market', berust op de inzet van de oprichter Habib Issa die in 1947 uit Libanon naar Suriname kwam waar zijn vader toen al jaren woonde. In 1963 heeft hij de huidige directeur-eigenaar Antonios Issa – familie van zijn vrouw – uit Bazaoun naar Paramaribo laten komen. Deze heeft zelf in 1991 weer zijn broer Nazir gehaald die nu eigen zaken heeft. Een derde broer Georges is later vanuit de Verenigde Staten gekomen. Hij is nu chef-manager van het bedrijf.

Het bedrijf van Moussi Issa NV, nog steeds een belangrijke zaak, zeker in de import, is nu in handen van de zoon Robert die er werkt met steun van één van zijn broers terwijl de andere broer en zuster andere zaken en beroepen hebben. Het heeft vier filialen waarvan één in een nieuwe grote winkel in Nieuw Nickerie die alle door niet-Libanezen worden geleid.

Pierre Abboud die in de jaren zeventig door zijn oom A.G. Abboud gehaald werd en nu onder meer

Foutien Frangieh, dochter van Samir Frangieh en Luiza Frangieh-Sowma, laat zien dat ook kinderen in de zaak meewerken

actief is in de cosmetica en in het onroerend goed, is nauw betrokken bij de textielhandel van broers en neven die hij daarna liet komen evenals bij allerlei activiteiten van andere nieuwkomers. Maar een ieder wordt wel geacht zelfstandig te werken.

Geen eenduidig beeld

Er is dus geen eenduidig beeld van de economische samenwerking tussen directe familieleden. De verschillende voorbeelden van samenwerking betreffen alleen die tussen ouders en kinderen en tussen broers. Nauwe samenwerking tussen neven en nichten komt nauwelijks voor. Mijn indruk is dat voor zover het relaties in de handel betreft de betekenis van verwantschap en onderlinge ondersteuning over het algemeen is afgenomen. De grotere handelaren geven familieleden – en ook andere Libanezen – mogelijk enige importkorting maar ver reikt dit niet. 'Familie krijgt een iets betere rekening. Beetje voordeel. Blijf zakelijk maar toch...' Zondags is men familie, doordeweeks elkaars concurrent.

Het zou een misverstand zijn te veronderstellen dat de grote zaken van vroeger de afgelopen jaren nog groter zijn geworden. Het oude bedrijf van Jozef Nassief dat in het vorige hoofdstuk aan de orde kwam, is na zijn dood in 1962 door zijn zoon André voortgezet maar wel in bescheidener mate. Momenteel bestaat het oude bedrijf niet meer maar vier (klein)kinderen hebben, wel aan de Maagdenstraat, vier verschillende zaken waarin slechts in één textiel verkocht wordt. Ook het oude concern van J.H. Issa, dat nog wel als één onderneming functioneert en door broers van mevrouw Issa-Brahim en hun kinderen geleid wordt, is nu in de textiel niet meer dominant. Wel is het in de cosmetica van betekenis.

De geschiedenis van de hierboven genoemde bedrijven – en ook daarom is het van belang deze te vermelden – maakt duidelijk dat het succes van de ouders in de handel niet rechtstreeks op de kinderen overgaat. In het verleden werd de noodzakelijke kennis met betrekking tot de aanvoer en de verkoop van de goederen alleen door het opdoen van ervaring in de winkel verkregen. Het resultaat hing daardoor in sterke mate af van de persoonlijke kwaliteit en inzet van de handelaren. Nu wordt er wel meer tijd en geld gestoken in opleiding, maar dat heeft weinig veranderd. Eenvoudig maar correct gezegd, de ene broer, zuster, zwager of schoonzuster doet het beter dan de andere. Iets vergelijkbaars geldt bij de overname van de zaak door één of enkele van de

In Lucky Store aan de Jodenbreestraat is het hoofdkantoor van het concern Issa-Shoul

Beyrouth Bazaar, groot importbedrijf en 'non-food super market' van de familie Antonios Issa aan de Zwartenhovenbrugstraat

Wie Nieuw Nickerie binnenrijdt wordt op het grote filiaal van Moussi Issa NV geattendeerd

De Art Gallery, onderdeel van het concern van de familie Nouh Chaia-Issa

Vier grote Libanese importzaken. De eigenaars zijn doordeweeks concurrenten en zondags familie

kinderen. Ook dan zijn er zaken die hetzelfde of een beter niveau halen of die juist achteruitgaan. Een succesvolle vader kan succesarme kinderen hebben – en omgekeerd. Als vuistregel geldt wel, zo werd tegenover mij gesteld, dat wanneer de vader tijdens zijn leven niet een deel van de macht aan zijn kinderen delegeert een familiezaak weinig kansen heeft om na zijn dood te blijven floreren. Opvolging en verdeling zijn cruciale punten binnen familiebedrijven.

In veel zaken speelt de vrouw nog steeds een cruciale rol. Dat geldt voor Libanese vrouwen maar soms ook voor niet-Libanese partners. Er zijn zaken waar de leiding tweehoofdig is. Evenzo zijn niet zelden dochters ingeschakeld. Er is ook een klein aantal zaken, in en buiten de textielbranche, dat door een vrouw alleen wordt geleid. Dat in álle zaken de vrouw een rol van betekenis speelt, kan echter niet worden gezegd. Er zijn handelaren van wie de vrouw een geheel andere baan buiten de zaak heeft en er zijn ook vrouwen voor wie de invulling van de dag vooral bestaat uit de opvoeding en opvang van kinderen.

De nieuwkomers

Hoe doen de nieuwkomers het? Er is een verband tussen het jaar van aankomst en het economische succes: hoe eerder de aankomst, hoe groter het succes. In de jaren zestig, zeventig en tachtig is een vijftal broers van de familie Frangie(h) die verwant is aan de Issa-groep, naar Suriname gemigreerd. De oudste is door oom Jacob Issa gehaald en zo zijn achtereenvolgens vier andere broers binnengekomen. Deze hebben relatief grote zaken opgebouwd. Ook andere migranten die in die tijd gekomen zijn – bijvoorbeeld Antoun Matta uit Hasroun en de broers Saleh – hebben nu behoorlijke zaken.

De migranten van de laatste 15 jaar die meestal in een textielzaak werken hebben nog geen hoog inkomen, ook al hebben velen het beter dan in het Bcharre district. Eén van de nieuwkomers vroeg zich tijdens het gesprek met de jonge Libanezen af: 'Waarom wordt van ons verwacht dat wij in de textiel gaan?' Zelf werkt hij, maar dat is een uitzondering onder nieuwkomers, niet meer in een textielzaak. Waarop hem werd uitgelegd dat in de aanloopfase je familie je vooral kan en wil steunen als je op hun spoor zit, hoewel die familiesteun nu afgenomen lijkt te zijn. In die zin is is de keuzevrijheid van de migrant beperkt. Maar zij hebben tot nu toe niet de ruimte gevonden of weten te creëren om werkelijk te expanderen. Kennelijk ontbreekt het hun aan mogelijkheden om in een bestaande markt door te dringen. Er wordt door hen die er al langer zijn dan ook gezegd dat er geen ruimte zou zijn voor nieuwe bedrijven, zeker nu de Chinezen in hun supermarkten goedkope textielproducten verkopen. Er lijkt voor innovatieve starters wel ruimte voor nieuwe activiteiten in andere branches, zeker als zij zich bij ondernemers aansluiten die andere wegen hebben gevonden.

Het vervaardigen van kleding

Vrijwel alles wat winkels aan textiel verkopen is geïmporteerd. Van productie van confectie is in Suriname geen sprake. De locale markt is daarvoor te klein, de export daarvan is niet rendabel. Toch is er van enige lokale confectie sprake: vooral simpele kleding als jurkjes, bloesjes en hesjes. Enkele zaken laten deze vervaardigen in aparte ateliers, andere zaken hebben daarvoor een bovenverdieping gereserveerd. Wel is er een productie van mode-kleding maar dan alleen via modistes, dus op basis van individuele bestelling.

Schoolkleding wordt in Suriname zelf vervaardigd en is een lucratieve bezigheid. Op de lagere en middelbare scholen dragen kinderen dezelfde kleding, die alleen verschilt naar het niveau van de school. Het is dan ook niet verwonderlijk dat winkels orders voor het leveren van de stoffen en het vervaardigen van de kleding in de wacht proberen te slepen. Bij zaken die schoolkleding maken of laten maken, betekent dit 5-10% van de totale verkoop.

Concurrentie met andere groepen

De Libanezen domineren nog steeds de textielhandel, vooral die van stoffen en dameskleding. Dat geldt zowel voor de groothandel als voor de detailhandel. De meerderheid van de zaken en de omzet is in hun handen. Zaken die in de groothandel domineren, zoals – in alfabetische volgorde – Beyrouth Bazaar, Lucky Store, Moussi Issa zetten zowel bij andere Libanese zaken af als bij niet-Libanese bedrijven. Er is veel 'wederverkoop'.

Er zijn slechts enkele niet-Libanese zaken met een forse textielomzet, maar geen van deze overtreft één van de grote Libanese zaken. Het grote warenhuis Kersten – zo belangrijk in de jaren zestig – is met betrekking tot textiel nu niet meer van belang. Het warenhuis Kirpalani is nog steeds omvangrijk, maar met betrekking tot textiel is het toch niet groter dan een belangrijke Libanese handelszaak. Zaken als Khan Bros, die als importeur wel van betekenis is, en City Center zijn kleiner. Zijn deze verkoopcentra van betekenis voor de alledaagse kleding, aan de top van het segment zijn de laatste jaren kleinere kledingszaken of boetieks opgekomen die zich op een speciaal soort confectiekleding richten. Dit is een handel waar ook enkele Libanezen bij betrokken zijn. Ze lijkt wel winstgevend. De prijzen liggen althans hoog. Op de markt is ook nog steeds textiel te koop. Als verkopers zijn Libanezen daar niet te vinden. Maar bij de import van de goedkopere goederen die daar verhandeld worden zijn zij nog steeds betrokken, zij het minder dan een tijd geleden. Sommige marktverkopers importeren nu een deel van hun goederen zelf.

De Libanese textielhandel wordt, zoals ook in andere Caribische landen het geval is, sinds het begin van de jaren 2000 geconfronteerd met forse importen van confectiekleding uit Oost-China die in Chinese 'supermarkets' en kleine textielzaken worden aangeboden.[113] Yiwu in Oost-China is zo'n centrum van de confectie-industrie van waaruit Wenzhou migranten die in die jaren Suriname als een immigratieland ontdekt hadden zulke goederen binnen brengen. Omdat in Suriname geen textiel wordt geproduceerd schaadt deze invoer de productie niet, maar het heeft wel gevolgen voor de handel. De prijzen waren in het begin eenvijfde of zelfs eentiende van de prijzen voor soortgelijke goederen in Libanese winkels. Het betrof goederen die oorspronkelijk voor de Chinese markt waren bedoeld en vaak van inferieure kwaliteit waren. Daarin verschilden deze goederen van de Chinese textiel die op de Europese en Noord-Amerikaanse markt werd aangeboden De prijzen waren laag vanwege de lage productiekosten, maar ook omdat er in die jaren een overproductie van deze textiel in dat deel van China was. Bovendien is er in Suriname vaak sprake van een onderfacturering met het oog op de invoerrechten die door de douane, bewust of onbewust, niet werd opgemerkt. Hierdoor kwam een aantal Libanese zaken, dat zich op de goedkope stoffen en kleding richt, in de problemen, maar tot faillissementen heeft dit niet geleid. De Chinese zaken worden wel als een 'bedreiging' gezien, ook omdat er in deze zaken, naar Libanees zeggen, veel langer en harder wordt gewerkt en er dus van 'oneerlijke' concurrentie sprake is. Suriname kent nu geen formele winkelopeningstijden meer zoals wel het geval was toen de eerste Libanezen hun winkels begonnen. Veel Libanese zaken richten zich echter op stoffen en kleding van betere kwaliteit en zijn daardoor minder in de problemen gekomen.

Hoewel er nog steeds Chinese textiel – en andere consumptiegoederen en bouwmaterialen – tegen lage prijzen te koop is, is de situatie toch iets veranderd. In China is, mede gezien de effecten van het lidmaatschap van de World Trade Organization (WTO, Wereldhandelsorganisatie), de textielhandel transparanter geworden wat tot hogere prijzen heeft geleid voor het soort goederen dat naar Suriname komt. In Suriname is de douane – na Nederlandse en Britse 'training' die soms tot problemen leidde[114] – ook iets actiever geworden. Een en ander heeft tot gevolg gehad dat een deel van de Chinese handelaren dat in Suriname nooit in grote textielwinkels heeft geïnvesteerd, weer is vertrokken. Hun bedreiging zou nu iets minder groot zijn. De Libanese textielhandel heeft de afgelopen jaren zelf ook ingespeeld op de Chinese import. Ze is bij nieuwe Chinese importeurs een aantal producten gaan inkopen: 'if you cannot beat them, join them'. De transparantere handel in China biedt meer mogelijkheden tot zelfstandige importen door Libanese importeurs vanuit China. Zo laat een aantal nieuwkomers via een Chinese bemiddelaar producten met Suriname opdruk in China maken die dan tegen lage prijzen in hun kleine zaken worden aangeboden. Over het algemeen ontkennen Libanese handelaren dat de Chinese textielhandel, hoe concurrerend ook, hen zwaar treft. Kleine handelaren wijzen hun trage groei eerder toe aan de algehele economische situatie van de lagere inkomensgroepen.

Nemen de kinderen de zaken over?

De meeste ouders willen graag dat hun kinderen in de zaak komen, zeker als het de wat grotere bedrijven betreft. Dit is in het recente verleden inderdaad gebeurd. Bij de familie Waddih Sowma zijn vijf kinderen in en rondom de zaak van de ouders actief; twee dochters zijn met broers Frangie(h) getrouwd en leiden mede hun bedrijven. In het Lucky Store NV concern werken de moeder en drie zoons samen. Ook in Caribbean Investments, het Nouh Chaia concern, werken de twee kinderen in het bedrijf. Er zijn ouders die hun kinderen naar het buitenland sturen voor opleiding. Zij gaan er vanuit dat ze terugkomen en in de zaak gaan werken. De kinderen die naar het buitenland zijn geweest en bij terugkomst in de zaak van hun ouders zijn gegaan, hebben het over het algemeen goed gedaan en de zaken van hun ouders doen expanderen. Er zijn ook ouders die klagen omdat hun kinderen die in het buitenland zijn, niet willen 'terugkomen' om de zaak over te nemen. Maar dat is sporadisch. Studie in het buitenland gaat overigens niet altijd samen met voorbereiding voor een mogelijke opvolging. Er zijn ook ouders die een kind de mogelijkheid geven om in het buitenland te studeren, wetend dat een ander kind in de zaak werkt. Een enkele keer neemt na overlijden van de vader een zoon die er niet in heeft gewerkt, de zaak over. Zo is een zoon van Eugène Brohim die in 2004 overleden is, op 52 jarige leeftijd uit Nederland teruggekomen om samen met zijn zoon (23 jaar) de zaak van zijn vader over te nemen. Iets wat dan 'iedereen' binnen de groep weet en ook 'mooi' vindt.

Toch is niet duidelijk of op langere termijn kinderen zaken willen blijven overnemen. 'Kinderen zijn geïnteresseerd in de opvolging. Bedrijfswerken is momenteel in', zegt een zakenman die er van uitgaat dat zijn dochter die nu in het buitenland studeert zal terugkomen en de zaak overnemen. 'In de vakantie is ze hier constant in de winkel.' Maar andere Libanese zakenlieden betwijfelen of hun kinderen later in de zaak zullen werken.

Werken in het centrum, wonen in de buitenwijken

Libanezen zijn zo zichtbaar in Suriname omdat hun winkels nog steeds in enkele straten in het centrum van de stad zijn geconcentreerd. Wederzijdse nabijheid blijft kennelijk goed voor de afzet ook al zijn deze straten in de uren dat de winkels open zijn, en zeker als de scholen uitgaan, tot autostraten geworden waar stilstaan langer duurt dan doorrijden. Dé winkelstraat is nu de Zwartenhovenbrugstraat waar zich thans meer dan 20 Libanese zaken bevinden, geconcentreerd langs bepaalde straatdelen, zoals die rond de splitsing met de Steenbakkerijstraat. Ook in andere straten vallen de Libanese zaken op zoals in de Jodenbreestraat, de Keizerstraat, de Steenbakkerijstraat en de Maagdenstraat. In de Saramaccastraat is het aantal Libanese winkels verminderd maar aan het begin van de straat zijn er nog enkele kleinere zaken, waarvan er twee op oudejaarsdag 2005 door brand zijn verwoest en mogelijk in een daar nieuw te bouwen kleine *mall* zullen worden ingebracht. Verderop, nabij de Schiphol Express, de busplaats voor mensen die naar het binnenland gaan, zijn een paar Palestijnse winkels gevestigd. Een fundamentele verschuiving van de Libanese zaken naar de nieuwe *malls* aan de rand van de stad heeft nog niet plaats gevonden. In de grote Hermitage-*mall* in het zuiden van de stad is slechts één 'filiaal' van een Libanese zaak te vinden.

Het aanzien van veel winkels is de laatste jaren sterk veranderd. De oude houten winkels met rekken en een beetje licht zijn nog slechts op enkele plaatsen te vinden. Wat er van over is wordt, vooral bij opvolging, 'gemoderniseerd'. Zelden blijft de oude stijl dan intact. De meeste winkels zijn verbouwd tot stenen gebouwen, dikwijls met twee of drie lagen waarin ook op de verdiepingen verkocht wordt of een verdieping als magazijn dient. En dat geldt ook voor de gebouwen die op nieuwe plaatsen worden opgezet. Soms zijn er in de stad, ook in de binnenstad met de grote erven, magazijnen gebouwd. Dikwijls biedt de verbouw en nieuwbouw

Het fraai gerestaureerde pand van drs Waddih Sowma aan de Steenbakkerijstraat tegenover de Grote Stadskerk waarin het kantoor en een winkel gevestigd zijn

geen fraaier zicht. Een enkele keer wordt juist wel in historische stijl vernieuwd. Een voorbeeld daarvan is de fraaie renovatie door drs Waddih Sowma van het pand Steenbakkerijstraat 32, recht tegenover de Grote Stadskerk, naast een door hem al gebruikt winkelpand. Het gerenoveerde pand dient tevens als kantoor. Een dergelijk fraai kantoor is wel een uitzondering. Wat juist bij de leidinggevenden in de grotere zaken opvalt, is dat er een tegenstelling lijkt te bestaan tussen de plaatsen in de zaken van waaruit gewerkt wordt en hun woonhuizen. De kantoren zijn veel eenvoudiger dan de woonhuizen.

Het woonpatroon van de Libanezen die in de handel zijn, is nu dan ook geheel anders. Bij en boven enkele winkels wordt soms nog gewoond – vooral door ouderen – maar het is regel dat de Libanezen, al of niet in de handel werkzaam, tussen andere Surinamers wonen in huizen en buurten die bij hun economische mogelijkheden en hun wensen passen. Dat zijn meer wijken à la Mon Plaisir, één van de rijkste wijken in Paramaribo dan die à la Ephraïmszegen, één van de armste.[115] Iets van een ruimtelijke concentratie is er niet. In de echt arme wijken zijn zij nauwelijks te vinden. Momenteel woont er ook niemand meer in een erfwoning.

Andere activiteiten

Er zijn Libanezen die in hun activiteiten veel verder reiken dan de verkoop van textiel en andere consumptiegoederen. Allereerst is dat de Caribbean Investment Group van de familie Nouh Chaia-Issa. Deze groep omvat een aantal sterk van elkaar verschillende bedrijven onder de koepel van een beheersmaatschappij. Bij de gewone Surinamer zal deze onderneming vooral via Readytex bekend zijn, een zaak aan de Maagdenstraat die zich richt op de verkoop van textiel, huishoudelijke artikelen en 'souvenirs', vooral aantrekkelijk voor de buitenlandse bezoekers. Hierin is het de leidende zaak in Suriname geworden. De zaak herbergt een aparte Art Gallery waar Surinaamse schilderijen en andere kunst worden verkocht, waar regelmatig tentoonstellingen worden georganiseerd en waar Surinaamse kunstminnaars elkaar treffen. De galerie richt zich nu ook op export van Surinaamse kunst, onder andere naar Nederland. In de groep zijn er tevens twee op levensmiddelen gerichte bedrijven. Voorts is er Automotive Arts, een verfbedrijf. Tot deze groep behoort ook de 'plantage' Katwijk in Commewijne dat voor de lokale markt koffie en citrus produceert. Voorts zijn er verbindingen met SECAS (Security and Alarm Specialist), een bedrijf voor de beveiliging van gebouwen. Binnen deze ondernemingen werken ouders en de dochter en de zoon als leidinggevenden samen, zij het wel met specifieke taken en verantwoordelijkheden. Niet-Libanese schoonkinderen die hun eigen bedrijven hebben, zijn bij het concernoverleg betrokken. De Caribbean Investment Group is wel een uitzondering.

Minstens één Libanese familie, de familie Issa-Shoul van Lucky Store NV, participeert in de goudwinning die nu in Suriname van zoveel betekenis is. Zij zijn grootaandeelhouder in Amazone Gold, een groot goudexportbedrijf dat goud van winbedrijven opkoopt en dat – thans onder toezicht van de Centrale Bank – exporteert. Ook de bouwsector trekt nu aandacht. De al genoemde Moussi Issa NV, die in de textielbranche actief is, is eveneens begonnen met de invoer uit China van op kunststof gebaseerde pre-fab woningen. De huizen zelf blijken weinig aan te slaan, ook vanwege de prijs van vergelijkbare huizen, maar de bouwonderdelen zijn behoorlijk in trek. Binnen de handel zijn er weinig andere activiteiten dan die in de textiel. Er is nabij Torarica, Rona Chehin's Enchantings, een fraaie winkel met Surinaamse kunstproducten, ook uit het binnenland. Oud-minister Brahim heeft nu een luxe schoenenzaak, Martha Mireille.

Productie

In de jaren zestig zei een textielhandelaar tegen mij: 'Wij moeten nieuwe dingen doen, textielwinkels zijn er eigenlijk veel te veel, maar het is een kwestie

Enchantings, de zaak nabij Torarica met oude en nieuwe Surinaamse kunstproducten, ook uit het binnenland

van tijd, van mogelijkheid en van ervaring'.[116] Daar is tot nu toe nauwelijks iets van terechtgekomen. Libanezen hebben buiten de textiel om weinig echte productiebedrijven opgezet en in stand weten te houden – waarin zij overigens weinig afwijken van andere Surinamers. Er was een kleine zaak die zich met de fabricage van schoenen bezighield. Er is een constructiebedrijf dat jaren geleden door Milaid Mannsur en zijn zoon Miled werd gesticht en dat nu grote opdrachten binnenhaalt. Ook (deels aangetrouwde) kleinkinderen werken er. Maar daar blijft het momenteel bij.[117]

Wel zijn de laatste jaren Libanezen als managers betrokken geraakt bij belangrijke productie- en handelsondernemingen. Het Fernandes concern, een belangrijke producent van onder andere brood en frisdranken, werd de laatste jaren geleid door drs Jozef Brahim, oud-directeur van de Surinaamse Bank en nu door een neef, Michel A.J. Brahim. Hij had tevoren een tijd in Nederland gewoond, was als expert via de Surinaams-Nederlandse ontwikkelingssamenwerking naar Suriname teruggekomen en is na afloop van zijn contract in Suriname gebleven. Onder leiding van drs Antoine Brahim is het noodlijdende CIC (Consolidated Industries Corporation) dat als *core business* een plastic- en wasmiddelenfabriek heeft, gesaneerd.[118] Het voorziet nu een belangrijk deel van de Surinaamse markt en exporteert ook binnen Caricom.[119] Naast het Surinaamse bedrijfsmottto 'Sranan Sani Wi Sani' afficheert het bedrijf zich met het uitdagende 'We clean the Caribbean'.[120]

Commerciële dienstverlening

In het oude Suriname was 'wachter' bij bedrijven en woonhuizen een belangrijk beroep. Vandaag de dag geldt dat eens te meer. Bewakingsdiensten zijn essentieel. Opvallend is dat deze vooral vanuit de Libanese hoek worden georganiseerd. Er is al gewezen op SECAS maar belangrijker is de PPS (Professional Private Security) van oud-minister mr Marcel Chehin. Er zijn voorts activiteiten in de computerbranche en in de reiswereld. Ook in de horeca worden Libanezen actief. Orlando's koffieshop wordt door een Libanese beheerd en recent is er ook een Libanees restaurant annex snackbar opgericht. Maar behoudens PPS blijft de commerciële dienstverlening in het land bescheiden.

De commerciële dienstverlening vanuit Libanese zijde reikt ook niet of nauwelijks over de grenzen.

Behalve de betrokkenheid bij het bankwezen zijn er buiten de handel om geen activiteiten die Libanezen over de grenzen beoefenen. Gegeven hun opleiding zouden jonge Libanezen in Suriname daarin sterk kunnen zijn.

Ondernemen

Suriname heeft een tekort aan ondernemers stelde dr R. van Ravenswaaij, Minister voor Planning en Ontwikkelingssamenwerking in november 2005 in Den Haag op een conferentie ter gelegenheid van de viering van 30 jaar onafhankelijkheid van Suriname en de rol van de diaspora.[121] Dat slaat op ondernemers in nationaal stuwende bedrijvigheid. Vanuit de kleine groep Libanezen kan dit tekort niet worden opgevuld. Toch prangt dit. 'Wij moeten nieuwe dingen doen' van 40 jaar geleden geldt in feite nog steeds. Er zij aan toegevoegd dat dit ook om een bevordering van het investeringsklimaat in Suriname vraagt.[122]

Wel een groep, geen hechte gemeenschap meer

Tot de eerste jaren na de Tweede Wereldoorlog kenden alle Surinaamse Libanezen elkaar. Zij kwamen van dezelfde streek en waren veelal familie. Vanzelfsprekend hadden ook toen niet alle Libanezen onderling intensief contact. Maar omdat de familielijnen sterk waren en Jozef Nassief als een 'sociaal leider' optrad waren de banden onderling sterk. Vandaag de dag is dat anders. De groep is te groot geworden. Veel Libanezen, zeker zij die in Suriname geboren zijn, kennen elkaar wel maar soms alleen van gezicht. Families zijn uit elkaar gegroeid en onderhouden nauwelijks onderling contact. Veel van hun nakomelingen die al jaren terug een niet-Libanese vrouw of man hadden, zijn bij anderen, zeker bij jongeren, nauwelijks of niet bekend. En dat geldt ook – er is al op gewezen – voor de contacten tussen de in Suriname geboren jongeren en de nieuwkomers die spaarzaam zijn. De Libanezen vormen geen hechte gemeenschap meer. De onderlinge contacten zijn voor alles familiecontacten. Als men in ruimer verband bij elkaar is, zoals in de Surinaams-Libanese Vereniging, wordt er – zo zegt een jongere – 'toch sterk binnen families geklit'.

Een Libanese familie is meer dan alleen ouders en kinderen – iets wat voor veel families in de kleine stedelijke Surinaamse samenleving geldt. Het betreft ook nichten en neven. Men ontmoet elkaar bij verjaardagen of bij bijzondere gebeurtenissen zoals de eerste communie van een kind of wanneer een familielid naar Suriname komt, naar Libanon terugkeert of 'gewoon' op reis gaat. Sommige families organiseren jaarlijks een familiedag waarop dan de 'gehele' familie aanwezig is, of men nu 'onderling' getrouwd is of dat men een niet-Libanese wederhelft heeft. Dan kunnen er meer dan 50 mensen zijn. Familiedagen vinden vaak plaats op Republiek waar een aantal Libanezen een buitenhuis heeft.

Zulke bijeenkomsten blijven niet altijd tot de directe familie beperkt. Er functioneren verschillende familie- en kennissenkringen die overlappen met zakelijke netwerken. Dit geldt zowel voor families die al lang in Suriname wonen als voor nieuwkomers. Wie op enkele van zulke bijeenkomsten wordt uitgenodigd zal het opvallen dat de aanwezigen telkens verschillen.

Een teken van Libanese gemeenschapszin uit zich wanneer iemand van Libanese herkomst overleden is. De avond voor de begrafenis wordt de overledene in brede familiekring herdacht. Ook veel niet-familieleden uit Libanese kring zijn de avond voor de begrafenis in het huis van de overledene aanwezig. Deze aandacht voor een overledene correspondeert met wat in het algemeen in Suriname gebruikelijk is.

Een veelzeggend voorbeeld van die gemeenschapszin was de grote belangstelling bij het overlijden in 2003 van mevrouw Thérèse Abboud-Elias. Mevrouw Abboud, in 1930 in Suriname geboren, was weduwe van de in Libanon geboren en in 1990 in Paramaribo overleden Antonius Georges Abboud. Mevrouw Abboud, die altijd prominent aanwezig was in haar open, traditionele winkel aan de Zwartenhovenbrugstraat, heeft jarenlang als een kleine brug binnen de Libanese gemeenschap gefunctioneerd. Ze deed dat in tweeërlei zin. Allereerst tussen hen die economisch meer en minder succesvol waren maar ook tussen hen die sinds decennia en die recent in Suriname woonachtig zijn. Zij en haar man hadden zelf neef Pierre uit Barsa laten komen die hun pleegzoon werd en later zelf ook familie inbracht. Zij was actief in de Rosa parochie en het was tekenend dat op de avond voor haar overlijden de gedachtenis door een drietal paters geleid werd. Zij spraken met buitengewone warmte over haar. Op deze avond waren er naast de brede familie ook vele anderen uit de Libanese groepering aanwezig.

Maar ook bij de begrafenis van mevrouw Bousaid-Zrour, die in mei 1999 op 83-jarige leeftijd overleed en lange tijd voor tal van families Libanese maaltijden had bereid, viel de Libanese gemêleerdheid op van hen die bij de begrafenis aanwezig waren. Onder hen waren de toenmalige voorzitter van de Surinaams-Libanese Vereniging, een aantal ouderen vanuit de lang in Suriname wonende families maar ook een aantal van hen dat recent uit Libanon gekomen was – mogelijk vanwege bekendheid met familieleden van de overledene maar zeer waarschijnlijk ook om te onderstrepen dat zij deel uitmaakten van de Libanese groep in Suriname. Maar een geslaagde jonge in Suriname geboren Libanees zei tegen mij toen ik hem die avond ergens anders ontmoette: 'Zulke begrafenissen zijn voor de ouderen, niet voor mij'. Bij deze begrafenis waren ook veel niet-Libanezen aanwezig, ook omdat zowel de families Bousaid als Zrour 'gemengd' zijn. En de liederen die gezongen werden verschilden niet van die op andere christelijke begrafenissen.

Geen duidelijke leider

Was Jozef Nassief meer dan 30 jaar lang de centrale figuur in de Libanese kring, na diens overlijden in 1962 gold tot aan zijn dood in 1979 Jacob 'Jack' Issa als de 'leider' van de groep. Issa's positie was veel minder bepalend dan die van Nassief, ook al gingen met Kerst 'alle' Libanezen naar hem toe. Vandaag de dag kent de groep geen specifieke leider meer, noch economisch, noch sociaal. Er is ook niet één Libanese zakenman die 'de' textielhandel in sterke mate beheerst. De leiders van de grote bedrijven, Antoine Frangie, Antonios Issa, Conrad Issa, Robert Issa, Nagib Nouh Chaia en (wijlen) Waddih Sowma Sr., – in alfabetische volgorde – zijn in de Surinaamse samenleving bekend. Ook enkelen buiten de textielhandel, vooral van de families Brahim en Chehin, zijn invloedrijk. Maar binnen de groep springt geen van hen in gezag en macht naar voren. Hun visies zijn wel gebed in dat wat als Libanese cultuur kan gelden, maar zij zijn als zodanig niet richtinggevend voor het denken en handelen van de andere leden van de groep. De nieuwkomers hebben hun eigen sleutelfiguren, vaak gekoppeld aan de plaats van herkomst, zoals onder anderen Pierre Abboud voor de Barsagroep en Antoun Matta voor de Hasroungroep, al kunnen nieuwkomers soms ook van sleutelfiguur wisselen. Dit laatste maakt ook duidelijk dat de groepering niet altijd als een eenheid functioneert. Dit neemt niet weg dat de voorzitter van de Surinaams-Libanese Vereniging, zeker nu hij door een grote groep gedragen wordt, vanuit zijn positie als een invloedrijk persoon geldt.

Wat jongeren van hun herkomst zeggen

'Het is moeilijk aan te geven waar zij een typisch Libanese bijdrage hebben geleverd aan de Surinaamse cultuur', aldus de Surinaamse historicus Loor in 1992. 'Een oude in Suriname geboren vrouw van Libanese herkomst, opgegroeid in de jaren rond de Tweede Wereldoorlog, antwoordt op mijn vraag 'wat is de Libanese cultuur?' heel open: 'Dat zegt mij niets'. Als ik op de ontmoeting met Libanese jongeren deze citaten – zie p. 87 voorlees, schrikken zij. Maar zij zijn het er ook niet mee eens, ook zij niet die 'gemengd' zijn. 'Als er ouderen zijn die zeggen dat er geen specifiek Libanese cultuur is dan komt dat omdat zij als arme, jonge mensen gekomen zijn. Je bent je niet bewust van wat je meeneemt. Wij zijn nu anders en hebben bijvoorbeeld veel meer aandacht voor Libanese muziek en kunst.' De jongeren hebben een positief zelfbeeld.

De jongeren brengen een tweetal kenmerken van de Libanese cultuur naar voren. Allereerst zijn dat materiële kenmerken, zoals het eten (zeer belangrijk; 'met de paplepel ingegoten', 'trots als je moeder Libanees had gekookt'), de muziek en dans en ook – al wordt die door hen nauwelijks gesproken – de taal.

Deze materiële kenmerken, die bij de één van veel meer belang zijn dan bij de ander, zijn, zo wordt gezegd, gekoppeld aan een tweede kenmerk. Het is de manier van de opvoeding, 'de vorm en inhoud van de geestelijke ontwikkeling' die volgens hen aan de Libanese identiteit een extra dimensie geeft. De Surinaams-Libanese opvoeding is volgens Libanese jongeren strenger en meer gedisciplineerd dan de Surinaams-Creoolse opvoeding.[123] Normen en waarden zijn strenger, rechtlijniger.

Essentieel binnen de Libanese cultuur is, volgens deze jongeren, het toekomstgericht denken en handelen. 'Elke generatie bouwt voor de volgende. Dat is een drijfveer voor de inzet van de ouders. Er wordt "vooruitstrevend" gedacht en gehandeld. Dat is ook een basis voor het ondernemerschap dat velen van ons tekent.' Binnen huishoudens staat het stimuleren van de leervaardigheid centraal.

In de Libanese cultuur zijn het gezin en de familie heel belangrijk. Er is een hechte familieband. Familie is een 'kluwen'. De sociale controle is zeer sterk. 'Je moest als tiener altijd rekening houden met wat "de" anderen ervan zouden vinden.' Tegelijkertijd geeft die opvoeding ook spanningen tussen generaties, tussen traditie en ontwikkeling.

De vraag is, zeker bij gemengde families, hoe en of zulke kenmerken van de Libanese cultuur op de volgende generaties wordt overgedragen.

De Surinaams-Libanese Vereniging

De Libanistenclub van Nassief die in het begin van de jaren zestig was opgeheven, heeft in 1996 een vervolg gekregen. In dat jaar werd op initiatief van Nagib Nouh Chaia en Soleiman Frangie de Surinaams-Libanese Vereniging (SLV) opgericht.

Doel van deze vereniging is volgens de statuten:
– het in stand houden en bevorderen van onderlinge kontakten tussen in Suriname wonende Surinamers van Libanese afkomst, Libanezen en hun aanverwanten;
– het bevorderen van de kennis en het begrip van de Libanese cultuur in de Surinaamse samenleving;
– het ondersteunen van aktiviteiten die gericht zijn op de vriendschaprelaties tussen de volkeren van Suriname en Libanon.[124]

Momenteel telt de SLV ongeveer 200 leden. Het lidmaatschap blijft tot Libanezen en hun verwanten beperkt. Zo zijn Palestijnen geen lid. Bij 60% van de Libanese huishoudens is er tenminste één persoon lid. Soms staan uit een gezin man, vrouw en kinderen bij de vereniging ingeschreven. Er is een duidelijk verband tussen afkomst en lidmaatschap. Van de huishoudens, bestaande uit personen die geboren zijn in Libanon, is bijna 90% lid. Bij de huishoudens waar dit niet het geval is, is dit percentage 55%. Bij de laatste groep is er bovendien nog een onderscheid. Terwijl bij huishoudens waar man en/of vrouw twee Libanese ouders heeft, meer dan 75% lid is, is dit bij man en/of vrouw met één Libanese ouder 45% en bij één Libanese grootouder 25%. Dit laatste percentage geeft aan dat er ook onder hen die 'slechts' één Libanese grootouder hebben, interesse bestaat voor hun Libanese wortels – al zeggen sommigen, zeker als ze nog maar weinig Libanees bloed door de aderen hebben stromen, zich een buitenstaander te voelen. 'Ik ken ze niet echt.' De jonge man die mij dat zegt heeft het afgelopen half jaar een drietal andere Libanezen ontmoet, maar 'deze wisten niet of nauwelijks dat ik zelf (half)Libanees ben'.

STATUTEN VAN DE

SURINAAMS-LIBANESE VERENIGING

**STATUTEN VAN DE VERENIGING
"SURINAAMS-LIBANESE VERENIGING"
afgekort "SLV"**

NAAM EN ZETEL
Artikel 1

1.1. De vereniging draagt de naam "Surinaams-Libanese Vereniging", afgekort "SLV". Bij internationaal optreden kan gebruik worden gemaakt van de naam "Surinam-Libanese Association".
1.2. De vereniging is gevestigd in het district Paramaribo en kan in alle distrikten afdelingen vestigen.

DUUR
Artikel 2

2.1. De vereniging is op 6 juli 1996 voor onbepaalde tijd opgericht.
2.2. Het verenigingsjaar, tevens boekjaar, loopt vanaf 1 januari tot en met 31 december.

DOEL
Artikel 3

3.1. De vereniging stelt zich ten doel:
   3.1.a. het in stand houden en bevorderen van onderlinge kontakten tussen in Suriname wonende Surinamers van Libanese afkomst, Libanezen en hun aanverwanten;
   3.1.b. het bevorderen van de kennis en het begrip van de Libanese cultuur in de Surinaamse samenleving;
   3.1.c. het ondersteunen van aktiviteiten die gericht zijn op het bevorderen van vriendschapsrelaties tussen de volkeren van Suriname en Libanon.
3.2. Zij tracht dit doel te bereiken onder meer door:
   3.2.a. het organiseren van sociale, culturele en educatieve aktiviteiten in de ruimste zin des woords, voor zover wettelijk toegestaan;

1

Gepubliceerd in het A.R.S. van vrijdag 17 juli 1998 no. 57

De statuten van de Surinaams-Libanese Vereniging waarin de doelstellingen van de SLV zijn omschreven

Tegelijkertijd stelt het bestuur hun lidmaatschap wel zeer op prijs. Er zijn families die zich door de doelstellingen van de SLV niet voelen aangetrokken. Lang niet alle kleinkinderen van de oprichters van de Libanistenclub van Nassief zijn lid van de SLV.

Het bestuur telde bij de oprichting vijf leden onder wie één uit Libanon zelf. De laatste was in de jaren tachtig gekomen; een aantal jaren terug heeft hij Suriname verlaten voor Zuid-Afrika. De eerste SLV-voorzitter was Robert Issa, directeur van Moussi Issa NV. Het huidige bestuur wordt geleid door Antonios (Antoine) Issa, directeur van Beyrouth Bazaar, die meer dan 40 jaar geleden, in 1963, vanuit Bazaoun naar Suriname gekomen is. Arabisch sprekend, lezend en schrijvend, vormt hij een brug tussen hen die in Libanon geboren en recent gekomen zijn en hen die in Suriname geboren zijn. De vier overige bestuursleden zijn allen uit Suriname – niet of enigszins 'gemengd' – van wie drie in de textielhandel werkzaam zijn. Het bestuur werd bij acclamatie gekozen. In 2006, zijn zonder discussie de voorzitter en de andere bestuursleden – op één

V Vandaag de dag 121

Het oude en nieuwe bestuur van de SLV in 2001.
Staand het oude bestuur, van links naar rechts: Faridi Boussaid, Robert Issa, Antoine Brahim, Waddih Sowma en Jenny Boussaid.
Zittend het nieuwe bestuur: Nessa Brahim, Foutien Frangieh, Antoine Issa, Conrad Issa en Antoine Elias.

na die zich terugtrok en is vervangen – voor vijf jaar herkozen.

Oud en nieuw

Het onderscheid tussen gevestigden en nieuwkomers, wordt hier gemaakt omdat de verwachtingen van beide groepen ten opzichte van de vereniging niet dezelfde zijn. De in Suriname geborenen zien de vereniging als een 'zakelijke' plaats van waaruit de Surinaamse Libanezen zich kunnen presenteren en waarbinnen zij elkaar kunnen ontmoeten. Op bijeenkomsten wordt ingegaan op specifieke Libanese cultuuruitingen zoals kleding, het verleden in Libanon of op de huidige plaats van Libanezen binnen de Surinaamse samenleving.[125] In die zin wordt, ook onder de in Suriname geborenen, meer begrip voor Libanon gebracht. Naar buiten toe zijn er bij tijden avonden waar ook anderen van presentaties van Libanese kleding en van de Libanese kookkunst kunnen genieten. Maar *arak* wordt daar niet gedronken. De SLV probeert de onderlinge banden verder te versterken en soms wordt er op Republiek een sociale bijeenkomst georganiseerd waarbij de aanwezigheid van zoveel mogelijk leden beoogd wordt. Maar lang niet alle leden komen dan.

De nieuwkomers van de jaren tachtig en negentig zien de vereniging ook als een weg tot het versterken van het sociale contact tussen alle Libanezen, als een sociale ontmoetingsplaats zoals de oude Libanistenclub ook geweest was, en daardoor ook als een goede mogelijkheid tot het verbeteren van hun integratie in de samenleving. 'De SLV is erg belangrijk om de beide groepen te verbinden en onderlinge conflicten tegen te gaan', zo zegt één van de nieuwkomers. Dit is niet altijd gemakkelijk gebleken, maar meer dan in het begin wordt de nieuwkomer nu ook uitgenodigd om mee te doen. 'Je voelt je nu veel sterker als je net aankomt, je wordt meteen door de voorzitter in de vereniging betrokken.'[126]

De gedachte om als vereniging een gebouw te hebben heeft tot veel discussie geleid. Juist nieuwkomers hebben er voor gepleit. Het is nog niet gerealiseerd, maar er is nu wel een mogelijkheid. De SLV heeft, zoals ook andere 'etnische' verenigingen, recent van de overheid een stuk grond in huur toegewezen gekregen. Het ligt in het noorden van Paramaribo in een zone die nu bebouwd wordt. Daar zou dan een verenigingsgebouw en aansluitende (sport) faciliteiten kunnen worden opgezet.

Ook los daarvan, nu er binnen de groep zoveel 'menging' met leden uit andere etnische groepen is, is

De SLV in juni 2003 in vergadering bijeen

Kinderen zingen tijdens de Hafli-avond op 18 november 2000 in Krasnapolsky het Surinaamse volkslied en (in het Arabisch) het Libanese

een besef van een Surinaams-Libanese identiteit mede afhankelijk van dat wat in en vanuit de vereniging gebeurt. Deze is tot nu toe sterk op Suriname gericht. Met Libanese verenigingen in andere landen is nauwelijks contact.

Profilering

De SLV profileert zich niet sterk. Daarvoor zijn twee redenen. De eerste reden is: de doelstelling om kennis en begrip van de Libanese cultuur in de Surinaamse samenleving te bevorderen vindt weinig weerklank onder de in Suriname geboren Libanezen. Het idee van cursussen Arabisch onder de jongeren, ook van niet-Libanese afkomst, om zo kennis van de taal en cultuur te bevorderen wordt nu en dan wel geopperd maar is nooit gerealiseerd.

> De presentatie van 'historische' Libanese kleding en van Libanese maaltijden zijn populair in de Surinaamse samenleving. Dit gebeurt ook op verenigingsavonden waar niet-Libanezen zeer welkom zijn. In 2005 is in het Park – de vereniging waartoe 100 jaar geleden Karkabé, de eerste

Libanees in Suriname behoorde – een dergelijke Libanese avond gehouden waarop velen van buiten de Libanese groepering aanwezig waren.

De tweede reden is: binnen de Surinaamse samenleving lijken er geen problemen te zijn met betrekking tot het functioneren van de kleine Libanese groep. Deze neemt – zie ook p. 130 – een aanvaarde plaats in de samenleving in. Etnisch-culturele verenigingen treden, ook in allerlei manifestaties, juist naar buiten als reactie op externe omstandigheden die als negatief worden ervaren. In die zin is de SLV dus niet een door de buitenwereld opgeroepen bundeling. Binnen de SLV bezint men zich ook niet op de vraag in welke richting de Surinaamse samenleving zich zou kunnen en moeten ontwikkelen. Wel is de SLV een duidelijk herkenningspunt voor de buitenwereld van de aanwezigheid van een Libanese groep in Suriname. Via de vereniging worden 'de' Libanezen bij bepaalde gebeurtenissen betrokken, zoals bleek bij de recente Carifesta.

Dit brengt ons tot de huidige sociale en politieke positie van de Libanezen in de samenleving waaronder de verbindingen met de rooms-katholieke kerk.

De sociale positie

Vijftig jaar geleden was het binnen de Libanese groep alleen Jozef Nassief, die in de Surinaamse samenleving een vooraanstaande plaats innam die verder reikte dan zijn handelspositie. Vandaag de dag is de positie van Libanezen in erkende en leidinggevende posities in de samenleving nadrukkelijker. Zoals Karkabé lid van het Park was, zijn Libanezen nu bij organisaties als Rotary en Lions Club betrokken. In de besturen van de werkgeversverenigingen Vereniging Surinaams Bedrijfsleven (VSB) en de ASFA en in de Kamer van Koophandel hebben ook Surinamse Libanezen zitting – iets wat door de groep ook wordt gepropageerd. Drs Waddih Sowma is vanuit de handelssector bestuurslid van de VSB, terwijl mevrouw

Drs Jozef Brahim, directeur van de DSB Bank van 1971 tot 1993, dr A. Caram, directeur van de Centrale Bank van Aruba van 2000 tot 2004 en drs Jim D. Boussaid, sinds 2002 directeur van de Hakrinbank

Monique Nouhchaïa Sookdewsing als lid en Conrad Issa als plaatsvervangend lid deel uitmaken van het bestuur van de Kamer van Koophandel.

Belangrijke posities vervullen Surinaamse Libanezen vooral in de economie. Drs Jozef Brahim was jarenlang directeur van de Surinaamse Bank en drs Jim Bousaid is momenteel directeur van de Hakrinbank. Voorts is dr Tony Caram, die een aantal jaren directeur van de Bank van Aruba is geweest, momenteel in Suriname actief, onder andere als commissaris van de RBTT, de Trinidiaanse Bank die nu ook in Suriname een rol van betekenis speelt. Een broer van Jozef Brahim, drs André Brahim, was in de jaren zeventig directeur van Billiton NV – het stadion op Billiton heet sindsdien het André Brahim stadion –, heeft jarenlang een rol gespeeld in de Surinaamse ontwikkelingsplanning en is nu president-commissaris van de Stichting Behoud Bananensector in Suriname (SBBS), die de in problemen geraakte bananensector moet reorganiseren.

Ook buiten het bedrijfsleven vervullen Surinaamse Libanezen belangrijke functies. Libanezen zijn ook honorair consul van buitenlandse mogendheden wat in Suriname betekent dat men deel uitmaakt van de elite. Antoine Frangie, directeur-eigenaar van Family Store, is honorair consul van Libanon. Nagib Nouh Chaia is lange tijd consul van de Bondsrepubliek Duitsland geweest en Jozef Brohim van Portugal en Zweden. Mr Marcel Chehin is nu consul van Oostenrijk. Ook de rooms-katholieke kerk profiteert van Libanese inbreng. De Stichting tot Behoud van de Kathedraal wordt door drs Jozef Brahim geleid. Bij de inwijding van Mgr W. de Bekker tot de nieuwe rooms-katholieke bisschop in januari 2005 was het toezicht op de organisatie voor een belangrijk deel in handen van Antonios Issa.

Hoe belangwekkend zulke functies ook zijn, het is niet zo dat een aantal Libanezen functies in de samenleving vervullen waarin zij voor mensen of bedrijven veel kunnen 'regelen'. Die positie wordt hun ook niet toegedacht (zie ook p. 132).

Een duidelijk teken van de aanwezigheid van Libanezen in Suriname vinden we op de rooms-katholieke begraafplaats aan de Tourtonnelaan,

Van rechts naar links: Monique Nouchaia (Bestuur Kamer van Koophandel), Murvyn Sylbing (Universiteit van Suriname), Urly Lemen (Universiteit van Suriname), Dave Chin Kwie Joe (ondernemer), Henk Naarendorp (Bestuur Kamer van Koophandel), Christine Fröhlich (consultant) en Chantal Elmont (Kamer van Koophandel), ter gelegenheid van het bezoek van Christine Fröhlich, een Duitse consultant inzake het Social Entrepreneurship Project geïnitieerd en uitgevoerd door de Kamer van Koophandel en Fabrieken

Drs André Brahim, president-commissaris van de nieuwe Stichting Behoud Bananen Sector in Suriname, overhandigt de eerste oogst aan drs Jimmy Bousaid, directeur van de Hakrinbank, de bankier van de stichting

waar vrijwel alle overleden Libanezen begraven worden. Er wordt door hen aan het begraven veel aandacht besteed. In de maronitische traditie is het graf belangrijk als teken van respect. De overledene wordt in het grafteken herdacht.[127] Er is verschil in kwaliteit tussen de graftekens waarin ook het verschil in economisch succes zichtbaar wordt. Direct na binnenkomst liggen links en dominant de graven van de oude Brohims, van wie nazaten nu belangrijke plaatsen in de samenleving innemen. De familie heeft omstreeks 1960 daar een stukje grond gekocht. Maar ook op andere plaatsen op de begraafplaats liggen Libanese graven vooraan, zoals die van Jozef Nassief en zijn vrouw, die van verschillende Issa's en ook het oude graf van Camille Geara, die geen familie in Suriname meer heeft; de Libanees die mij die dag vergezelt zal er voor zorg dragen dat het graf wordt schoongemaakt. Een indrukwekkend graf is dat van de vier kinderen van de broers André Brahim en Eugène Brohim die in 1973 bij een verkeersongeluk om het leven zijn gekomen. Daar zijn ook John Frangie en Jack Helou begraven die in 1980 bij een verkeersongeluk bij Albina de dood vonden.

Het graf op de rooms-katholieke begraafplaats in Paramaribo van André, Jozef en Suzane Brahim, kinderen van André Brahim en Lolita Brahim-Caram, en van Loretta Brahim, dochter van Eugène Brohim en Hermien Brohim-Flu die in 1973 bij een verkeersongeluk om het leven kwamen

De verbindingen met de rooms-katholieke kerk

De integratie van de Libanezen in de Surinaamse samenleving verliep onder andere via de rooms-katholieke kerk. De dominante rol die de kerk een aantal decennia terug in het leven van de Libanezen speelde, is nu bij velen minder terug te vinden. De betekenis van de Rosakerk als de kerk van de Libanezen, is verdwenen. De naamplaatjes op de stoelen zijn weggehaald. Nu wonen velen in de rijkere wijken buiten het centrum. Zij gaan, als ze gaan, daar naar de kerk. Wie nu een mis in de Rosakerk bijwoont, zal er slechts een enkele Libanees aantreffen. Wel nemen in deze kerk in het parochiale werk verschillende dames, zoals Cynthia Sweet-Brohim, Faridi Bousaid en Lilian Zehoer, een centrale plaats in. Het verrast als je de laatste tijdens een mis uit het Bijbelboek Koningen het verhaal van Naäman, de Syriër hoort lezen. En bij het noemen van een reeks heiligen tijdens een communieviering wordt soms ook – zo maakte ik het althans in april 2002 mee – de naam van de Libanese 'heilige' Charbel genoemd.

In een van de nevenruimten van de kerk hangt een schilderij van hem dat door een van de Libanezen in de jaren zeventig gegeven is. Het bezoek van een maronitische priester uit Libanon in de jaren dertig is echter ver verleden tijd waarvan alleen ouderen aan de hand van de foto op pagina 55 kunnen vertellen wie hun ouders waren. De Rosakerk heeft binnen de groepering nog wel een symbolische functie. Zo is er op 2 september 2002 een dienst gehouden ter herinnering aan de geboorte en doop honderd jaar tevoren van Antonio Moussei, de eerste uit de familie Issa die in Suriname geboren werd.[128]

Hoewel bij veel Libanezen kerk en geloof nog een belangrijke plaats innemen is de participatie binnen de kerk, zeker van jongeren, minder dan vroeger. In de regel worden kinderen wel rooms-katholiek gedoopt. Vanuit één familie zijn ook ouders en enkele kinderen betrokken bij een Volle Evangeliekerk. Via een huwelijk is ook een Libanese en daarmee kinderen en kleinkinderen moslim geworden – wat tot enige spanning heeft geleid. De dominante rol die de kerk onder de Libanezen in het verleden speelde, was ook gekoppeld aan de ondersteuning door priesters, fraters en zusters bij hun sociale inpassing in de Surinaamse maatschappij. Die ondersteuning is nu verdwenen. De fraters en zusters zijn er niet meer en de Libanezen hebben zelf hun weg gevonden.

De politieke positie

Surinaamse Libanezen zijn politiek nauwelijks van betekenis. In tegenstelling tot andere Caribische landen zoals Jamaica waar in de jaren tachtig Edward Seaga minister-president was en de Nederlandse Antillen waar in de jaren negentig mr Jaime Saleh de positie van gouverneur vervulde en mevrouw Emily de Jongh-Elhage nu premier is, is de rol van de Libanezen binnen de Surinaamse politiek bescheiden gebleven. Binnen de politieke partijen spelen Libanezen nauwelijks een rol. Tot nu toe zijn slechts twee Libanezen, te weten ir Mike (I.M.K.) Brahim en mr Marcel J.B. Chehin, minister geweest, respec-

De Rosakerk aan de Prinsenstraat die vroeger voor de Libanezen van zoveel betekenis is geweest

tievelijk van Volksgezondheid en van Financiën. In de Assemblee heeft nog nooit een lid van Libanese afkomst zitting gekend. Zowel bij de verkiezingen in 2000 als die in 2005 was op de kandidatenlijsten er slechts één te vinden die niet werd verkozen. Bij verkiezingen worden zij door de verschillende politieke partijen wel op hun 'plicht' tot ondersteuning van de campagnes gewezen en geven er ook in de regel gehoor aan om zo hun ruimte tot ondernemen vast te houden, waarbij de partij van hun eigen voorkeur dan wel het meeste geld krijgt. In de jaren zestig waren dat vooral de NPS en de PSV. Vandaag de dag geniet de NPS, en daarmee het Nieuw Front, veel sympathie. Maar dat geldt niet voor alle Libanezen.

De militaire coup van 25 februari 1980 heeft ook op de Libanese groep zijn weerslag gehad.[129] Allereerst werden de winkel van Nazir Issa, die naast het verwoeste politiebureau stond, verbrand en Readytex aan de Maagdenstraat leeg geplunderd. Van meer betekenis is dat deze revolutie en alles wat daaruit is voortgevloeid de Libanese groepering niet onberoerd heeft gelaten. Er was in die jaren geen eensgezindheid binnen de groep – hetzij voor hetzij tegen de militaire dictatuur. Sommigen waren nauw met het oude bewind verbonden. Ir I.M.K. Brahim maakte in 1980 als Minister van Volksgezondheid deel uit van het kabinet-Arron. Na de machtsovername werd hij korte tijd vastgehouden. Na zijn vrijlating vertrok hij voor langere tijd naar Nederland om later, zoals ook andere familieleden, terug te keren. Er zijn ook anderen die

V Vandaag de dag

President Ronald Venetiaan heft in oktober 1993 het glas met Nagib Nouh Chaia bij zijn installatie als honorair consul van Duitsland, alsmede met Hoger H. Eberle, de niet residerend Duitse ambassadeur en met mevrouw Evely Nouh Chaia-Issa

vanwege de militaire coup het land hebben verlaten. Daarentegen stonden enkelen positief tegenover het militaire ingrijpen. Voor iemand die kort voor de coup uit Libanon gekomen was, was wat zich in het begin van de revolutie afspeelde, niet zo schokkend. 'Er zijn slechts enkele doden gevallen, bij ons gaat het om veel grotere aantallen', werd mij in het najaar van 1982 – wel voor de decembermoorden – gezegd.

Na de decembermoorden kwamen voor- en tegenstanders van het militaire bewind harder tegenover elkaar te staan. De scheidslijn liep dwars door de samenleving, door de economie en zelfs door families heen. Een Libanees: 'Terwijl ik die nacht een mogelijk slachtoffer van 8 december onderdak heb verleend, hoorde ik de volgende morgen dat familielid [...] alle begrip had voor wat er gebeurd was'. Tot de slachtoffers behoorde ook dr Gerard Leckie, de voorzitter van het Bestuur van de Universiteit, die met een Libanese, mevrouw Jeanette N. Saouma, was getrouwd terwijl haar broer als arts in de kringen van het militaire bewind opereerde. Steun aan het bewind had ook een economische component omdat gezegd wordt dat dan de import van goederen tegen de 'officiële' koers – die veel gunstiger was dan de feitelijke – veel gemakkelijker verliep, met andere woorden voor sommigen verrijkend heeft uitgepakt. Er zijn er ook die zeggen dat – wel binnen hun verwachtingspatroon – de jaren tachtig juist moeilijk waren, zeker als de kinderen in het buitenland studeerden.[130] Werden eind jaren tachtig in gesprekken deze tegenstellingen telkens duidelijk naar voren gebracht, vandaag de dag lijkt dit min of meer verleden tijd. Maar vergeten zijn de jaren van het militaire bewind niet.

De verhouding tot de Palestijnen

Op de op pagina 55 afgedrukte foto die vrijwel alle Libanese mannen toont die in het midden van de jaren dertig in Suriname waren, staan ook twee Palestijnen afgebeeld.[131] Het zijn de broers Mohammed El-Wanni en Mustafa Yusuf. Zij waren kort tevoren, hun vrouwen en kinderen in het dorpje Mardah (op de West Bank, dicht bij Nabloes) in Palestina achterlatend, bij toeval naar Suriname gekomen. Er wordt nu zelfs verteld dat Mohammed El-Wanni die de eerste was, eigenlijk naar Peru wilde maar door een foutieve boeking in Paramaribo aankwam. Hoe dat ook zij, toen hij in Suriname arriveerde, is hij onder Jozef Nassiefs hoede gekomen. Hij mocht in één van diens huizen wonen en Nassief hielp hem aan werk als rondventer. Later zette hij een winkel op in een pand aan de Saramaccastraat dat hij van A.H. Issa huurde. Daarna kwam Mohammeds broer Mustafa Yusuf naar Suriname. Ook deze opende een winkel, de Palestina Store, in een huurpand van Nassief aan de Heiligenweg. Na Mustafa's dood werd de zaak door zijn weduwe voortgezet. Toen haar zoon Radja die naar Nederland was gegaan, in 1979 terugkeerde en de zaak overnam, heeft hij de naam veranderd in Jet Set en later naar de Watermolenstraat verplaatst.

Zij waren niet de eerste Palestijnen in Suriname. De eerste was Mustafa Hassan, geboren in het begin van de vorige eeuw, in Kuffer Malik, een kleine stad op de West Bank, ten oosten van Ramallah. Hij kwam in de jaren twintig naar Suriname en had een zaakje waar hij textiel en huishoudproducten verkocht.

Jeruzalem Bazaar, een markante Palestijnse winkel aan de Saramaccastraat

Over hem is weinig bekend. Waren er voor de Tweede Wereldoorlog nog slechts deze drie, daarna zijn er meer gekomen. Mohammed El-Wanni zelf ging in 1946 terug naar Palestina, samen met Hassan die, onderweg, in New York is overleden. Maar El-Wanni's zoon Achmed en diens vrouw Aziza (die een dochter was van Mustafa Yusuf El-Wanni) zijn omstreeks 1950 met haar moeder Yumna, de vrouw van Yusuf dus, naar Suriname gegaan. Het geld dat vader El-Wanni verdiend had, was door Nassief voor hen bewaard waarmee de zoon een winkel startte. In de loop van de jaren kwamen meer Palestijnen naar Suriname, vooral uit de familie Ramahi. Zij kwamen uit het Palestijnse dorpje Brookeen maar ook vanuit Jordanië waar een deel van de bevolking van dat dorpje na de Israëlische bezetting van de Westbank naar toe is getrokken. Momenteel zijn er ongeveer 15 Palestijnse huishoudens met 70 personen: 43 mannen en vrouwen boven de 18 jaar en 27 kinderen.

Alle 70 Surinaamse Palestijnen zijn moslim. Wie op vrijdagmiddag om twee uur langs de zaken in de Saramaccastraat loopt ziet daar vrijwel alleen vrouwen in de winkel, want de mannen zijn naar de moskee – meestal de grote moskee aan de Kakantriestraat. Dat geldt overigens niet voor allen. Een in Suriname geboren Palestijn antwoordt op de vraag naar welke moskee hij gaat: 'dat merk ik wel bij mijn begrafenis'.

Surinaamse Palestijnen zijn familie van elkaar. Niet alle Palestijnen zijn echter met vrouwen uit de eigen groep getrouwd. Zij die in Palestina zijn geboren wel. Zij die in Suriname zijn geboren, hebben soms een niet-Palestijnse vrouw die vrijwel allen in Suriname zijn geboren: het zijn islamitische Hindostaanse vrouwen. Van de Palestijnen boven de 18 jaar is bijna eenzesde van 'gemengde' komaf; onder de kinderen ligt dit op bijna een kwart. 'Echt' gemengde huishoudens zijn er dus weinig.

Ook zij zijn in het bijzonder in de textielhandel werkzaam. Dat was de lijn waarin Nassief de eerste bijstond. Er is de grote Jet Set winkel in de Watermolenstraat en twee Jet Set winkels op de Hermitage Moll die aan de familie Yusuf toebehoren. Elders in de stad zijn enkele kleinere Palestijnse textielzaken. De buitenwereld kent de 'bazaars' aan de Saramaccastraat, namelijk de Jeruzalem Bazaar, de Afo-Baka Bazaar, de Saramacca Bazaar, de Afrika Bazaar en de Danny Store – al weten lang niet alle bezoekers dat de eigenaars van Palestijnse herkomst zijn. De zaken aan de Saramaccastraat hebben een dubbele functie. Het zijn zaken waar Marrons en Inheemsen hun benodigdheden voor het binnenland kopen, zoals hangmatten, houwers, *kamisa's*, *pangi's*, kookgerei en religieuze voorwerpen.[132] Maar door het aanbod van hangmatten en vergelijkbare artikelen zijn het ook zaken waar toeristen komen. In een aantal Nederlandse huizen of tuinen hangt een hangmat van de Saramaccastraat. Vanuit de Jeruzalem Bazaar die in bezit is van de familie El-Wanni, is er ook een groot importbedrijf Pacific Trading Company ontstaan. De familie El-Wanni heeft in 1987 ook SUPS opgezet, een bedrijf in Amsterdam waar men in de tijd van de economische crisis en de constante geldontwaarding een 'cadeaubon' kon kopen die in Suriname in de Jeruzalem Bazaar aan toonder of op naam kon worden verzilverd voor goederen – vaak voedsel – naar keuze.[133]

In bepaalde opzichten lijkt de weg van de Palestijnen in Suriname op die van de Libanezen. Toen ik een gesprek met een Palestijn en een Libanees

tegen mijn Libanese contactpersoon zei: 'maar voor jullie was het iets gemakkelijker dan voor ons; jullie kregen steun van de Kerk', merkte de Palestijnse gesprekspartner op: 'Maar mijn vader maakte kennis met de tolerantie die Suriname eigen is. Ook bij hem kwam een pater thuis op bezoek en ik ben op de Paulussschool geweest.' Er was vroeger ook een Bethlehem Store en een Nazareth Store. Met zulke namen probeerde de Palestijnse winkelier kennelijk de Surinaamse consument te verleiden. Vandaag de dag ligt dat anders. Nu gaan sommige Palestijnse kinderen naar de Ansarischool, een islamitische school naast de moskee in de Kakantriestraat. En vele Palestijnse vrouwen dragen nu hoofddoeken. Toch is een dochter van één van de vrouwen met hoofddoek op de (rooms-katholieke) Louiseschool. Die sterkere nadruk op de islamitische identiteit wil niet zeggen dat er sprake is van een 'fundamentalistische' stroming, die nauwe contacten onderhoudt met het Midden-Oosten. In de samenleving zijn zij, buiten hun handelsbedrijven om, ook nauwelijks zichtbaar.

Hoe is nu, ongeveer 70 jaar na de ontvangst van de broers El-Wanni en Yusuf door Jozef Nassief, de verhouding van de Libanezen met de Palestijnen? In de zakenwereld is men soms concurrent maar dat geldt voor Libanezen onderling ook. Onderlinge spanningen lijken er niet te zijn. Men spreekt niet negatief over elkaar, maar men kent elkaar ook nauwelijks. Zij die uit Bcharre of vanuit Mardah zijn gekomen kunnen met elkaar in het Arabisch spreken en hebben soms contact (zie ook p. 98). Maar over het algemeen zijn de relaties op afstand. Met Radja Yusuf, de eigenaar van Jet Set, en Humbert El-Wanni, de eigenaar van Pacific Trading Company zijn er wel enige sociale relaties. Toen ik eens een *party* bijwoonde van de heer Yusuf, kwam deze allesbehalve als 'Palestijns' op mij over. Er was veel *karaoke* op basis van Zuid-Amerikaanse liederen. Op die avond waren er onder de 50-75 gasten 6 Libanese echtparen aanwezig, deels ook vanwege gemeenschappelijke bridge-activiteiten. Er zijn geen Libanees-Palestijnse huwelijken of verhoudingen. Van de SLV zijn Palestijnen geen lid.

Wat andere Surinamers van Libanezen weten en hoe zij hen waarderen

Wat is er bij de Surinamers die niet van Libanese oorsprong zijn over de Libanezen bekend en hoe worden zij door hen gezien? In de pers of op de radio en televisie komen Libanezen – geheel in tegenstelling tot alle aandacht die de Chinezen thans trekken – nauwelijks ter sprake. Een enkele maal verschijnt er in een krant een stuk over de geschiedenis van de Libanese groep of over de activiteiten van de SLV. Als groep tonen zij zich nauwelijks. Ze hebben ook geen zichtbare rituelen, waarin zij zich manifesteren, zoals een eigen feestdag of een eigen standbeeld, iets wat grotere etnische groepen wel bezitten. In de multiculturele Surinaamse samenleving hebben deze grote identiteitswaarde.[134] Een Libanese plaquette die de komst naar en de band met Suriname aangeeft – bijvoorbeeld bij de Rosakerk waar het eerste Libanese kind in Suriname is gedoopt – zou niet misstaan. Nu is er alleen een klein Libanees meisjeskopje op het in 1955 door Koningin Juliana onthulde Dankbaarheidsmonument aan het Sivaplein, een door Mari Andriessen ontworpen geschenk aan Suriname als dank voor de steun aan Nederland tijdens en na de Tweede Wereldoorlog.

Wel is er sinds enige tijd binnen het brede aanbod van de Surinaamse televisie ook een Libanese inbreng uit Libanon. Het lokale tv station 'SKY tv' zendt dagelijks het nieuws van de Christelijke Libanese zender LBC uit evenals video clips. Dit wordt gesponsord door diverse Libanese bedrijven. De programma's worden niet ondertiteld wat de kijkdichtheid niet zal bevorderen. Programma's in het Hindi, het Chinees, het Indonesisch of het Javaans zijn echter ook niet ondertiteld. Het luisterbereik van het Hindi en Javaans is wel veel wijder dan dat van het Arabisch, maar onder Javaanse Surinamers wordt het Indonesisch nauwelijks begrepen. Er is in een kinderboekenserie ook *Tamara van Para*, een verhaal over een Libanees kind, opgenomen.[135]

Er wordt soms gezegd dat Suriname iets van een dorp heeft waarin iedereen iedereen kent. Dat is een misvatting. Al zijn de communicatielijnen kort, en al overlappen politieke, zakelijke en familiale netwerken elkaar, het betekent niet dat alle Surinamers elkaars herkomst en achtergrond kennen. 'Ik weet niet of ik Joden en Libanezen uit elkaar kan houden', zegt een Surinaams-Creoolse secretaresse. In allerlei gesprekken is mij opgevallen dat 'men' in Suriname weinig weet van de Libanezen, noch van hun geschiedenis, noch van hun huidige sociaal en economisch functioneren in de samenleving. Men weet dat Libanezen tot het spectrum van Suriname's bevolking behoren. Men weet ook dat zij in de textielhandel succesvol zijn en dat dit welvaart heeft gebracht. Maar tot die kennis blijft het in de regel beperkt.

Deze ervaring wordt bevestigd via een schriftelijk interview in 2000 onder een veertigtal studenten aardrijkskunde van het Instituut voor de Opleiding van Leraren (IOL). Het waren in meerderheid, zoals voor vrijwel alle opleidingen op het IOL geldt, vrouwen. Zij hebben wel een ietwat verschillende economische en ruimtelijke achtergrond. Zij wonen in verschillende delen van Paramaribo en Wanica en komen uit de middenklasse. Cultureel gezien is van belang dat de meerderheid van Hindostaanse of Javaanse afkomst is. Dit laatste heeft hun visies – statistisch gezien – echter niet beïnvloed. Wat door de studenten geschreven is, heeft geen significant verband met hun etnisch-culturele herkomst

Wanneer hebben de eerste Libanezen zich in Suriname ontscheept? Dit wordt door de studenten min of meer correct aangegeven, eerder te vroeg dan te laat. Bijna de helft gaat uit van 1885 of eerder en een vergelijkbaar aantal van omstreeks 1910. Er zijn er die aannemen dat na 1940 er geen nieuwe migranten meer kwamen, maar de meerderheid stelt dat er ook na de Tweede Wereldoorlog Libanese nieuwelingen waren; eenderde gaat er, terecht, vanuit dat sommigen de laatste vijf jaar hun intrede in Suriname hebben gemaakt.

Waarom zijn zij naar Suriname getrokken? Velen menen dat zij die in het begin kwamen zich niet als vrije migrant vestigden maar als contractarbeider zijn binnengebracht. Het is niet juist maar wel begrijpelijk gezien de komst in dezelfde tijd van grote groepen Hindostanen en Javanen als contractarbeiders voor de plantages. Naast en na de landbouw wordt als hun eerste (vrije) beroep vaak 'de' handel aangegeven, soms ook kleermakerij. Dat zij als rondventer en op de markt begonnen zijn wordt echter door niemand genoemd. Voor vandaag de dag wordt door vrijwel iedereen de textielhandel als hun 'belangrijkste beroep' gezien. Als 'andere beroepen' worden eigenaar van een schoenenzaak en juwelier vermeld en daarnaast 'hoge functies' en academische beroepen. Dat is dus niet ver van de realiteit, al is deze als geheel iets te hoog gewaardeerd.

Hoe groot is de samenstelling van de groep? Door een buitenstaander is de grootte van groepen in een samenleving moeilijk te schatten. Het aantal in Suriname wonende Libanezen wordt door de studenten veel te hoog aangegeven. Zij zijn ook zo zichtbaar in hun winkels in het centrum van de stad. Slechts eenvijfde schat het aantal Libanezen nu min of meer correct in, tussen 200 en 800 personen. Een grote meerderheid komt tot veel hogere aantallen en eenderde tot 5.000 of meer. Sommigen gaan zelfs tot 10.000.

De Libanezen worden door de studenten van het IOL als een rijke groep gezien die hun welvaart aan de handel te danken heeft. Wat voor velen inderdaad min of meer geldt, wordt aan een ieder toegeschreven. De studenten doen daarover duidelijke uitspraken: 'Toen ze kwamen hebben ze al een rijkdom meegenomen'; 'omdat het leven in Libanon moeilijk was proberen zij in Suriname door middel van handel een heel voorzichtig leven te leiden'; 'ze zijn rijk want de meeste kledingzaken in Paramaribo zijn hun eigendom, ze hebben grote huizen en rijden in de duurste auto's'. Uit de antwoorden blijkt zo ook dat 'handel' in Suriname als een goede weg tot rijkdom wordt gezien. Slechts een enkele student karakteriseert de economische positie als matig.

Welke godsdienst de Libanezen belijden is onder de geïnterviewde studenten nauwelijks bekend. Zij noemen drie religies: de christelijke, de joodse en de islamitische. Slechts een enkeling specificeert en geeft rooms-katholiek als godsdienst aan. Aangenomen kan worden dat dit samenhangt met de niet-christelijke achtergrond van de meeste geïnterviewde studenten. Interessant is de koppeling van Libanezen aan het jodendom. Waarschijnlijk houdt dit zowel nauw verband met hun fysiek uiterlijk als met hun regio van herkomst. Dat laatste geldt ook, en is meer begrijpelijk, ten aanzien van de koppeling aan de islam. 'Het' Midden-Oosten is islamitisch. Dit is ook de godsdienst van de veel kleinere groep Palestijnen.

In de antwoorden van de studenten komt het beeld naar voren dat de Libanezen een gesloten groep vormen. 'Ze schijnen een gesloten gemeenschap te vormen die het aardig doen in de handel en zij steunen elkaar dan'; 'zij zijn bijzonder rijk en laten steeds andere familieleden halen uit Libanon'; 'ze zijn rijk, waar je gaat zie je Libanese winkels' en 'ze vangen hun families op, trouwen om hun rijkdom te onderhouden in de families'. De meeste geïnterviewden nemen dan ook aan dat de Libanezen onderling trouwen – vooral met Libanezen uit Suriname, maar ook met Libanezen uit Libanon of, in mindere mate, met Libanezen van elders. Dat het onderling huwen vrijwel geheel is verdwenen is niet algemeen bekend, mogelijk ook omdat de huidige vrouwen of mannen vaak sterk op Libanezen lijken. 'Ik weet niet of ik Libanezen en andere lichtgekleurden uit elkaar zou kunnen houden', werd mij in 1998 gezegd. Slechts eenderde van de studenten weet te vertellen dat Libanezen ook 'met Surinamers trouwen'. Als redenen voor het onderling huwen worden zowel economische redenen – 'het behouden van het familiefortuin' – als sociale redenen – 'willen hun leefgewoontes niet met anderen delen' – aangegeven. Maar ook wordt gezegd: 'De "moderneren" trouwen heden ten dage met leden van andere groepen, zoals Javanen en mulatten'. Maar 'zij zoeken vooral partners die rijk zijn. Het zijn vaak jongeren die behoren tot de hogere klasse.'

'Met Surinamers trouwen...' Alsof de hier geboren en/of getogen Libanezen dan geen Surinamer zijn en zouden willen zijn. Op zich is niet te verdedigen dat Libanezen minder 'goede' Surinamers zijn dan Surinamers die etnisch-cultureel als Creool, Hindostaan, Javaan of 'gemengd' te boek staan. De eerste Libanees kwam in eenzelfde periode als de eerste Javaanse contractarbeider. Maar toch wordt een Libanees niet door een iedere andere Surinamer geheel als Surinamer gezien. 'Zij zien de normale Surinaamse bevolking niet als hun achtergrond.' Die perceptie houdt waarschijnlijk verband met hun uiterlijk, met hun beroepen en met hun inkomens. Het varieert wel. Rudi Bottse van de Stichting 1 juli Keti Koti rekent in het kader van de Dag van de Zwarte Beschaving de Libanezen tot de 'zwarte volkeren'.[136]

Niet alle studenten kennen Libanezen. 'Ik hoor niets over hun samenleving dus ik weet niet wat hun positie is.' Een ander: 'Ik heb een vraag: Hoe herken je een Libanees? Ik denk niet dat ik ooit een Libanees tegen ben gekomen.' Zulke uitspraken zijn uitzonderlijk. In de beeldvorming worden zij voor alles als een rijke elitegroep beschouwd. 'Ik zie ze persoonlijk als "elite" in de Surinaamse samenleving.' Dit roept een tweeledige reactie op. Enerzijds positieve reacties als: 'Ze bekleden toch wel een goede positie, ze behoren tot de rijke groep in Suriname. Ze worden gewaardeerd en gerespecteerd.' Anderzijds zijn er kritische kanttekeningen als: 'De Libanezen zien zichzelf hier in Suriname soms als meer dan de Surinaamse gemeenschap. Ze voelen zich "hoger" en "beter".' 'Zij hebben weinig vrienden en bemoeien zich eerder met de familie.' 'Zij behoren tot de elitegroep en kunnen zich door hun elitaire posities en geld ook allerlei luxe uitgaven permitteren.' 'De Libanezen hebben een hoge dunk van zichzelf. Zij willen hun leefgewoonten niet met andere bevolkingsgroepen delen.' Ook in zulke kritische gestelde antwoorden wordt de Libanezen echter nauwelijks 'onbetamelijk gedrag' toegeschreven.

Veelzeggend is dat de geïnterviewde studenten niet melden dat zij de Libanezen als 'bedreigend' ervaren. Dit wijkt niet af van de algemene perceptie zoals ik die de afgelopen jaren in Suriname heb geconstateerd. In de Surinaamse samenleving is in tal van gesprekken de etnische kleuring van mensen en groepen dikwijls aanwezig. Ook in negatieve zin waarin ten opzichte van andere groepen dan vaak noties als 'economisch en/of politiek bedreigend' worden gebruikt – zonder dat dit overigens, zoals in andere Caribische landen, tot fysieke conflicten en problemen leidt. Maar in zulke gesprekken komen Libanezen niet of nauwelijks als individu of als groep naar voren. Kennelijk is de groep daartoe te klein, wordt hun gedrag als groep niet als aanstootgevend ervaren, en wordt hun ook geen duidelijke rol toegedacht in het 'regelen' van de Surinaamse samenleving.

Omgekeerd voelen Libanezen zich niet als groepering bedreigd. Hierin verschillen zij van hun groepsgenoten in Trinidad. Een uitspraak van een Libanese zakenman in een Trinidiaanse krant: 'The Syrian-Lebanese in this country feel victimised and unprotected, targeted. [...] We are being made out as popular villains, like the Jews of Germany', staat ver van het Surinaams-Libanese gedachtegoed.[137] Hun positie lijkt veel meer op die van de Libanezen op de 'Franse' eilanden die vaak uit dezelfde dorpen in het Bcharre district komen, Opvallend is dat Lafleur hun hedendaagse positie daar kenschetst op een manier die sterk overeenkomt met wat in Suriname zichtbaar is.

> Il y a donc des Guadeloupéens, des Martiniquais, des Guyanais d'origine libanaise ou syrienne qui font partie intégrante de la population créole, ils sont nés localement, sont allés à l'école sur les mêmes bancs que les autres enfants d'autres origines, ont des conjoints issus des autres origines et ont trouvé leur place dans le tissu économique avec les mêmes chances et les mêmes difficultés que ceux de leurs âges. L'on peut donc dire que la communauté d'origine libanaise et syrienne est en pleine mutation et elle est de plus en plus mêlée aux autres composantes de la population d'outre-mer.[138]

Tot slot – een transnationale groep?

In het voorafgaande is aangegeven hoe de kleine groep Libanezen in Suriname uit een klein aantal dorpen in Libanon is gekomen, voornamelijk uit Bazaoun, Hasroun en Barsa die in het Bcharre district liggen. En nog steeds – zij het bescheiden – migreren Libanezen uit deze streek naar Suriname. Geschetst is hoe zij zich via de textielbranche, en vandaag de dag ook via andere branches, een niet onbelangrijke economische positie in Suriname hebben weten te verwerven. Geschetst is ook hoe hun onderlinge differentiatie, die in de aanvang slechts bescheiden was, zich steeds duidelijker heeft geprofileerd waarbij nu enkele zakenlieden en academici die in Suriname geboren zijn of er al lang wonen thans het hoogst scoren. Opvallend is dat het onderling huwen vrijwel geheel is verdwenen. Dit heeft tot gevolg dat het aantal 'gemengde' Libanezen sterk zal toenemen. Toch blijft men vooralsnog als groep duidelijk zichtbaar hoezeer de groep steeds minder trekken van een gemeenschap vertoont. Binnen de Surinaamse samenleving als geheel manifesteren de Libanezen zich niet in *clustering*. Zij zonderen zich niet af, maar participeren in de samenleving – zonder daarbinnen op zichzelf staande eigen eenheden te vormen. Daarvoor is de groep te klein.

In dit hoofdstuk is ook aangegeven wat de banden met Libanon zijn. Zijn de Libanezen in Suriname te karakteriseren als een transnationale groep? In de literatuur over internationale migratie is transnationalisme in het kader van de toenemende globalisering een sleutelwoord geworden.[139] Migratie is allesbehalve een definitieve breuk met het land van herkomst. In een globaliserende wereld waarin communicatie steeds sneller, verder en goedkoper reikt, vindt migratie plaats in een raamwerk van toegenomen transnationale contacten. Als mensen van het ene land naar het andere land trekken heeft dat immers in beide landen effecten. De migranten brengen in hun nieuwe land niet alleen zichzelf maar ook een traditie van leven, van denkbeelden van hun land van herkomst. Zij houden meestal met dat land – virtueel en fysiek – hun culturele, sociale en economische relaties dat zich tot internationale netwerken met andere migranten kan verwijden. Deze relaties kunnen alleen tussen families functioneren maar ook de families overstijgen en een veel breder, organisatorisch karakter krijgen. Ze krijgen een extra en soms harde dimensie als de manier van denken en leven in het thuisland en daarmee ook van vele migranten nadrukkelijk anders is dan die in het nieuwe land en door hen als van een onschatbare waarde wordt beschouwd. Dan kunnen er zich bastions van migranten, soms met internationale netwerken, vormen waarin van weinig invoeging in de nieuwe samenleving sprake is, maar er zich eerder filialen van de landen en culturen van herkomst lijken te vormen. Speelt dat ook in de migratie tussen Libanon en Suriname? Hebben Libanezen in Suriname 'dubbele loyaliteiten'?

Dubbele loyaliteiten

Van de Libanezen die zich over de wereld hebben verspreid, vormen de Surinaamse Libanezen een splintergroep – nauwelijks in pro milles uit te drukken. In hoeverre kunnen Surinaamse Libanezen een transnationale groep worden genoemd, een groep met dubbele loyaliteiten die in Suriname woont, maar tegelijkertijd deel van Libanon uitmaakt?

Buiten de families om zijn de banden met Libanon niet zeer sterk ontwikkeld. Wel volgt – en zeker wanneer Libanon door strijd wordt geteisterd zoals in 2006 – een aanzienlijk deel van hen die uit Libanon gekomen zijn via de nu beschikbare satellietverbinding de gebeurtenissen in hun geboorteland zoals velen buiten Libanon doen. De Libanese televisie is van veel betekenis. 'With the advent of satellite broadcasting, Lebanese television has become one of the power forces in the Arab world.'[140] Voor hen die in Suriname geboren zijn en geen hoog Arabisch verstaan en spreken geldt dat veel minder. Zij zijn veel meer op CNN aangewezen. Wel worden, zeker in tijden van crises, websites bezocht.

De Libanese regering realiseert zich dat de aanwezigheid van Libanezen in andere landen nuttig is voor Libanon zelf. Onder de paraplu van het Ministerie van Buitenlandse Zaken van Libanon is indertijd de World Lebanese Cultural Union gevormd, de moederorganisatie waarvan alle Libanese verenigingen over de gehele wereld lid kunnen worden. Na het sluiten in 1989 van het Taif vredesakkoord en na de toenemende invloed van de Syriërs zijn er grote meningsverschillen ontstaan tussen de Libanese regering en de Union. Er kwam zelfs een splitsing in de organisatie. In 1998 heeft de Libanese regering een conferentie gehouden om de organisatie onder haar voorwaarden nieuw leven in te blazen, maar zonder succes. Bij deze conferentie waren ook de toenmalige en huidige voorzitter van de SLV aanwezig. Sindsdien is er nauwelijks iets gebeurd. Toen in 2005 de Syrische invloed in Libanon sterk werd teruggedrongen was de verwachting dat de organisatie in samenspraak met de nieuwe regering haar activiteiten weer zou oppakken. De recente ontwikkelingen lijken dat vooralsnog te blokkeren.

De SLV houdt zich verre van uitgesproken meningen over de politieke ontwikkelingen in Libanon. Het samenvallen van de oprichting van de SLV met het einde van de burgeroorlog in Libanon heeft daar mogelijk mee te maken. Over de wederopbouw van Libanon heeft binnen de SLV echter evenmin gedachtewisseling plaats gevonden. Dat geldt eveneens voor de moord in 2005 op oud-premier Rafik Bahaa Edine Hariri, het vertrek van de Syriërs uit Libanon en de oorlog in de zomer van 2006 tussen Hezbollah en Israël. Kortom, de actuele ontwikkelingen in het Midden-Oosten zijn binnen de SLV formeel geen onderwerp van beraad en bezinning. In die zin is het primair een Surinaamse vereniging. Wel zond de voorzitter tijdens de crisis van augustus 2006 informatie aan leden, zoals onder andere de tekst van resolutie 1701 van de Veiligheidsraad over het staakt-het-vuren in Libanon en Israël.

De Libanese cultuur verschilt van de Surinaamse. De Libanese regering of andere instanties in Libanon poseren deze cultuur echter niet in het kleine Suriname. Politiek gezien zoekt men ook geen allianties met of steun van Suriname of de Caricom – iets wat wederzijds is. De kleine Libanese groep die vanuit het Bcharre district naar Suriname is gekomen, brengt culturele denkbeelden en uitingen met zich mee: binnen het brede culturele spectrum dat Suriname typeert, roepen deze echter geen conflicten op. De groep

De Surinaamse vertegenwoordigers tijdens het overleg

Rafik Hariri, premier van Libanon, begroet Robert Issa, de toenmalige voorzitter van de SLV

Rafik Hariri begroet Antoine Issa, de huidige voorzitter van de SLV

Robert Issa, voorzitter van de ASLV, en zijn opvolger Antoine Issa op de Internationale Conferentie van Libanezen Overzee in Beiroet in 1998 heeft ook geen enkel oogmerk om wat uit Libanon meegenomen is in Suriname te propageren als iets wat door de Surinaamse samenleving overgenomen zou moeten worden. Integendeel. De Libanezen in Suriname hebben zich vanouds kunnen vinden in de rooms-katholieke cultuur zoals zij die in Suriname aantroffen en hebben daarbij aansluiting gezocht. De maronitische kerk presenteert zich niet in Suriname. Elementen van de Libanese cultuur, zoals kleding, voedsel, muziek en dans, worden nu wel, zelfs meer dan enige decennia terug en vaak met verve, aan anderen getoond. De militante aspecten ontbreken. Een en ander wil zeggen dat de transnationale banden op cultureel en politiek gebied zwak zijn.

Transnationaal gezien zijn ook de familiebanden zwak. Zij die recent uit Libanon zijn gekomen, hebben over het algemeen nog sterke banden met hun families daar. Hun migratie is echter vrijwel altijd definitief en deze band zal in de loop van de jaren minder worden, zoals bij hen die eerder kwamen het geval is. Zij die in Suriname zijn geboren of opgegroeid richten zich vooral op Suriname. Hun familie in Libanon is ver weg. Wel wordt een aantal van hen zich emotioneel bewust van hun bestaan wanneer er zoals in de zomer van 2006 weer oorlog is. 'Surinamers van Libanese afkomst maken zich zorgen over hun familie in Libanon', zegt de honorair consul van Libanon in Suriname in augustus 2006.[141] Dat leidt ook tot felle onderlinge discussies over het optreden van Israël en dat van de Hezbollah.

Van 'transnationale banden' kan mijns inziens echter pas gesproken worden als personen van de tweede generatie zich intensief richten op familie, land en cultuur van het land van hun (groot)ouders. Iets wat tot huwelijksnetwerken of tot remigratie kan leiden. Dit is onder de Surinaamse Libanezen niet het geval. 'Wij hebben een andere vorming en een ander zicht op de wereld.' Het op pagina 101 gegeven voorbeeld is in dit verband tekenend. Toen in Suriname geld ingezameld werd voor de restauratie van de kerk, heeft één van de grote in Suriname geboren handelaren met tegenzin geld aan een oom gegeven. 'Om een kerk in Libanon te gaan sponsoren?'

Dit was een uitspraak van een 'pure' Libanees. Voor 'gemengden' zal dit nog sterker gelden.

Relatief harmonieuze invoeging

De komst van Libanezen naar Suriname heeft niet tot spanningen met de gevestigde bevolkingsgroepen geleid. Dit gold voor de vroegere en voor de huidige migranten. Als handelsgroep hebben zij zich een herkenbare plaats in Suriname verworven zonder zich mentaal en fysiek af te zonderen van andere groepen. De Libanezen in Suriname vormen geen 'transnational community'. De migratie vanuit Libanon heeft niet geleid tot een 'kind of "diaspora consciousness" marked by dual or multiple identifications'[142] zeker niet bij degenen die in Suriname geboren zijn, ook al heeft een aantal van hen de Libanese nationaliteit en zingen kinderen op een avond van de SLV ook het Libanese volkslied; zie de foto op pagina 122. Dubbele loyaliteiten, met Suriname en met Libanon, hebben nog nooit conflicten veroorzaakt. Zonder de eigen waarden, normen en gewoonten geheel prijs te geven hebben de Libanezen zich in hun nieuwe land geïntegreerd en zijn daar geaccepteerd. Ook al zijn er soms onderling en met buitenstaanders tegenstellingen, er kan worden gesproken van een harmonieus verlopen migratie.

De vrijwillige komst van Libanezen uit Libanon en de komst van Hindostanen uit Brits-Indië en die van Javanen uit Nederlands-Indië als contractarbeiders naar Suriname vonden plaats aan het einde van de negentiende eeuw. Behoort de migratie van Hindostanen en Javanen tot het verleden, de migratie van Libanezen, één of enkelen per jaar, zet zich nu al 115 jaar lang voort. Op deze wijze wordt op het veelzijdige Surinaamse spectrum telkens een kleine aanvulling geleverd. Als geheel kan mijns inziens deze migratie positief worden gewaardeerd, zowel voor de Libanezen, want velen zijn er economisch wel bij gevaren, als voor Suriname, want haar bescheiden bijdrage aan de Surinaamse samenleving is constructief.

Het toekomstperspectief

In hoeverre de Surinaamse Libanezen in de nabije toekomst als eigen groep herkenbaar zullen blijven hangt af van de omvang van de nieuwe migratie, van de huwelijkspatronen in Suriname, en van de inzet van groep en individu voor het behoud van Libanese culturele kenmerken zoals die in het 'zelfbeeld' naar voren zijn gebracht. Dat is dan een vreedzame herkenbaarheid. Versterking van eigen identiteit zou ook minder rustig kunnen plaats vinden indien de multiculturele samenleving die Suriname is zich tegendraads ontwikkelt. In een samenleving waarin tegenstellingen groeien, benadrukken groepen immers hun eigen identiteit. Maar die weg lijkt Suriname vooralsnog niet op te gaan.

Noten

1. Zie de resultaten van de *Zevende Algemene Volks- en Woningtelling* 2004 voor gegevens over aantal en samenstelling van de bevolking van Suriname. Suriname in Cijfers 212 geeft de eerste resultaten.
2. Hourani en Shehadi 1992.
3. De Bruijne 1976, 1977, 1979.
4. Zie wel Schalkwijk en De Bruijne 1999:100.
5. *Encyclopaedie van Nederlandsch West-Indië*, 's-Gravenhage: Nijhoff, 1914-17, Twee delen; M. van Blankenstein, *Suriname*, Rotterdam: Nijgh en Van Ditmar, 1923; G.J. Staal, *Nederlandsch Guyana; Een kort begrip van Suriname*, Amsterdam: Groot Nederland, 1927; Rudolf van Lier, *Samenleving in een grensgebied; Een sociaal-historische studie van Suriname*, Tweede druk, Deventer: Van Loghum Slaterus, 1971 [Eerste druk 1949]; Edward Dew, *The difficult flowering of Surinam; Ethnicity and politics in a plural society*, The Hague: Nijhoff, 1978; Hans Buddingh', *Geschiedenis van Suriname*, Tweede vermeerderde druk, Utrecht: Spectrum, 1999, [Eerste druk 1995].
6. Kruijer (1968:53) stelt: 'Zo omtrent de negeremancipatie arriveerden er kleine groepen Portugezen uit Madeira en later namen de planters Libanezen in dienst, welke mensen in Suriname Syriërs worden genoemd'.
7. Zie voor een beschrijving van Libanon Picard 2002 en Keulen 1996.
8. Zie voor een beschrijving van deze ontbinding onder anderen Fromkin 2000.
9. Nicholls 1981:415; Hourani en Shehadi 1992:5.
10. Dalrymple (1998:213-82) geeft een wel zeer navrante beschrijving van de gebeurtenissen van de laatste decennia in Libanon. Hierbij wordt vooral de maronitische inzet zeer kritisch besproken.
11. Op de *human development index* 2003 neemt onder de 177 landen Libanon de 81e en Suriname de 85e plaats in (*Human Development Report* 2005:220).
12. Issawi 1992:15.
13. Crowley 1974.
14. Zie Souleiman 1999:1-16 voor een beschrijving van de migratie naar de Verenigde Staten van Amerika.
15. Lafleur 1999:25.
16. Nicholls 1992:343.
17. Hourani 1992:7.
18. Lafleur 1999; Nicholls 1981, 1985, 1986.
19. Inderdaad: gold want in de jaren zestig zijn, met de toegenomen etnische spanningen, vrijwel alle Libanezen uit Guyana vertrokken, samen met andere delen van de middenklasse waartoe de Libanezen toen behoorden. Informatie in 2006 verkregen van Anthony Mekdeçi, zelf (half)Libanees die met zijn familie nog wel in Guyana woont.
20. Nicholls 1985:349-51, 1986:50-62.
21. Ook op de Nederlandse Antillen waar Libanezen van verschillende religieuze achtergrond wonen, is de Libanese politieke presentie zichtbaar. Mr Jaime M. Saleh was van 1990 tot 2002 Gouverneur van de Nederlandse Antillen. Na de verkiezingen in 2006 is Emily S. de Jongh-Elhage, die van Libanese komaf is, premier geworden.

22	Nicholls 1981:419-22, 1985.
23	Barclay 1994.
24	Alleyne 2002.
25	Barclay 1994:207.
26	Barclay 1994:210.
27	Zie onder anderen Khalil Gibran, *The Prophet*, New York: Knopf, 1923.
28	De naam Bazaoun wordt in het Latijnse schrift verschillend gespeld. Ook gebruikelijk is Bazhoun of Bazoun. Ik heb de spelling gebruikt zoals die, zoals uit de foto blijkt, op de borden op de weg bij de entree van het dorp is aangegeven.
29	Khalifé 1997.
30	Zie over Charbel onder andere www.charbel.org.
31	Dalrymple 1998:273.
32	Deze gegevens zijn, zoals in het voorwoord is aangegeven, in Bazaoun door de heer Georges Issa opgespoord.
33	Door sommige Bazaouni's werd in gesprekken Zuid-Afrika Transvaal genoemd.
34	Zie voor een vermelding van de Bazaouni's die in 1917 in Guadeloupe waren geregistreerd Lafleur 1999:37-48.
35	Pastoor Antoine Kesbaar, de priester van Bazaoun, heeft met mij in 1999 de doopregisters uit 1930, 1939-1940, 1960 en 1974-1975 bestudeerd en aangegeven hoevelen er zijn vertrokken en waar naartoe.
36	Wel wordt overwogen om de Vreemdelingenwet in Suriname te wijzigen waarbij de aanvraag voor een verblijfsvergunning, behoudens bij vreemdelingen van Surinaamse origine, zou dienen te geschieden voor de komst naar Suriname. Zie *NIBA Suri Magazine* 106(5-8-2006).
37	Ook de – spaarzame – literatuur over de migratie vanuit Libanon naar het Caribisch Gebied geeft daarover geen uitsluitsel.
38	Dit is de naam die hij in Suriname voerde. Zijn geboorteakte noemt als 'Nom et prénom': Nicola, en als 'Nom du Père': Halil Kerkebe. In zijn huwelijksakte staat Kalil Karkabe als naam van zijn vader vermeld.
39	Deze gegevens heb ik verkregen via gesprekken met een drietal achterkleinkinderen en de in hun bezit zijnde documenten van de heer Karkabé, te weten B. Karkabé, mevrouw I. Karkabé en H. Reedijk die allen in Nederland wonen.
40	In zijn testament liet hij een bedrag na aan een Syrisch weeshuis in Jeruzalem waarvan het hoofdkantoor in Keulen stond.
41	De patentregisters vermelden jaarlijks de vergunningen en de omzet van de bedrijven waarvoor belasting moest worden betaald. Deze belasting is tot en met 1898 verplicht geweest voor alle economische activiteiten. De registers tussen 1888 en 1898 zijn doorgenomen.
42	Aan de hand van de registratienaam als contractarbeider is het mogelijk het jaar van aankomst van de Hindostaanse 'rondventer van kledingstukken en manufacturen' te dateren. Vele Hindostaanse rondventers waren bij hun inschrijving in het patentregister nog slechts tussen vijf en tien jaar in Suriname.
43	Zie voor de straten in het centreum van Paramaribo de kaart van Paramaribo op p. 26. Recent is de vanouds bekende naam Heiligeweg vervangen door Heiligenweg.
44	Later zou de zaak van de familie Bousaid aan de Saramaccastraat dezelfde naam dragen.
45	Elizabeth G. Kampherbeek was de dochter van de door haar moeder in 1838 gemanumitteerde slavin Octavia die haar erkend had. Octavia's Kampherbeek's moeder was Susanna Sophia Kamperbeek die kennelijk eerder gemanumitteerd was en haar bij erfenis juridisch verkregen had. Zij was eigendom geweest van Baron E.R. van Heeckeren, Gouverneur van Suriname 1832-1838. Zie www.nationaalarchief.nl/vrij-in-suriname.
46	Uit de huurwaarderegisters van die jaren valt af te leiden dat zij ook ander onroerend goed bezat.
47	Informatie mevrouw Jetty Breebaart-de Miranda, 2-3-2006.
48	Schouten-Elsenhout 1974:32.
49	Uit het huurwaarderegister van 1946 blijkt overigens dat de familie Karkabé toen nog wel panden in de Watermolenstraat en in andere straten in het centrum van de stad bezat. Later zijn deze afgestoten.
50	De gegevens uit de doopregisters in de verschillende kerken corresponderen vrijwel geheel met die uit de geboorteregisters, want als maronieten lieten de Libanezen hun kinderen dopen.

[51] In de gegevens over de personele belasting die over deze jaren nog aanwezig zijn, komen deze Souma's niet voor wat betekent dat ze per jaar minder dan de aanslagwaarde, te weten Sf. 600, verdiend zouden hebben. Karkabé is daarin via zijn winkel aan de Watermolenstraat wel opgenomen.

[52] Van marktvergunningen zijn helaas geen bronnen beschikbaar.

[53] Het is merkwaardig dat in de registers van de geboorten bij de Burgerlijke Stand, zoals deze nu op het Nationaal Archief toegankelijk zijn, zij niet te traceren zijn.

[54] Pas in 1912 – een jaar na de verplaatsing van de Rosakerk van de Saramaccastraat naar de Prinsenstraat – vindt er ook een doop van een Libanees kind in de Petrus en Paulus kerk (de latere Kathedraal) plaats.

[55] Naar aanleiding van een analyse van migratie vanuit de Dominicaanse Republiek naar de Verenigde Staten stelt Peggy Levitt (2001:168) dat 'The Catholic Church acts and achieves transnationally' en 'The Church provides emotional and spiritual support to migrants'.

[56] In het Surinaams-Nederlands staat een verkoper niet 'op de markt' maar 'onder de markt', dus beschut tegen de zon.

[57] Bij de bestudering van de formulieren van de Eerste Algemeene Volkstelling van 1921 treft het hoeveel inwoners van Suriname toen op Caribische eilanden geboren waren.

[58] Lafleur 1999:26.

[59] Oudschans Dentz en Jacobs 1917:20.

[60] Zie over de naam Bitroos p. 74.

[61] Later zou hij, een uitzondering, meubelmaker worden.

[62] Crowley 1974. Zie ook Dalrymple 1998.

[63] Karsten 1930:5.

[64] Deze paragraaf berust op stukken in het Nationaal Archief, Den Haag, Ministerie van Koloniën, 1901-1953, inv. nr. 1169, Verbaal 23-4-1914-67 en inv. nr. 1211, Verbaal 10-7-1914-79. In de *Koloniale verslagen* van die jaren staat een en ander niet vermeld.

[65] Isaac Badwie was in en tot kort na de Eerste Wereldoorlog in Nieuw Nickerie een handelaar van enig formaat die ook rondom 1920 Libanezen uit Bazaoun heeft doen komen. Hij heeft echter in 1923, naar zeggen, zoals velen her en der in de wereld, veel geld verloren door de crash van de Deutschmark waardoor de waarde van de obligaties van de Duitse staat die hij kennelijk bezat, geheel verdween. Hij is later met zijn vrouw en schoonzuster naar Paramaribo gekomen en had een zaak aan de Saramaccastraat. Toen trad hij niet meer als importeur op. Na zijn overlijden had zijn weduwe E. Badwie-Hanna eerst een kleine zaak aan de Domineestraat en na de Tweede Wereldoorlog één aan de Maagdenstraat, vlak naast de zaak van Jozef Nassief.

[66] Dit pand is nog steeds in bezit van één van de leden van de familie Nassief die het echter – dit tot ontsteltenis van hen die betrokken zijn bij de bescherming van de binnenstad van Paramaribo die sinds kort een door de UNESCO erkend 'gebouwd erfgoed' is – recent zijn historische waarde geheel heeft doen ontnemen.

[67] Nicholls 1986:55.

[68] Libanezen met 'slechts' één Libanese grootouder waren er toen, bij mijn weten, nog niet.

[69] Informatie van A. Elias, Nieuw Nickerie.

[70] In het *Handelsadresboek Nederlandsch West-Indië van 1931*, samengesteld door de Vereeniging Bureau voor Handelsinlichtingen, staat hij als goudexploitant vermeld.

[71] Informatie van mevrouw J. Robles-Geara, de in Nederland wonende dochter van Camille Geara, 2004 en 2006.

[72] De Bruijne 1976:165.

[73] De Bruijne 1976:198-222.

[74] Dr André Loor vertelde mij – tijdens de KLM vlucht Paramaribo-Amsterdam, 30 maart 2006 – dat zijn moeder, mevrouw H. Loor-van Brussel, geboren in 1898, hem verhaald heeft hoe in haar jeugd Jozef Nassief op Uitvlugt met een bak langs kwam om garens, kammen, spelden etcetera te verkopen.

[75] Aldus het verhaal van mevrouw C. de Miranda-Donk dat zij aan haar dochter, mevrouw Jetty Breebaart-de Miranda, heeft verteld.

[76] Sabga 2002; Taylor-Rajkumar 2005.

[77] *De Ware Tijd*, 9-11-1962.

78 Ploeg 2005:161.

79 Op de Libanese bijdragen tot dit fonds ben ik door ir I.M.K. Brahim gewezen. Ook bij andere oudere Libanezen bleek dit fonds bekend.

80 *Suriname, Surinaams nieuwsblad*, redacteur-uitgever Joh.H. Wijngaarde. In Nederland zijn de jaargangen 1940-1945 aanwezig op het Nederlands Instituut voor Oorlogsdocumentatie, Amsterdam. Zie Wijngaarde 1995.

81 Zie over de naam 'Libanisten' p. 80.

82 Wel worden in een later nummer giften van de Chinese verenigingen Kong Ngie Tong Sang en Chun Fa Foei Kon vermeld, telkens samen met enkele leden.

83 Het proces betreffende het terugroepen van Carlos Thomas uit Venezuela is weergegeven in *Surinaamse Jurisprudentie* 60, 1962, pp. 214-24; in Sedney 1997:68-9.

84 Juridisch was bij zijn overlijden zijn geschil kennelijk nog niet tot een eind gekomen. De toegang tot zijn kantoor aan de Watermolenstraat en de daarin aanwezige kasten, laden etcetera werden de morgen na zijn overlijden door de kantonrechter verzegeld. *De West*, 4-4-1963.

85 Aldus Snijders 2005.

86 Loor 1992.

87 Dit betekent ook dat een zelfde familienaam in verschillende landen anders gespeld kan zijn. Zo blijkt uit familiecorrespondentie dat de naam van de familie Issa in Zuid-Afrika als Essey gespeld wordt.

88 Zie Dip 1999 over de 'Arabieren' van Curaçao.

89 Lafleur 1999; Dalrymple 1998:216.

90 Marcus 7:24-30.

91 Nicholls 1981.

92 Sinds enkele jaren woont en werkt er nu wel een kleine groep 'echte' Turken (30-40 personen) in Paramaribo. Zij zijn vooral in (in aantal toenemende) casino's werkzaam. Informatie Turkse manager Princess Casino. De Libanezen hebben met hen geen verbindingen.

93 Op Haïti worden, zoals Nicholls 1992 aangeeft, Libanezen ook Lezarabs genoemd.

94 Jaarverslag Kamer van Koophandel Suriname 1946; De Klerk 1953:199.

95 Tuinfort 2005a.

96 Op oudejaarsdag 2005 is zijn zaak aan de Saramaccastraat evenals een andere Libanese zaak daarnaast door brand verwoest. Hierbij heeft hij zelf ernstig letsel opgelopen.

97 Informatie van Monique Nouhchaïa Sookdewsing. Zie Pignol 1987 over de kleding in de Arabische wereld.

98 Daarnaast heeft zich een Libanees met islamitische achtergrond, die in Beiroet is geboren, enkele jaren geleden in Suriname gevestigd. Hij is door Palestijnen opgevangen en beheert nu de winkel Blue Eyes in Nieuw Nickerie. Andere Libanezen kennen hem wel maar dachten dat hij een Palestijn was, zo bleek toen ik hem bij hen ter sprake bracht.

99 Mogelijk zijn enkele Libanezen met slechts een Libanese grootouder buiten de telling gebleven. Dat kunnen er slechts enkelen zijn.

100 De volkstelling van 2004 classicificeert 12,5% van de bevolking als 'gemengd'. Zie *Zevende Algemene Volks- en Woningtelling* 2005: Tabel 7. Binnen de grote etnisch-culturele groepen in Paramaribo had in 1992 meer dan 90% een partner van dezelfde afkomst. Zie Schalkwijk en De Bruijne 1999:87.

101 Tuinfort 2005a.

102 Hetzelfde geldt in Trinidad. Barclay (1994:210) stelt: 'It is of significance to note that all of the teenagers interviewed emphatically expressed the view that they would prefer to marry a Syrian-Lebanese. It seems that the endogamous practices of the community would persist in the foreseeable future'. Dat heeft dan wel betrekking op de hogere en middengroepen onder hen.

103 Een enkeling kan over het hoofd zijn gezien.

104 De afkeer van de moord op Hariri manifesteerde zich ook op Curaçao toen vlak voor de aanvang van een internationaal congres Planet Libanon een rotonde in Willemstad plotseling Plenchi Rafik Hariri heette. Informatie dr Rivke Jaffe, KITLV, voorjaar 2006.

105 Dat dit gedrag van de eerste en tweede generatie Libanezen uit Suriname geen uitzondering is blijkt uit de analyse van Peggy Levitt (2001) over de 'transnational villagers' vanuit de Dominicaanse Republiek.

106 Zie www.leb.org. 'Leb.org is a free service providing the Lebanese community and friends around the world with a unique resource that allows family and friends to reunite, create business contacts, and bring the Lebanese people closer to Lebanon.'

107 Toen Suriname in 1975 onafhankelijk werd, konden zij die niet in Suriname waren geboren en een Nederlands paspoort hadden, indien zij dat wilden, de Nederlandse nationaliteit behouden. Dit gold ook voor Libanezen die in Suriname tot Nederlander waren genaturaliseerd en voor de in Suriname geboren kinderen mits deze nog geen 18 jaar oud waren.

108 De welstandsindex is een afgeleide variabele samengesteld uit het al dan niet bezitten door huishoudens van duurzame consumptiegoederen die een goede indicatie van welvaart/armoede in Suriname geeft. Zie Schalkwijk en De Bruijne 1999.

109 De Bruijne 1976:176.

110 Zo was er in 1999 – 'zogenaamd vanwege de deviezenpositie'– een poging van het Ministerie van Handel en Industrie om invoer van bovenkleding door Beyrouth Bazaar te verhinderen. *De Ware Tijd*, 23 maart 1999.

111 Hierop werd ik gewezen door UvA vakgenote Hebe Verrest die een dissertatieonderzoek naar 'Home based economic activities in Trinidad and Suriname' verricht.

112 De zaak importeert nu ook uit Libanon gordijnstoffen.

113 Deze alinea berust mede op informatie van drs Paul Tjon Sie Fat die in UvA verband dissertatieonderzoek verricht naar nieuwe migraties van Chinezen naar Suriname.

114 Volgens Ivan Cairo in *De Ware Tijd* van 2 maart 2006 in het artikel 'Fiscus loopt jaarlijks 45 miljard US-dollar mis door factuurfraude' heeft het herstructureringsproces bij de douane tot ernstige fricties geleid tussen overheid en werknemers. 'De spanningen liepen het afgelopen jaar zo hoog op dat het ingehuurde consultancy bureau Crown Agents er de brui aan heeft gegeven en is vertrokken.'

115 Wat verwijst naar de titel en inhoud van Schalkwijk en De Bruijne's studie (1999) *Van Mon Plaisir tot Ephraïmszegen* waarin wijken in Paramaribo naar welstand en etniciteit worden geanalyseerd.

116 De Bruijne 1976:174.

117 In de jaren zestig is door Habib Issa, in samenwerking met een Amerikaans echtpaar dat het beheer voerde, een moderne kippenkwekerij opgezet. Nadat het echtpaar van verder management afzag en vertrok, is de zaak verkocht.

118 Zie www.cicsur.com.

119 Zie ook De Bruijne 2004:28.

120 Zie *De Ware Tijd*, 21 December 2005.

121 Deze dag was georganiseerd door Het Nationaal Comité 30 jaar Staatkundige Onafhankelijkheid met als thema '30 jaar Staatkundige Onafhankelijkheid: de rol van de Diaspora; hoezo?'

122 Onder meer De Bruijne 2004:46-8.

123 Die koppeling wordt door Evita Issa, die een nieuw danstalent in Suriname genoemd wordt, ook met haar dansen gelegd. 'Je kan niet dansen als je geen discipline hebt.' Zie Tuinfort 2006.

124 Zie Statuten van de Surinaams-Libanese Vereniging, opgericht in 1996. Deze zijn gepubliceerd in het *Advertentieblad van de Republiek Suriname*, 17 juli 1998.

125 Zelf heb ik in 1998 en in 2003 in het kader van de SLV lezingen over de geschiedenis van de Libanezen in Suriname gehouden. In de tweede lezing heb ik resultaten van het nieuwe onderzoek gepresenteerd.

126 Er zij aan toegevoegd dat familieconflicten rondom grondbezittingen in Bazaoun ook in de SLV doorwerken. Eén nieuwkomer, die inmiddels Suriname heeft verlaten, werd daarom als lid geweigerd.

127 Vermelding verdient dat op deze begraafplaats graven die niet van een duidelijk herkenningsteken zijn voorzien na enige tijd geruimd worden.

128 *De Ware Tijd*, 29 augustus 2002.

129 Zie onder anderen Buddingh' 1999 voor wat zich in en rondom 'de' Revolutie heeft afgespeeld.

130 Aldus Maurice Issa in Ploeg 2005:161.

131 De hier gegeven informatie dank ik aan gesprekken met enkele Palestijnse Surinamers uit de families El-Wanni, Yusuf en Ramahi

alsmede met Libanese contactpersonen. Recent heeft Ellen Ombre in *de Volkskrant* een verslag van een gesprek met de heer Iwan El-Wanni gepubliceerd.

132 *Kasima*'s en *pangi*'s zijn traditionele kledingstukken die door Marron vrouwen en mannen gedragen worden. Deze worden vooral door enkele handelaren van Palestijnse en Libanese komaf ingevoerd – nu uit China.

133 Zie ook Ombre in *de Volkskrant*, 6 mei 2006.

134 Op de betekenis van zulke rituelen binnen de Surinaamse samenleving ben ik door drs Paul Tjon Sie Fat gewezen.

135 King 2006. In het verhaal staat de (fictieve) Tamara Naziera Mansur centraal. Het verhaal geeft ook enige informatie over de Libanezen in Suriname als zodanig, tot en met de historische betekenis van Karkabé.

136 Tuinfort 2005b.

137 Barclay 1994:221.

138 Lafleur 1999:182.

139 Zie over globalisering en transnationalisme onder meer Vertovec 1999; De Bruijne 2001; Kennedy en Roudometof 2002; Mazzucato 2004.

140 Dajani 2001.

141 *NIBA Suri Magazine* 107(12-8-2006).

142 Vertovec 1999:450.

Verantwoording documenten, foto's en kaarten

De documenten, foto's en kaarten komen zowel uit officiële als uit particuliere bronnen.

Pagina

Hoofdstuk II
20   Collectie Antoine Issa
21   a. Foto Ad de Bruijne; b. Paul Dahler, *A cedar of Lebanon,* Dublin: Browne and Nolan, 1956, p. 29
22   Collectie Familie Issa
23   Collectie Familie Issa
24   Collectie Familie Issa

Hoofdstuk III
27   Collectie Familie Karkabé
28   a. Collectie Familie Karkabé; b. Patentregister 1892, Nationaal Archief Suriname
29   *Nieuwe Surinaamsche Courant,* 20-12-1896
30   Collectie Familie Karkabé
31   Collectie Familie Karkabé
33   Patentregister 189, Nationaal Archief Suriname
34   a. Collectie Familie Issa; b. Nationaal Archief Suriname
35   Kopie in het bezit van Georges Issa
36   *Nieuwe Surinaamsche Courant,* 26-5-1907
37   Koninklijk Instituut voor Taal-, Land- en Volkenkunde
38   Doopregister Jozef Kerk in Nieuw Nickerie
39   Collectie Familie Karam
40   *De Surinamer,* 4-7-1927
42   Nationaal Archief, 's-Gravenhage, Ministerie van Koloniën, 1901-1953, inv. nr. 1211, Verbaal 10-7-1914-79
45   Nationaal Archief, 's-Gravenhage
46   Collectie Rona Chehin

Hoofdstuk IV
49   *De West,* 30-4-1924
50   Collectie mevrouw J. Breebaart-de Miranda
51   Collectie Familie Saouma
53   Collectie Koninklijk Instituut voor de Tropen
55   Collectie Familie Issa

56 *De Surinamer*, 4-4-1921
57 Collectie mevrouw J.J. Robles-Geara
58 a. *De Surinamer*, 2-8-1927; b. *De Surinamer*, 4-12-1921
59 Collectie D.L. Chehin
60 *De Surinamer*, 2-2-1922, 17-7- 1927 en 2-2-1935
61 Collectie Familie Issa
62 a. *De Banier*, 21-12-1935; b. naar gegevens Kamer van Koophandel verstrekt in 1966
64 Collectie Familie Issa
65 *De Banier*, 28-12-1935
66 Collectie Familie Issa
67 a. Collectie Familie Issa; b. *De West*, 9-11-1962; c. *De West*, 12-11-1962
68 Collectie Familie Issa
69 Collectie Familie Mannsur
72 Collectie Familie Issa
74 Collectie Familie Zrour
75 Collectie Familie Sowma
76 Collectie Koninklijk Instituut voor de Tropen
77 Collectie Familie Elias
79 *Suriname*, 24-8-1940
80 Foto A.N. Elias
81 a. Collectie Familie Issa; b. *De West*, 6-4-1963
82 a. *De West*, 4-4-1963; b. Collectie Pierre Abboud
83 Collectie Familie Issa
84 *De West*, 4-4-1963
85 Collectie SLV
86 Collectie Familie Issa
90 a. *De West*, 22-11-1975; b. *De West*, 24-11-1975
91 *De West*, 23-11-1975

Hoofdstuk V
92 Foto's Marije Koudstaal
95 Collectie Familie Elias
97 Foto Rivke Jaffe
102 Collectie Antoine Issa
101 a. photo@d1Fd.net; b. Collectie Familie Issa
106 Foto Rivke Jaffe
105 Foto's Rivke Jaffe
107 Foto's Rivke Jaffe
109 photo@d1Fd.net
110 a., b. en d. Foto Rivke Jaffe; c. Foto A.N. Elias
114 Foto Rivke Jaffe
116 photo@d1Fd.net
121 Collectie SLV
122 Collectie SLV
123 Foto H. Hermelijn
124 a. *De Ware Tijd*, 5-2-2004; b. Collectie Nouh Chaia
125 photo@d1Fd.net
126 a. photo@d1Fd.net; b. Shrinivasi

Verantwoording documenten, foto's en kaarten

127 Collectie Kamer van Koophandel en Fabrieken
128 photo@d1Fd.net
134 Collectie SLV

Kaarten

6 H. Lutchman, *Schoolkaart Suriname*, Paramaribo-Amsterdam: Stichting L+L, 2003
12 *De grote Bosatlas*, Groningen: Wolters-Noordhoff, 1999, p. 116.
18 *Carte touristique du Liban avec divers aspects d'estivage, d'hivernage, archéologique, historique en administratif*, Beyrouth: National Lebanese Printing Press, 1964. Dressée par Boulos F. Boulos
26 Plan van Paramaribo (gedeeltelijk), getekend door W.L. Loth en opgenomen in W.L. Loth, *Beknopte aardrijkskundige beschrijving van Suriname*, Amsterdam: De Bussy, 1904

Bibliografie

Alleyne, Mervyn C.
2002 *The construction and representation of race and ethnicity in the Caribbean and the world.* Kingston: University of the West Indies Press.

Barclay, Law Anne
1994 'The Syrian/Lebanese community in Trinidad & Tobago; A preliminary study of a commercial ethnic minority', in: Selwyn Ryan en Taimoon Stewart (red.), *Entrepreneurship in the Caribbean; Culture, structure, conjuncture,* pp. 210-25. St. Augustine, Trinidad: ISER, University of the West Indies.

Bruijne, Ad (G.A.) de
1976 *Paramaribo; Stadsgeografische studies van een ontwikkelingsland.* Bussum: Romen. [Geografische Verkenningen 5.]
1977 'Libanezen', in: *Encyclopedie van Suriname,* pp. 380-1. Amsterdam: Elsevier.
1979 'The Lebanese in Suriname', in: *Boletín de Estudios Latinoamericanos y del Caribe* 26:15-38.
2001 *Globe, oikoumene en oikos; Reflecties over human geography.* Amsterdam: Vossiuspers. [Afscheidsrede Universiteit van Amsterdam.]
2004 *Suriname: neem toekomst binnen de smalle marges; De context van Caricom en FTAA.* Parmaribo: Vereniging Surinaams Bedrijfsleven.

Buddingh', Hans
1999 *Geschiedenis van Suriname.* Tweede vermeerderde druk. Utrecht: Spectrum. [Eerste druk 1995.]

Crowley, William K.
1974 'The Levantine Arab diaspora in the New World', *Proceedings of the Association of American Geographers* 6:137-42.

Dajani, Nabil H.
2001 'The changing scene of Lebanese television', *TBS Journal* 7.

Dalrymple, William
1998 *In de schaduw van Byzantium.* Vertaald [uit het Engels] door Tinke Davids. Amsterdam/Antwerpen: Atlas.

Dip, Carlos
1999 'De Arabische emigrant en zijn nakomelingen in een veranderend Curaçao', in: Henny E. Coomans en Maritza Coomans-Eustatia, *Veranderend Curaçao; Collectie Essays opgedragen aan Lionel Capriles ter gelegenheid van zijn 45-jarig jubileum bij de Maduro & Curiel's Bank NV,* pp. 455-7. Bloemendaal: Stichting Libri Antilliani.

Fromkin, David
2000 *A peace to end all peace; The fall of the Ottoman Empire and the creation of the modern Middle East.* London: Phoenix Press.

Gibran, Khalil
2004 *De profeet.* Den Haag: Servire. [Eerste druk New York 1923.]

Hourani, Albert
1992 'Introduction', in: Albert Hourani en Nadim Shehadi (red.), *The Lebanese in the world; A century of emigration*, pp. 3-11. London: Centre for Lebanese Studies/Tauris.

Hourani, Albert and Nadim Shehadi (red.)
1992 *The Lebanese in the world; A century of emigration*. London: Centre for Lebanese Studies/Tauris.

Human Development Report
2005 *Human Development Report 2005; International cooperation at a crossroads*. New York: Oxford University Press. [United Nations Development Programme.]

Issawi, Charles
1992 'The historical background of Lebanese emigration, 1800-1914', in: Albert Hourani en Nadim Shehadi (red.), *The Lebanese in the world; A century of emigration*, pp. 13-31. London: Centre for Lebanese Studies/Tauris.

Karsten, Rudolf
1930 *De Britsch-Indiërs in Suriname; Een korte schets benevens een handleiding voor de beginselen van het Hindi*. Met een voorwoord van F.G. Schalkwijk en J.Ph. Vogel. 's-Gravenhage: Nijhoff.

Kennedy, Paul and Victor Roudometof (red.)
2002 *Communities across borders; New immigrants and transnational cultures*. London: Routledge. [Routledge Research in Transnationalism 5.]

Keulen, Jan
1996 *Libanon; Mensen, politiek, economie, cultuur*. Amsterdam: Koninklijk Instituut voor de Tropen. [Landenreeks.]

Khalifé, Issam
1997 *Des étapes décisives dans l'histoire de Liban*. Beyrouth: z.n.

King, Willy
2004 *Tamara van Para*. Wageningen: Wagina. [Kinderen van Suriname.]

Klerk, C.J.M. de
1953 *De immigratie der Hindostanen in Suriname*. Amsterdam: Urbi et Orbi.

Koloniaal verslag
1911-30 *Koloniaal verslag; Bijlagen van het verslag der handelingen van de Tweede Kamer der Staten-Generaal*. Bijlage C. II Suriname. 's-Gravenhage: Algemeene Landsdrukkerij.

Kruijer, G.J.
1968 *Suriname en zijn buren; Landen in ontwikkeling*. Vierde geheel herziene druk. Meppel: Boom. [Terra-Bibliotheek.] [Eerste druk 1951.]

Lafleur, Gérard
1999 *Les Libanais et les Syriens de Guadeloupe*. Préface de Jacques Adélaïde-Merlande. Paris: Karthala, Saint-Claude: Le Phénicien.

Levitt, Peggy
2001 *The transnational villagers*. Berkeley, Calif.: University of California Press.

Lier, Rudolf Asueer Jacob van
1949 *Samenleving in een grensgebied; Een sociaal-historische studie van de maatschappij in Suriname*. Proefschrift, Universiteit Leiden.

Loor, André
1992 'Opgegaan in een Surinaamse cultuur', in: Chandra van Binnendijk en Paul Faber (red.), *Sranan; Cultuur in Suriname*, pp. 78-84. Amsterdam: Koninklijk Instituut voor de Tropen, Rotterdam: Museum voor Volkenkunde.

Mazzucato, Valentina
2004 'Transcending the nation; Explorations of transnationalism as a concept and a phenomenon', in: Don Kalb, Wil Pansters en Hans Siebers, *Globalization and Development; Themes and concepts in current research*, pp. 131-62. Dordrecht: Kluwer Academic Publishers.

Nicholls, David
1981   'No hawkers and pedlars; Levantines in the Caribbean', *Ethnic and Racial Studies* 4:415-32.
1985   *Haiti in Caribbean contex; Etnicity, economy and revolt.* New York: St Martin's Press.
1986   'The "Syrians" of Jamaica', *The Jamaican Historical Review* 15:50-62.
1992   'Lebanese of the Antilles: Haiti, Dominican Republic, Jamaica and Trinidad', in: Albert Hourani en Nadim Shehadi (red.), *The Lebanese in the world; A century of emigration*, pp. 339-60. London: Centre for Lebanese Studies/Tauris.

Oudschans Dentz, Fred en Herm. J. Jacobs
1917   *Onze West in beeld en woord; Platenalbum voor het huisgezin en ten gebruike bij het onderwijs aan gymnasia, hoogere burgerscholen, kweek-, normaal- en andere scholen.* Amsterdam: De Bussy.

Picard, Elizabeth
2002   *Lebanon, a shattered country; Myths and realities of the wars in Lebanon.* Translated from the French by Franklin Philip. New York: Holmes and Meier. [Vertaling van *Liban; État de discorde*, Paris: Flammarion, 1988.]

Pignol, A.
1987   *Costume et parure dans le monde arabe.* Avec la collaboration de N. Bouajina, J. Bouhalfaya. [Paris]: IMA.

Ploeg, Gré
2005   'Maurice Issa', in: Ton Fey, Gré Ploeg en Hennah Draaibaar, *Suriname discovered*, pp. 160-1. Schiedam: Scriptum.

Sabga, Abdo en Natalya Sabga
2002   *A life worth remembering; Abdou Jozeph Sagba (1898-1985).* Lavantille: z.n.

Schalkwijk, Aart en Ad de Bruijne
1999   *Van Mon Plaisir tot Ephraïmszegen; Welstand, etniciteit en woonpatronen in Paramaribo.* Tweede druk. Amsterdam: AGIDS, Universiteit van Amsterdam, Paramaribo: Leo Victor. [Surinaamse Verkenningen.] [Eerste druk 1997.]

Schouten-Elsenhout, Johanna
1974   *Sranan pangi.* Paramaribo: Bureau Volkslektuur.

Sedney, Jules
1997   *De toekomst van ons verleden; Democratie, etniciteit en politieke machtsvorming in Suriname.* Paramaribo: VACO.

Snijders, Armand
2005   'De hoofdrolspelers', *Paramaribo Post* (April):8-12.

Taylor-Rajkumar, Fiona Ann
2005   'The economic role of associations and informal networks within the Portuguese, Chinese and Syrian/Lebanese communities in Trinidad 1900-1950'. Paper, Conference Association of Caribbean Historians, Cartagena, Columbia.

Tuinfort, Carla
2005a   'Surinaams-Libanese Vereniging draagt Libanese cultuur uit', *De Ware Tijd*, 7 maart.
2005b   'Dag van de Zwarte Beschaving; Verschillende vieringen staan zwarte solidariteit niet in de weg', *De Ware Tijd*, 31 december.
2006   'Nieuw danstalent Evita Issa', *De Ware Tijd*, 2 januari.

Vertovec, Steven
1999   'Conceiving and researching transnationalism', *Ethnic and Racial Studies* 22:447-62.

Wijngaarde, Percy
1995   'Een Spitfire voor het moederland', *Oso* 4:185-7.

Zevende Algemene Volks- en Woningtelling
2005   *Zevende Algemene Volks- en Woningtelling in Suriname gehouden in augustus 2004.* Landelijke Resultaten volume I-III. Paramaribo: Algemeen Bureau voor de Statistiek.

Register

Abboud, A.J. 49, 52, 56
Abboud, Antonius G. 108, 117
Abboud, familie 88, 108
Abboud, Pierre 108, 118
Abboud-Elias, Thérèse 117
Abbousaid, Ghanna 61
Andriesen, Mari 129
Asbeck, Willem Dirk Hendrik van 30, 44, 47, 68
Astaphan, Antonios 40, 47, 70
Astapahan, familie 15, 40

Badwie, Isaac 46, 56
Barclay, Law Anne 16, 71,
Béchara, Liza Youssef 51
Bekker, Mgr W. de 124
Bernhard, Prins 69, 87
Bitroos (Bitrous), Isaac *zie* Zrour
Blankensteijn, M. van 8
Bottse, Rudi 131
Bou Izak, familie 93
Bous(s)aid, familie 8, 88, 104, 118
Bousaid, Jim D. 123
Bousaid, Faridi 125
Bousaid-Zrour, Maria 118
Brahim (Brohim), familie 88, 118, 124
Brahim, Jozef 116, 123-4
Brahim, André 123-4
Brahim, Antoine 116
Brahim, Eugène 113, 124
Brahim, I.M.K. 78, 115, 125-6
Brahim, Michel A.J. 116
Brohim, Hannah 53
Brohim, Michaël K. 82, 87
Buddingh', H. 8

Caram, A. 123

Catzeflis, Ch. 43
Chaïa, D.B. 65, 80
Chaïa, Taman Bentros 88
Chaoul, (Shaoul) familie 38
Charbel Makhloof 19, 125
Chehin, Badwie Michaël 39, 57, 61, 64, 70
Chehin, David Louis 39
Chehin, familie 39, 88, 106, 118
Chehin, George 41, 47
Chehin, Jozef Badwie 40, 87
Chehin, Marcel J.B. 116, 124-5
Chehin, Saidi 64, 70
Couyondian Pasha 44

Debs, Charbel 106
Dew, Edward 8
Djerris, Mary 33

Elias, Alexander 38
Elias, familie 38, 52, 94
Elias, J. 56
Elias, Youssef 56
Elias, Zaiede 58
El-Wanni, Achmed 128
El-Wanni, familie 128
El-Wanni, Humbert 129
El-Wanni, Mohammed 81, 127-8
El-Wanni-Yusuf, Aziza 81, 128

Frangie(h), familie 88, 101, 113
Frangie, John 124
Frangie, Antoine 118, 121
Frangie, Michel 82
Frangie, Michel A. 70
Frangie, Soleiman 119
Fredrik, Elizabeth 57

Geara, Camille 57, 66, 75, 124
Geara, Emile 57
Geara, Jozef Anton 57
Geara, Salim 38
Gemmink, J. 8
Gibran, Kahlil 19
Gonçalves, C. 66
Gonçalves, K. 66

Hanna, Edward 15
Hassan, Mustafa 127-8
Haykal, Bassam 93
Helou, Jack 124
Hitti, J. 43
Hotz, A.H.P. 43
Hourani, Albert 7

Issa, Antonio H. 39, 47, 54, 61, 65, 70, 83, 87, 125, 127
Issa, Antonios 108, 118, 120, 124
Issa, Conrad 118, 123
Issa, familie 39, 80, 93
Issa, Georges 108
Issa, Habib 82, 108
Issa, Jacob H. 43, 52, 66, 72, 83, 87, 102, 109, 112 118
Issa, Maurice 72
Issa, Miled Habib 25
Issa, Moussi 52, 70, 82, 112
Issa, Naser 72, 82
Issa, Nazir 108, 126
Issa, Robert 108, 118, 120
Issa-Brahim, Martha 109
Issa-Shoul, familie 108, 115

Jongh-Elhage, Emily S. de 125
Joseph, Eva 89
Juliana, Koningin 68, 87, 129

Kampherbeek, Elizabeth G. 29
Karam, familie 15, 33, 38, 105
Karam, Marina 39
Karam, Michel Jozef 39
Karam, Nagib 74
Karam, Zicha T.G. 41, 61, 70
Karkabé, Charles N. 30, 32, 64, 78
Karkabé, Nicolas 28-32, 41-4, 46-7, 56, 64, 68, 89, 97, 123
Karon [Karam], Habiet 33
Karon [Karam], Mary George 33
Kerkebe, Halil 28

Kesbaar, Antoine 10
Kessel, S. van 89
Kielstra, J.C. 78
Klaasesz, Jan 68
Klerk, C.J.M. 89
Kruijer, G.J. 8

Lachmon, J. 84
Lafleur, Gérard 15, 132
Leckie, Gerard 127
Lier, R.A.J. van 8
Loor, André 118

Mahfood, Winston 16
Mannsur (Mansour), Milaid 62, 116
Mannsur, Miled 116
Mansour, Anthony 61
Mansour/Mannsur, familie 35
Mantourah Youssef Moussi Junis 25
Maron 14
Matta, Antoun 111, 118
Moussei, Antonio zie Issa, Antonio H.
Moussei, Habib 39

Nassief, André 32, 39, 82, 109
Nassief, Elias 70
Nassief, Elias Bersawi 39, 64
Nassief, familie 15, 88, 120
Nassief Bersawi, Anne 70
Nassief Bersawi, Annie 39
Nassief Bersawi, Badja 70
Nassief Bersawi, Elmosa 70
Nassief Bersawi, Jozef 32, 37, 39, 47-9, 52, 56-8, 61-78, 80-1, 83, 87, 89, 101, 109, 117-20, 123-4, 127-9
Nassief Bersawi, Maroun 70
Nassief Bersawi, Saidi 70
Nassief Bersawi, Wardie 39, 54, 70
Nicholls, David 15-6, 48, 88
Nouchaïa Sookdewsing, Monique 123
Nouh Chaia, familie 113, 115
Nouh Chaia, Nagib 118-9, 124

Oudschans Dentz, Fred 41

Rafik Hariri 11, 13, 101, 133
Ramahi, familie 128
Ravenswaaij, R. van 117
Reedijk, H. 32
Romondt, W.E. van 64

Saba, familie 105
Saba, Rachid 54, 61
Sabga, Joseph 65
Saleh, familie 111
Saleh, Jaime M. 125
Saouma, Jeanette N. 127
Saouma, Sauwma, Sowma, familie 33, 39, 113
Saouma, Youssef M. 51-2, 88
Sauwma, Antonios. M. 39, 57-8, 61, 65, 70, 74-5, 80-1, 88
Schaia, Latif 39
Seaga, Edward 16, 125
Shehadi, Nadim 7
Shriemisier, H. 84
Souma, Joseph 32, 39
Souma, Mikhael 39
Souma, Moussi 32
Sowma, M. 82
Sowma, Waddih 83, 108, 115, 118, 123
Sowma-Hiemcke, Astrid P. 71, 108
Staal, G.J. 8
Sweet-Brohim, Cynthia 125

Tannous Bou Jabour, George 33

Tannous Bou Jabour, Hanni Marien 33
Tanous, Mary 39
Thomas, Carlos 83-4
Tissot van Pagot, A. 43
Touma Bon Dahar Hawa 33

Veer, W.N. 9
Venetiaan, R.R. 87
Vries, H.J. de 64
Vries, Jacoba de 49

Weidmann, Josephus L. 87

Yusuf, familie 128
Yusuf, Mustafa El-Wanni 81, 127-9
Yusuf, Radja 127, 129
Yusuf, Yumna 128

Zehoer, familie 105
Zehoer, Lilian 125
Zehoer, Mike Salim 41, 61
Zrour, familie 8, 35, 88, 105, 118
Zrour, Isaac 41, 75, 89

Learn to Spell 500 Words a Day: The Vowel U (vol. 5)

The vowel "u" has six sounds we call phonics, which are spelled in these 28 ways we call spelling patterns.

How to Use this Book v

Section 1: The first sound is the Long ū Sound 1
Long ū spelled in **10** ways: S**ue**, S**ui**t, **Eu**gene, Math**ew**, J**u**ne, R**u**dy, Sn**oo**py, L**ou**, Wh**o**, B**oo**k

1 ūe

Chapter 1: The long ū sound spelled with "**ue**" as in "S**ue**"

Lesson 1: Meaning of a Long Vowel 3
Lesson 2: The two vowels walking Rule 4
Lesson 3: The "**ue**" phonic in **90** words 5
Lesson 4: The "**ue**" words in a story about "S**ue**" 7
Homework 9

2 ūi

Chapter 2: The long ū sound spelled with "**ui**" as in "S**ui**tor"

Lesson 1: Meaning of a Long Vowel 11
Lesson 2: The two vowels walking Rule 12
Lesson 3: The "**ui**" phonic in **28** words 13
Lesson 4: The "**ui**" words in a story about a "S**ui**tor" 14
Homework 15

3 ūe

Chapter 3: The long ū sound spelled with "**eu**" as in "**Eu**gene"

Lesson 1: Meaning of a Long Vowel 17
Lesson 2: The "**eu**" sounds like long **ū** 18
Lesson 3: The "**eu**" phonic in **57** words 19
Lesson 4: The "**eu**" words in a story about "**Eu**gene" 20
Homework 22

4 ew=ū

Chapter 4: The long ū sound spelled with "**ew**" as in "Math**ew**"

Lesson 1: Meaning of a Long Vowel 23
Lesson 2: Two "**ew**" is for the end of words 24
Lesson 3: The "**ew**" phonic in **72** words 25

	Lesson 4: The "**ew**" words in a story about "Math**ew**"	**27**
	Homework	**29**

Chapter 5: The long ū sound spelled with "u-e" as in "June"

Lesson 1: Meaning of a Long Vowel	**31**
Lesson 2: The "**u-e**" can still walk Rule	**32**
Lesson 3: The "**u-e**" phonic in **236** words	**33**
Lesson 4: The "**u-e**" words in a story about "J**u**n**e**"	**37**
Homework	**41**

Chapter 6: The long ū sound spelled with "u´" as in "Ru´·dy"

Lesson 1: Meaning of a Long Vowel	**45**
Lesson 2: The stressed final **u´** Rule	**46**
Lesson 3: The "**u´**" phonic in **189** words	**47**
Lesson 4: The "**u´**" words in a story about "R**u**dy"	**53**
Homework	**54**

Chapter 7: The long ū sound spelled with "oo" as in "Snoopy"

Lesson 1: Meaning of a Long Vowel	**61**
Lesson 2: The Homonyms' Theory	**62**
Lesson 3: The "**oo**" phonic in **137** words	**63**
Lesson 4: The "**oo**" words in a story about "Sn**oo**py"	**66**
Homework	**68**

Chapter 8: The long ū sound spelled with "ou" as in "Lou"

Lesson 1: Meaning of a Long Vowel	**73**
Lesson 2: The Homonyms' Theory	**74**
Lesson 3: The "**ou**" phonic in **21** words	**75**
Lesson 4: The "**ou**" words in a story about "L**ou**"	**76**
Homework	**77**

Chapter 9: The long ū sound spelled with "o" as in "Who"

Lesson 1: Meaning of a Long Vowel	79
Lesson 2: The "o" says ū as in: who, shoe, tomb, prove	80
Lesson 3: The "o" says long ū in 15 words	81
Lesson 4: The "o" as ū words in a story about "Who"	82

Chapter 10: The long ū sound spelled with "oo" as in "Brooks"

Lesson 1: Meaning of a Long Vowel	83
Lesson 2: The Homonyms' Theory	84
Lesson 3: The "oo" phonic in 36 words	85
Lesson 4: The "oo" words in a story about "Brooks"	86
Homework	88

Section 2: Short ŭ — 89
The short ŭ sound is spelled in two ways, in "u" as in "dug" and in "ou" as in "Doug."

Chapter 11: The short ŭ sound as in "Gus"

Lesson 1: Meaning of a Short Vowel	91
Lesson 2: The short vowels' Rule	92
Lesson 3: The short ŭ phonic in 182 words	93
Lesson 4: The short ŭ words in a story about "Gus"	97
Homework	98

Chapter 12: The short ŭ sound as in: Doug, other, flood

Lesson 1: Meaning of a Short Vowel	101
Lesson 2: The Homonyms' Theory	102
Lesson 3: The short ŭ phonic in 22 words	103
Lesson 4: The short ŭ words in a story about "Doug"	104
Lesson 5: Compare sounds and spelling patterns of "u"	105
Homework	108

Section 3: Two minor sounds of "u" — 111
The two minor sounds of "u" as in: Counselor, Guy

Chapter 13: The "u" says "w" as in: Counselor, Queen, Suite

- Lesson 1: The "u" says "w" as in "Counselor" — 113
- Lesson 2: The "ou" phonic inside **114** words — 114
- Lesson 3: The "ou" words in a story about a "Counselor" — 117
- Lesson 4: The "u" says "w" as in "Queen" in **54** words — 119
- Lesson 5: The "u" says "w" in **18** words as in "Suite" — 120
- Lesson 6: The "u" as a "w" in a story about "Distinguished" — 121
- Homework — 122

Chapter 14: The silent "u" as in "Guy"

- Lesson 1: The silent "u" can have useful functions — 127
- Lesson 2: The silent "u" in **51** words — 128
- Lesson 3: The silent "u" words in a story about "Guy" — 129
- Homework — 130

Section 4: The schwa sound of "u" — 133
The schwa ə sound of "u" as in "virus" is a weak sound of "u."

Chapter 15: The schwa sound of "u" as in "Vi´·rus"

- Lesson 1: Meaning of a schwa ə — 135
- Lesson 2: The schwa sound of "u" in **33** words — 136
- Lesson 3: The schwa sound of "u" in "ous" as in "humorous" — 137
- Lesson 4: The schwa sound of "u" in "ture" as in "nature" — 138
- Lesson 5: The "ur" as in "burn" in **33** words — 138
- Homework — 139
- Lesson 6: The schwa as in permanent, poetry, credible, memory, and virus — 141
- General Homework of the schwa sound of a, e, i, o, and u — 142

About the author and about other phonics-based spelling books by Camilia Sadik — 145

How to Use this Book

Italic letters in this book represent silent letters, like the silent *p* in recei*p*t.

Dots inside words indicate divisions of words into syllables, as in win·dow.

Vowels are **a**, **e**, **i**, **o**, **u**, sometimes **y** as in sk**y** and sometimes **w** as in fe**w**. Vowels rule English and they cannot be avoided. Vowels change drastically; they make **38** sounds we call phonics, which are spelled in **96** ways we call spelling patterns. To learn all the changes in the vowels, an entire book is written to teach each vowel.

Consonants are the rest of the letters. Vowels are very inconsistent and the eight consonants c, g, h, q, s, x, w, and y are also inconsistent. The eight inconsistent consonants are isolated in a book; they produce **50** sounds, which are spelled in **60** ways.

A syllable is a part of a word, like "me" in "me·di·a" or it is a word, like "me" that contains only one vowel sound. There are two syllables in "win·dow." There are five syllables in "com·mu·ni·ca·tion." There are three syllables in "beau·ti·ful." There is one syllable in "stopp*e*d." A syllable may contain more than one vowel but it can only have one vowel sound. Read more in the *Teachers' Guide*.

A schwa is a weak sound of any vowel, as in sep·**a**·rate, sou·v**e**·nir, sol·**i**·tude, mem·**o**·ry, and vir·**u**s. Other syllables may be stressed, but not the syllables where the schwa is.

A phonic is a single sound produced by a number of letters (ture in cul·**ture**) or by a letter that does not sound like its letter name (y in sk**y**).

Semivowels l, m, n, r, and s: Vowels have sounds and consonants are soundless unless they are said with a vowel. In spite of being consonants, the l, m, n, r, and s have some sounds of their own, even when not said with vowels. Moreover, these five consonants have various effects on the vowels that precede them; and sometimes, they act like vowels. They may make the preceding vowels long, as in ch**il**d, c**om**b, ra**n**ge, p**or**t, and p**as**te. For this reason, the author granted the name semivowels to these five consonants.

Reading aloud is imperative and there are details about reading aloud in the *Teachers' Guide*. Learners must read aloud all the practice lessons in these books. If reading silently, students may understand but will not memorize the spelling of words.

Logical Learners: English words were not written for logical learners who need logic before they can memorize. In English, one needs to memorize without logic which spelling pattern of a sound to choose when spelling every single sound in every English word. Logical learners are analyzers who question the logic behind spelling English words one-way and not the other. They simply cannot memorize without logical spelling rules to show them when to spell a sound one-way and not the other.

Dyslexic persons are logical learners; they need logical spelling rules before they can memorize the spelling of words. However, dyslexia in spelling and in writing letters in reverse does end, after learning to spell and after slowing down to write words slowly.

Typically, dyslexic persons are highly focused on one thing at a time; they cannot focus both on comprehension and on the way, words are spelled. While teachers may think, every child in the classroom is reading a story and looking for the main idea, kids who are logical learners are pausing to question, "Why My cat is cute isn't Mi kat iz qut?" Questioning causes them to fall behind, and then they are labeled with dyslexia.

Understanding dyslexia is the key to ending it. After reading, "How do you get dyslexia?" by Camilia Sadik, you will agree that dyslexia is given to kids before the 3rd grade. Forced speed-reading before learning to spell words causes dyslexia. When kids are forced to hurry, their vision travels rapidly from left-to-right and vice versa. In their haste, they see letters in reverse. When writing, they also hurry and write letters in reverse, in the same manner that they saw them and read them.

ADD can End: Most cases of ADD are due to boredom from sitting in class and not learning. When dyslexia ends so does ADD that is caused by dyslexia.

ESL students learn to speak, read, spell, write, and become literate in English in 400 to 500 hours of studying or supervised instructions, depending on their levels. At the start, they specifically benefit from *Read Instantly* and from *English for Non-native English Speakers*. At a later stage, they benefit from the rest of the books. ESL students can learn to read from *Read Instantly* even if they do not speak English; they read phonics similar to the way they read the ABC's.

Sadik's books are for all ages and all types of learners. All benefit from these comprehensive phonics-based reading and spelling books. They are ideal books for K-12 parents or teachers and for adult learners from diverse backgrounds. For sample lessons and much more, visit us at SpellingRules.com

Section 1: Long ū

- The first sound of the vowel "u" is the long ū sound.
- The long ū sound is spelled in these **10** ways:

Sue

Suitor

Eugene

Mathew

June

Rudy

Snoopy

Lou

Who
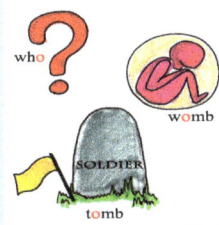

Brooks

Section 1: Long ū

Chapter 1: "**ue**" as in "S**ue**" — **3**

Chapter 2: "**ui**" as in "S**ui**tor" — **11**

Chapter 3: "**eu**" as in "**Eu**gene" — **17**

Chapter 4: "**ew**" as in "Math**ew**" — **23**

Chapter 5: "**u-e**" as in "J**une**" — **31**

Chapter 6: "**u**" as in "R**u**dy" — **45**

Chapter 7: "**oo**" as in "Sn**oo**py" — **61**

Chapter 8: "**ou**" as in "L**ou**" — **73**

Chapter 9: "**o**" as in "Wh**o**" — **79**

Chapter 10: "**oo**" as in "Br**oo**ks" — **83**

Chapter 1: Long ū - Sue

Chapter 1: The long ū sound spelled with "ue" as in "Sue"

The first way to spell the long ū sound is with the "ue" phonic as in "cue."

canoe
glue
tissue
blue jeans

Lesson 1: Meaning of a Long Vowel

Memorize: The long "u" sounds like the name of the letter U.

The "u" is said to have a long sound when it sounds like the name of the letter U. The "u" in "continue" sounds like the name of the letter U and that makes it a long ū.

Know that the long ū has two slightly different sounds; it sounds like "yoo" as in "con·tin·ue" and like "oo" as in "Sue."

Further, this "ue" phonic is useful to tell apart homonyms like "due," "dew," and "do."

Compare the different ways to spell the long ū sound:

due, dew, do	blue, blew	clue, clew
flue, flew, flu	slue, slew	rued, rude
cue, queue	cues, queues	cued, queued
suet, suit		

3

Lesson 2: The two vowels walking Rule

Memorize: When two vowels are walking, the first one does the talking.

úe...cue As in "c**ue**," when the two vowels "**u**" and "**e**" are next to each other (walking), the first one "**u**" does the talking and the second one "**e**" is silent. The first one "**u**" does the talking means it has a sound and that sound is a long sound, just like the name of the letter U. The silent "**e**" is there just to help the "**u**" say U.

Again, when we say that the "**u**" does the talking we mean that, the "**u**" is able to sound like the name of the letter U. Being able to say the name of the letter U means that the "**u**" is a long ū.

Similarly, as in the syllable "**ue**´" in "con·tin·**ue**´," when "**u**" and "**e**" are next to each other in a stressed syllable, the "**u**" has the sound of the name of letter U, and the "**e**" is silent.

cue or queue

Furthermore, this "**ue**" phonic is useful to tell apart homonyms like "c**ue**," and "qu**eue**."

Know that the two vowels walking rule applies only to two vowels that are in the same syllable and that syllable must be stressed, as in the stressed "**ue**´" syllable in "con·tin·**ue**´." In addition, the rule applies only to specific two vowels, not to any two vowels next to one another. All such specific two vowels are made available in this book entitled *Learn to Spell 500 Words a Day*.

When two vowels are walking, the first one does the talking.

Lesson 3: The "ūe" phonic in 90 words (12 one-syllable words)

Read aloud slowly all the practice lessons in this book; reading aloud means hearing a word in addition to seeing it. Using more senses helps you memorize the spelling of words naturally, without forced memorization. Read slowly to see the way words are spelled and to avoid seeing letters or words in reverse. Avoid speed-reading before learning to spell words. If in a classroom, students need to read aloud slowly together in one rhythm. Reading the first 12 one-syllable words is optional; they are here to help beginners:

blue	clue	glue	flue	due	sue	rue
true	suet	cue	hue	queue		

blue	blues	clue
clues	glue	glues
glued	glu·ing	flue
due	over·due	sub·due
sub·dued	res·i·due	res·i·dues
en·due	en·dued	en·du·ing
ar·gue	ar·gued	ar·gu·ing
grue·some	rue	rued
true	con·strue	con·strued
ac·crue	ac·crued	ac·cru·ing
sue	sued	su·ing
pur·sue	pur·sued	pur·su·ing
Sue	suet	is·sue
is·sues	is·sued	is·su·ing

tis·s*ue*	tis·s*ue*s	en·s*ue*
en·s*ue*s	en·s*ue*d	en·s*u*·ing
ven·*ue*	ven·*ue*s	con·tin·*ue*
con·tin·*ue*s	con·tin·*ue*d	con·tin·*u*·ing
con·tin·*u*´·ous	con·tin·*u*´·ous·ly	con·tin·*u*´·a·tion
ret·i·n*ue*	ret·i·n*ue*s	rev·e·n*ue*
rev·e·n*ue*s	av·e·n*ue*	av·e·n*ue*s
c*ue*	c*ue*s	res·c*ue*
res·c*ue*s	res·c*ue*d	res·c*u*·ing
res·c*u*·er	bar·be·c*ue*	bar·be·c*ue*s
bar·be·c*ue*d	bar·be·c*u*·ing	q*ueue*
q*ueue*s	q*ueue*d	q*ueu*·ing
vir·t*ue*	vir·t*ue*s	stat·*ue*
T*ue*s·day	T*ue*s·days	im·b*ue*
im·b*ue*s	im·b*ue*d	im·b*u*·ing
h*ue*	h*ue*s	h*ue*d
g*ue*·ril·la	g*ue*·ril·las	ca·n*oe*

Bravo!

Chapter 1: Long ū - Sue

Lesson 4: The "ūe" words in a story about "Sue"

The word "Sue" is chosen in these series of sentences because it contains the "ue" phonic, and learners remember the spelling of the words that contain the "ue" phonic by associating them with the name of "Sue" in this series of sentences. Such series of sentences (stories) may or may not make much sense, and their chief purpose is for remembering the spelling of words in the story.

Read aloud slowly whether you are in a group or alone:

Sue's land·lord ar·gued with Sue a·bout her past due bill. Sue's past due bill was due to a mis·take. Sue did not wish to ar·gue with her land·lord, nor did she care to sue him. Sue did not want fur·ther prob·lems to en·sue. Sue's vir·tue was to en·due the mon·ey she owed him. Sue asked her land·lord to re·move the old soap re·sidue a·round her bath·tub. Sue would rue the day she met her land·lord.

On Tues·day, Sue sub·dued her neg·a·tive thoughts and went out. Sue wore her blue jeans to the bar·be·cue. Sue went to California Av·e·nue. Sue lis·tened to jazz and blues. Sue queued to buy a tick·et to see a mov·ie a·bout a true sto·ry in·volv·ing a king and his ret·i·nue. Sue be·came more rue a·fter see·ing that rue sto·ry. The sto·ry was a·bout a grue·some dis·cov·er·y that a re·scue team had made right at

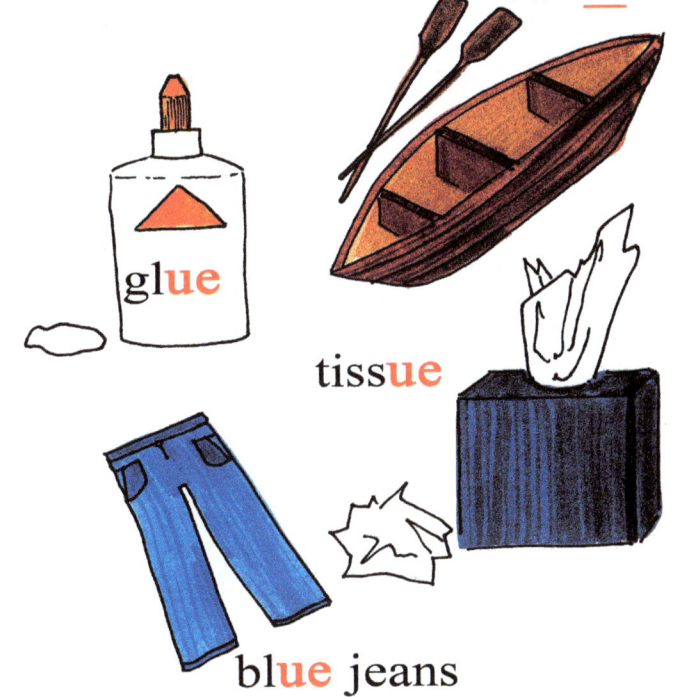

canoe

glue

tissue

blue jeans

7

the ven·ue of a crime. Sue was im·bued by the i·de·a of that mov·ie. Sue saw an·oth·er mov·ie a·bout gue·ril·las and that cheered her up. Sue en·joyed see·ing the hues in the mov·ie.

Sue could not con·strue Eng·lish sen·ten·ces very well. Due to her dif·fi·cul·ties with Eng·lish, Sue could not pur·sue all of her dreams. This is·sue has made Sue cry be·fore and she was seen wip·ing her tears with a tis·sue. Sue con·tin·ued to learn Eng·lish and asked, "Why is ca·noe spelled dif·fer·ent·ly from all of these words?"

Sue need·ed some glue but she had no clue as to where she may have hid the glue. Sue's glue was next to the stat·ue by the flue of her fire·place. Sue said, "This en·sues I am be·com·ing for·get·ful." Sue had ac·crued some va·ca·tion time from her work. Sue va·ca·tion was due. Sue filed her tax·es with the In·ter·nal Rev·e·nue Ser·vice and then went on a va·ca·tion. Sue's prac·ticed phon·ics and said,

"Sue will cue me for the quiz. Sue will queue to buy a tick·et."

"Sue had no clue. Math·ew threw the clew."

"Sue's bills weren't due. Math·ew liked the dew."

"Sue stood by the flue of her fire·place. Math·ew flew his kite."

"Sue wore her blue jeans. The winds blew Math·ew's kite a·way."

"Ru´·dy had the flu´ (in·flu´·en·za)."

Chapter 1: Long ū - Sue

 Copy these words and do not try to guess their spelling. Look at each word before you begin to copy it and do not look away from it until you are fully confident that you can spell it. Imagine that your eyes are a camera and take a detailed picture of each word before you look away from it and before you begin to copy it:

blue	clue	glue	flue
_____	_____	_____	_____
due	overdue	subdue	residue
_____	_____	_____	_____
endue	argue	gruesome	rue
_____	_____	_____	_____
true	construe	accrue	sue
_____	_____	_____	_____
pursue	issue	tissue	ensue
_____	_____	_____	_____
venue	continue	retinue	revenue
_____	_____	_____	_____
avenue	rescue	barbecue	queue
_____	_____	_____	_____
virtue	statue	Tuesday	imbue
_____	_____	_____	_____
hue	canoe	guerilla	due, dew, do
_____	_____	_____	_____
blue, blew	flue, flew, flu	clue, clew	slue, slew
_____	_____	_____	_____
rued, rude	cue, queue	cues, queues	suet, suit
_____	_____	_____	_____

9

1. Write 10 or more words that contain the "ūe" phonic. Example: pursue

_____ _____ _____ _____ _____ _____

_____ _____ _____ _____ _____ _____

2. Write 10 or more simple sentences using words that contain the "ūe" phonic. Example: Sue will pursue her dreams.

1. _____

2. _____

3. _____

4. _____

5. _____

6. _____

7. _____

8. _____

9. _____

10. _____

Chapter 2: The long ū sound spelled with "**ui**" as in "**Su**itor"

The second way to spell the long ū sound is with the "**ūi**" phonic as in "s**ui**t."

Lesson 1: Meaning of a Long Vowel

Remember: The long "**u**" sounds like the name of the letter **U**.

The "**u**" is said to have a long sound when it sounds like the name of the letter **U**. The "**u**" in "s**ui**t" sounds like the name of the letter **U** and that makes it a long **ū**.

Know that the long **ū** has two slightly different sounds; it sounds like "**yoo**" as in "con·tin·**ue**" and like "**oo**" as in "s**ui**t."

Compare:
s**ui**t, su**e**t   s**ui**t, s**ui**t**e**

Lesson 2: The two vowels walking Rule

Memorize: When two vowels are walking, the first one does the talking.

 As in "recr**ui**t," when the two vowels "**u**" and "**i**" are next to each other (walking), the first one "**u**" does the talking and the second one "**i**" is silent. The first one "**u**" does the talking means it has a sound and that sound is a long sound, just like the name of the letter **U**. The silent "**i**" is there just to help the "**u**" say **U**.

Again, when we say that the "**u**" does the talking we mean that, the "**u**" is able to sound like the name of the letter **U**, an being able to say the name of the letter **U** means the "**u**" is a long **ū**.

Similarly, as in the syllable "s**ui**t´" in "s**ui**t´·a·ble," when "**u**" and "**i**" are next to each other in a stressed syllable, the "**u**" has the sound of the letter **U**, and the "**i**" is silent.

Compare "purs**ui**t" with "purs**ue**" and notice that the "**ui**" phonic occurs inside words.

suit or suet

Furthermore, this "**ui**" phonic is useful to tell apart homonyms like "s**ui**t" and "s**ue**t."

Know that the two vowels walking rule applies only to two vowels that are in the same syllable and that syllable must be stressed, as in the stressed syllable "s**ui**t´" in "s**ui**t´·a·ble." Moreover, this rule applies only to specific two vowels, not to any two vowels next to one another. All such specific two vowels are made available in this book.

When two vowels are walking, the first one does the talking.

Lesson 3: The "ui" phonic in 28 words (four one-syllable words)

Read aloud slowly:

fr**ui**t	j**ui**ce	br**ui**se	s**ui**t

s**ui**t	s**ui**ts	s**ui**t·ed
s**ui**t·ing	s**ui**t·a·ble	un·s**ui**t·ed
s**ui**t·case	law·s**ui**t	pur·s**ui**t
pur·s**ui**ts	s**ui**t·or	s**ui**t·ors
fr**ui**t	fr**ui**ts	fr**ui**t·ful
fr**ui**t·less	con·d**ui**t	re·cr**ui**t
re·cr**ui**ts	re·cr**ui**t·ed	re·cr**ui**t·ing
j**ui**ce	j**ui**c·es	j**ui**ced
br**ui**se	br**ui**s·es	br**ui**sed
n**ui**·sance		

Good Job!

■ Reading silently means using less sense. Reading aloud means seeing the word, hearing the word, and feeling the word in your mouth as you utter it. If you find yourself studying silently but not memorizing, it is because you are not reading aloud.

Lesson 4: The "**ui**" words in a story about a "**Suitor**"

Read aloud slowly whether asked or not asked to do so:

The wom·an's s**ui**t·or put his s**ui**ts in a s**ui**t·cas*e* and went on a cr**ui**s*e*. The s**ui**t·or drank some fr**ui**t j**ui**c*e*. The s**ui**t·or's foot was br**ui**s*e*d af·ter he tripp*e*d on a con·d**ui**t. The s**ui**t·or thou*gh*t that it would be s**ui**t·a·ble to start a law·s**ui**t a·gainst the com·pa·ny to com·pen·sat*e* his in·ju·ry. A law·yer told the s**ui**t·or that such a pur·s**ui**t would be fr**ui**t·less. The s**ui**t·or was a bit dis·tress*e*d when deal·ing with such n**ui**·sanc*e*.

The s**ui**t·or was la·ter re·cr**ui**t·ed to work for a job re·cr**ui**t·ing cen·ter. The s**ui**t·or said this job s**ui**ts him well, and that it was the most s**ui**t·a·ble po·si·tion for his con·di·tion.

fr**ui**t
j**ui**ce

cond**ui**t

s**ui**t

 Copy these words and do not try to guess their spelling. Look at each word before you begin to copy it and do not look away from it until you are 100% confident that you can spell it:

suit	suitable	unsuited	suitcase
lawsuit	pursuit	pursuits	fruit
fruitful	fruitless	recruit	recruited
recruiting	conduit	juice	juicer
bruise	suit	suet	suite
sweet	pursuit	pursuits	pursue
pursues	pursued	pursuing	pursuance
nuisance	nuisances	suitor	

1. Write five words that contain the long "ūi" phonic. Example: suit

_____ _____ _____ _____ _____ _____

_____ _____ _____ _____ _____ _____

2. Write five simple sentences using words that contain the "ūi" phonic. Example: I like your suitcase.

1. _____

2. _____

3. _____

4. _____

5. _____

6. _____

7. _____

8. _____

9. _____

10. _____

Chapter 3: The long ū sound spelled with "**eu**" as in "**Eu**gene"

The third way to spell the long ū sound is with "**eū**" as in "**Eu**rope."

Lesson 1: Meaning of a Long Vowel

    Remember: The long "**u**" sounds like the name of the letter **U**.

The "**u**" is said to have a long sound when it sounds like the name of the letter **U**. The "**u**" as in "**Eu**rope" sounds like the name of the letter **U** and that makes it a long **ū**.

Know that the long **ū** has two slightly different sounds; it sounds like "**y**o͞o" as in "**Eu**·rope" and like "o͞o" as in "Z**eu**s."

    Compare the different spelling patterns of the long **ū** sound:
Z**eu**s, z**oo**s

17

Lesson 2: The "eū" sounds like long ū

Remember: The "eū" phonic is derived from French.

eu=ū As in "neu´·tral," the "e" is silent and the stressed "u´" at the end of a syllable sounds like a long ū. The "e" is silent because it is too difficult to pronounce it before the "u."

As in "Eu´·rope," most of the time, the "eu" is at the end of a stressed syllable—only in eight out of 63 words is the "eu" inside syllables, as in "feud." In addition, we rarely see words ending with the vowel "u" in English.

Europe

Note that if we try to pronounce the "e" in "eu" as in "Europe," we would have difficulty doing so because it is not easy to pronounce it.

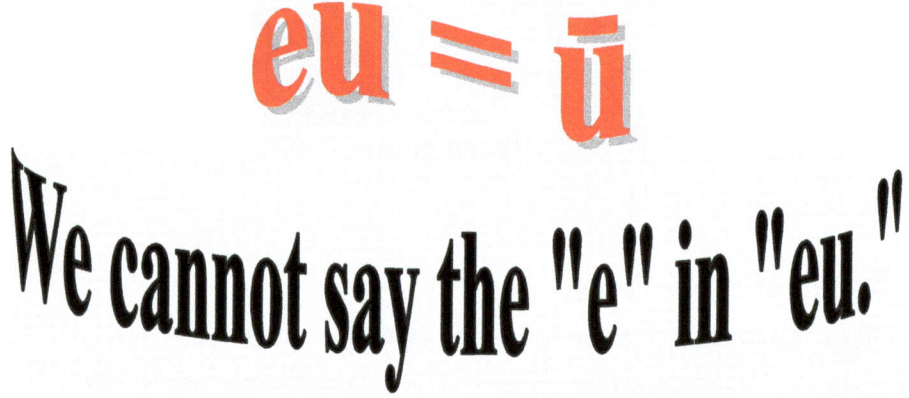

Lesson 3: The "eū" phonic in **57** words (six one-syllable words)

f*eu*d	fl*eu*r	li*eu*	Z*eu*s	d*eu*ce	b*eau*

Eu·rope	*Eu*·ro·pe·an	*Eu*·gene
Eu·phra·tes	*Eu*·cha·rist	*Eu*·clid
eu·ca·lyp·tus	*eu*·lo·gy	*eu*·nuch
Eu·nice	*eu*·phe·mism	*eu*·pho·ria
eu·tha·na·sia	rh*eu*·ma·tism	Z*eu*s

a·di*eu*	mi·li*eu*	pur·li*eu*
li*eu*	in li*eu* of	li*eu*·ten·ant
l*eu*·ke·mia	A·l*eu*·tian	A·l*eu*t
fl*eu*r	fl*eu*r-de-li*s*	f*eu*d
f*eu*·dal·ism	f*eu*·dal·ist	coif·f*eu*r
chauf·f*eu*r	con·nois·s*eu*r	mas·s*eu*se
ps*eu*·do	ps*eu*·do·sci·en·ti·fic	phar·ma·c*eu*·ti·cal

n*eu*·tral	n*eu*·tral·i·ty	n*eu*·ter
n*eu*·rot·ic	n*eu*·rol·o·gy	n*eu*·ro·sis
n*eu*·trons	ma·n*eu*·ver	ma·n*eu*·ver*e*d
pn*eu*·mo·ni·a	en·tre·pre·n*eu*r	gran·d*eu*r
d*eu*ce	h*o*rs d'o*eu*vres	b*eau*
b*eau*·ty	b*eau*·ti·ful	pla·t*eau*
cha·t*eau*	ba·t*eau*	bu·r*eau*

Exceptions: Fr*eu*d, sab·o·t*eu*r, am·a·t*eu*r, mon·si*eu*r

Lesson 4: The "eū" words in a story about a "Eugene"

Eu·gen*e* was *Eu*·ro·pe·an. *Eu*·gen*e* was a n*eu*·rol·o·gist. *Eu*·gen*e*'s great grand·father was in·volved in a fam·i·ly f*eu*d dur·ing f*eu*·dal·ism. *Eu*·gen*e* re·main*e*d n*eu*·tral a·bout his fam·i·ly's f*eu*d. *Eu*·gen*e* read the *eu*·lo·gy at his fa·ther's fu·ner·al. *Eu*·gen*e*'s broth·er, a li*eu*·ten·ant, was out prac·tic·ing ar·my ma·n*eu*·vers when his fa·ther pass*e*d a·way.

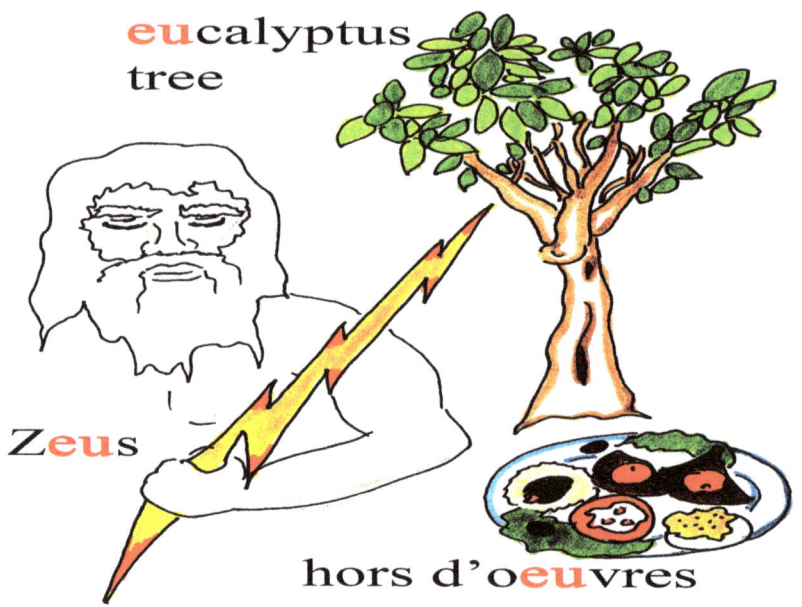

Eu·gen*e* was a well-read per·son. *Eu*·gen*e* read Sig·mund Fr*eu*d and said, "That's not real·ly sci·en·ti·fic! That's *pseu*do·scientific!" *Eu*·gen*e* lik*e*d to read *Eu*·clid, a fa·mous math·e·mat·i·cian. *Eu*·gen*e* thou*gh*t math was b*eau*·ti·ful. *Eu*·gen*e* is an am·a·t*eu*r math·e·mat·i·cian. *Eu*·gen*e* read a·bout Z*eu*s, an an·cient Greek God, and en·joy*e*d the b*eau*·ty in that my·thol·o·gy. *Eu*·gen*e* once read a·bout a *eu*·nuch that liv*e*d in f*eu*·dal tim*e*s. The *eu*·nuch had a *eu*·phe·mism for the *Eu*·cha·rist that no one a·round him much ap·pre·ci·at·ed. The *eu*·nuch was of cours*e* a n*eu*·ter.

Eu·gen*e*'s mas·s*eu*s*e* did not show up when *Eu*·gen*e* had *pneu*·mo·nia. *Eu*·gen*e* was not com·fort·a·ble in a cit·y mi·li*eu*. *Eu*·gen*e* at*e* som*e* h*o*rs d'o*eu*vr*e*s and felt sick. One day, *Eu*·gen*e* said a·di*eu* to his friends in *Eu*·rope and went on a va·ca·tion a·long the *Eu*·phra·tes Riv·er's pur·li*eu*. *Eu*·gen*e* en·joy*e*d the ba·t*eau* rid*e*s. *Eu*·gen*e* lik*e*d the *eu*·ca·lyp·tus trees there. When *Eu*·gen*e* got back from his trip, there was a sens*e* of *eu*·pho·ri·a. *Eu*·gen*e* felt like a kid a·gain and sang the fl*eu*r-de-li*s*.

Eu·gen*e*'s sis·ter, *Eu*·nic*e* work*e*d for a gov·ern·ment bu·r*eau*. The bu·r*eau* she work*e*d at was on the pla·t*eau* near a big cha·t*eau*. *Eu*·nic*e* had l*eu*·ke·mi·a. She told *Eu*·gen*e* that if she be·cam*e* much wors*e*, she would be a can·di·date for *eu*·tha·na·sia. "I'd pre·fer to bid a·di*eu* with dig·ni·ty," she said. *Eu*·nic*e* had lots of gran·d*eu*r a·bout her. *Eu*·nic*e* used to be an en·tre·pre·n*eu*r, and she own*e*d a grand phar·ma·c*eu*·ti·cal com·pa·ny.

In li*eu* of meet·ing her b*eau* in the cit·y, *Eu*·nic*e* met him a·round the pla·t*eau* pur·li*eu*. Her b*eau* had rh*eu*·ma·tism. *Eu*·nic*e*'s b*eau* was A·l*eu*·tian. Dur·ing the war, *Eu*·nic*e*'s b*eau* went to France and be·cam*e* a sab·o·t*eu*r. He was an am·a·t*eu*r sab·o·t*eu*r, but when he cam*e* back from the war, he got jobs as a chauf·f*eu*r, a coif·f*eu*r, and then as a con·nois·s*eu*r of win*e*.

 Copy these words and do not try to guess their spelling. Look at each word before you begin to copy it and do not look away from it until you are 100% confident that you can spell it.

Europe	European	Eugene	Eucharist
Euphrates	Euclid	Eunice	Zeus
eucalyptus	eulogy	eunuch	euphemism
euphoria	euthanasia	rheumatism	adieu
milieu	lieu	purlieu	lieutenant
leukemia	Aleutian	Aleut	fleur-de-lis
feud	feudalism	coiffeur	chauffeur
connoisseur	masseuse	pseudo	pharmaceutical
neutral	neuter	neurotic	neurology
neurosis	neuroses	neutrons	maneuver
pneumonia	entrepreneur	grandeur	deuce
beauty	beautiful	beautician	plateau
chateau	bateau	bureau	hors d'oeuvres

Chapter 4: The long ū sound spelled with "ew" as in "Mathew"

4 ew=ū...few The fourth way to spell the long ū sound is with "ew" as in "few."

**Lesson 1:** Meaning of a Long Vowel

Remember: The long "u" sounds like the name of the letter **U**.

The "**u**" is said to have a long sound when it sounds like the name of the letter **U**. The "**ew**" as in "f**ew**" sounds like the name of the letter **U** and that makes it a long **ū**.

Know that the long **ū** has two slightly different sounds; it sounds like "**yoo**" as in "f**ew**" and like "**oo**" as in "bl**ew**."

Compare the different spelling patterns of the long **ū** in these homonyms:

d*ew*, d*ue*, do   bl*ew*, bl*ue*   cl*ew*, cl*ue*

fl*ew*, fl*ue*, flu   sl*ew*, sl*ue*   thr*ew*, thr*ough*

h*ew*, h*ue*

Lesson 2: The "ew" phonic is for the end of words

Remember: The "w" is a "double u" or "uu."

The "w" and the "u" are related and the name of "w" is "double u" or "uu." Saying "few" is like saying "feuu." Similar to the "eu" in "feud," trying to pronounce the silent "e" in "few" would be too difficult. As in "few´," the "e" is silent, and the "w" sounds like a long "u" or "double u" or "uu."

There are not very many words ending with a "u" in the English language. Therefore, the "eu" does not usually occur at the end of words—it is the "ew" as in "few" that is for the end of words. This situation is similar to the "au" as in "auto" being for inside words and the "aw" as in "law" being for the end of words.

blew or blue

Moreover, this spelling pattern is useful to tell apart two words (homonyms) like "blew" and "blue."

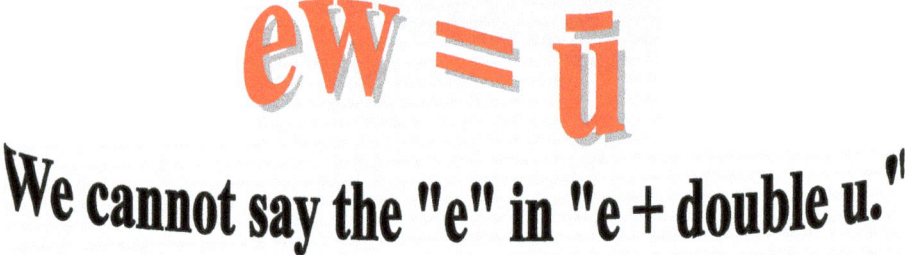

We cannot say the "e" in "e + double u."

Lesson 3: The "ew" phonic in 72 words (27 one-syllable words)

f*ew*	n*ew*	kn*ew*	n*ew*s	m*ew*	fl*ew*	bl*ew*
sl*ew*	cl*ew*	l*ew*d	ch*ew*	h*ew*	d*ew*	shr*ew*
shr*ew*d	dr*ew*	gr*ew*	cr*ew*	scr*ew*	str*ew*	br*ew*
thr*ew*	J*ew*	st*ew*	p*ew*	sp*ew*	vi*ew*	

f*ew*	f*ew*·er	f*ew*·est
cur·f*ew*	neph·*ew*	n*ew*
n*ew*·er	brand-n*ew*	kn*ew*
n*ew*s	n*ew*s·paper	n*ew*s·stand
sin·*ew*	sin·*ew*·y	m*ew*
m*ew*ed	Math·*ew*	s*ew*·ag*e*
fl*ew*	bl*ew*	sl*ew*
sl*ew*ed	L*ew*·is	l*ew*d
l*ew*d·er	l*ew*d·est	cl*ew*
ch*ew*	ch*ew*ed	ch*ew*·ing
es·ch*ew*	es·ch*ew*ed	H*ew*·lett
h*ew*	h*ew*ed	d*ew*
shr*ew*d	shr*ew*d·er	shr*ew*d·est
shr*ew*	dr*ew*	gr*ew*
br*ew*	br*ew*ed	br*ew*·er·y

thr*ew*	cr*ew*	scr*ew*
scr*ew*·driver	str*ew*	str*ew*ed

He·br*ew*   J*ew*   J*ew*·ish
j*ew*·el   j*ew*·els   j*ew*·el·er
j*ew*·el·ry   j*ew*·el·ries   st*ew*
st*ew*ed   st*ew*·ing   p*ew*
sp*ew*   sp*ew*ed   vi*ew*
vi*ew*ed   vi*ew*·ing   re·vi*ew*
in·ter·vi*ew*   pre·vi*ew*   over·vi*ew*

Good Job!

Lesson 4: The "ew" words in a story about a "Math*ew*"

Math*ew* Math·*ew* gr*ew* up in a brand-n*ew* hous*e*. Math·*ew*'s dad was a j*ew*·el·er, but Math·*ew*'s vi*ew* was not to car*e* much for j*ew*·el·ries. Math·*ew*'s on·ly j*ew*·el·ry was a ring. Math·*ew*'s dad us*e*d to re·vi*ew* Math·*ew*'s hom*e*·work dai·ly. Math·*ew*'s dad *kn*ew that Math·*ew* es·ch*ew*d any l*ew*d acts.

Math·*ew*'s n*ew* com·pu·ter was a H*ew*·lett Pack·ard. Math·*ew* read the n*ew*s·papers and lis·tened to n*ew*s. Math·*ew* was very shr*ew*d at tim*e*s. Math·*ew* was call*e*d for a job in·ter·vi*ew*. Math·*ew* wrot*e* an over·vi*ew* of his plan to be read·y for the in·ter·vi*ew*.

Math·*ew* had a f*ew* friends. Math·*ew* went on a cr*ew* with his friends. Math·*ew* came hom*e* ear·ly be·caus*e* he *kn*ew his n*ew* cur·f*ew* tim*e*. Math·*ew* isn't a J*ew*, but he *kn*ew some He·br*ew*. Math·*ew* learn*e*d He·br*ew* from his J*ew*·ish nei*gh*·bors.

Math·ew saw a pre·view of a mov·ie and liked it. Math·ew drew a few pic·tures of the dew. Math·ew flew a kite and the wind blew a·way his kite. Math·ew threw a clew un·der the pew and his cat grabbed it. Math·ew's cat mewed, and the shrew ran from un·der the pew. Math·ew's cat hurt her sin·ew and then she had to spew. Math·ew had beef stew and stewed to·ma·toes for lunch. Math·ew chewed his food very well. Math·ew was Lewis' neph·ew. Math·ew helped when Un·cle Lewis hewed some wood. Math·ew's un·cle had a brew·er·y and he knew how to brew. Math·ew bought some screws and a screw·driver for Un·cle Lewis. Math·ew worked on the farm and helped his un·cle strew the seeds. Math·ew's dad taught Math·ew phon·ics and said,

"Math·ew liked the dew. Sue's bills were due."

"The winds blew Math·ew's kite a·way. Sue wore her blue jeans."

"Math·ew flew his kite. Sue was by the flue of her fire·place."

"Math·ew had to hew the wood. Sue en·joyed see·ing the hue."

"Math·ew had the clew, but Sue had no clue a·bout that."

"Math·ew threw the ball through the win·dow."

"Math·ew knew a·bout the new laws."

"The first "e" in "e·we" is not silent."

 Copy these words and do not try to guess their spelling. Look at each word before you begin to copy it and do not look away from it until you are 100% confident that you can spell it. Copy slowly and neatly. Don't let your fingers alone do the copying; you must think actively about what you are copying:

few	fewer	fewest	curfew
_____	_____	_____	_____
nephew	new	newer	brand-new
_____	_____	_____	_____
knew	news	newspaper	newsstand
_____	_____	_____	_____
sinew	sinewy	mew	mewed
_____	_____	_____	_____
Mathew	sewage	flew	blew
_____	_____	_____	_____
slew	slewed	Lewis	lewd
_____	_____	_____	_____
lewder	lewdest	clew	chew
_____	_____	_____	_____
chewed	chewing	eschew	eschewed
_____	_____	_____	_____
Hewlett	hew	hewed	dew
_____	_____	_____	_____
shrewd	shrewder	shrewdest	shrew
_____	_____	_____	_____
drew	grew	brew	brewed
_____	_____	_____	_____

brewery	threw	crew	screw
_____	_____	_____	_____
screwdriver	strew	strewed	Hebrew
_____	_____	_____	_____
Jew	Jewish	jewel	jewels
_____	_____	_____	_____
jeweler	jewelry	jewelries	stew
_____	_____	_____	_____
stewed	stewing	pew	spew
_____	_____	_____	_____
spewed	view	viewed	viewing
_____	_____	_____	_____
review	interview	preview	overview
_____	_____	_____	_____

Write six sentences that contain some of the above words that you copied. Example: He is shrewd.

1. _____

2. _____

3. _____

4. _____

5. _____

6. _____

Chapter 5: The long ū sound spelled with "u-e" as in "June"

5 ū-e...cute The fifth way to spell the long ū sound is with the "u-e" phonic as in "cute."

flute   computer   prune   sugar

Lesson 1: Meaning of a Long Vowel

Commit to memory: The long "u" sounds like the name of the letter **U**.

The "**u**" is said to have a long sound when it sounds like the name of the letter **U**. The "**u**" as in "c**u**t**e**" sounds like the name of the letter **U** and that makes it a long **ū**.

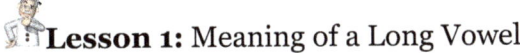

cut or cute

Compare "c**u**t" with "c**u**t**e**." The "**u**" in "c**u**t" does sound like the name of the letter **U**. Without the final silent "**e**" in "c**u**t**e**," we would have "c**u**t," not "c**u**t**e**," and the "**u**" in "c**u**t" has a short **ŭ** sound.

chute or shoot

Besides, the "**u-e**" pattern is useful to tell apart two words like "ch**u**t**e**" and "sh**oo**t." Notice that this spelling pattern of long **ū** occurs mainly at the end of long words.

Know that the long **ū** has two slightly different sounds; it sounds like "y**oo**" as in "c**u**t**e**" and like "**oo**" as in "ch**u**t**e**."

Compare short **ŭ** with long **ū** and then compare homonyms of long **ū**:

c**u**t, c**u**t**e**	c**u**t·t**e**r, c**u**·t**e**r	s**u**p·p**e**r, s**u**·p**e**r
t**u**b, t**u**b**e**	c**u**b, c**u**b**e**	m**u**tt, m**u**t**e**
h**u**g, h**u**g**e**	pl**u**m, pl**u**m**e**	ch**u**t**e**, sh**oo**t
l**u**t**e**, l**oo**t	r**u**d**e**, r**oo**d, r**u**ed	dr**u**p**e**, dr**oo**p

Lesson 2: The "u-e" Rule

Rule: One consonant between two vowels is too weak to keep the two vowels from helping each other or from walking together.

ū-e...cute Usually, vowels help each other. We learned earlier as in "arg**ue**," that when two vowels are walking, the first one does the talking, and this second rule in this chapter is built on that previous rule.

Compare "c**u**t" with "c**u**te." As in "c**u**te," one consonant between two vowels is too weak to keep the two vowels from helping each other (from walking together). This means that when there is only one consonant between two vowels, like the one "t" in "c**u**te," that one "t" cannot keep the two vowels "u" and "e" away from each other (from walking together). The two vowels in "c**u**te" can still help each other and walk together in this way "**u-e**." The silent "e" can still help make the "u" long as if the two vowels were like this "**ue**" and as if the "t" were not between them. A dash as in "**u-e**" represents not only the "t" but also any single consonant between the two vowels, like the one "n" in "J**u**n**e**." Having only one consonant between two vowels is like having no consonant.

cutter or **cuter**

To prevent two vowels from walking together, a consonant doubles as in c**u**t, c**u**tter, c**u**tting, and this explains why we double the consonants. If you hear the sound of short ŭ, use "tt" after the "u" as in "c**u**tter." But if you hear yourself saying the sound of long ū, use one "t" after the "u" as in "c**u**ter."

This same rule applies to other vowels. For instance, we use one "n" after the long ī in "d**i**n**e**r" and "nn" after the short ĭ in "d**i**nn**e**r." We use one "p" after the long ā in "scr**a**p**e**d" and "pp" after the short ă in "scr**a**pp**e**d." See these examples of any single consonant between two vowels being weak: f**a**t**e**, th**e**m**e**, d**i**n**e**, h**o**p**e**, c**u**r**e**

Note The "vowel-e" rule applies only to specific two vowels that fall in the same syllable, and that syllable must be stressed. All such specific vowels are presented in this book. See these examples of any single consonant being weak between two vowels: pl**a**n**e**´, air·pl**a**n**e**´, th**e**s**e**´, Leb·a·n**e**s**e**´, s**i**d**e**´, out·s**i**d**e**´, sc**o**p**e**´, mi´·cro·sc**o**p**e**´, h**o**p**e**´, h**o**p**e**´·ful, f**u**m**e**´, per·f**u**m**e**´

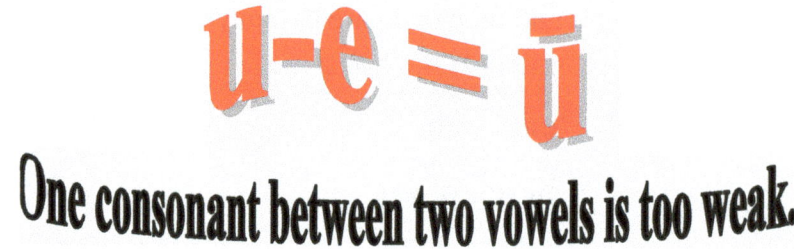

u-e = ū

One consonant between two vowels is too weak.

Lesson 3: The "u-e" phonic in 236 words (38 one-syllable words)

cute	mute	chute	brute	lute	flute	dude
nude	rude	crude	prude	fume	spume	plume
Hume	June	tune	dune	prune	sure	cure
lure	pure	Bruce	truce	use	fuse	muse
Duke	Luke	puke	juke	rule	mule	tube
cube	huge	drupe				

cute	cut·er	cut·est
a·cute	ex·e·cute	ex·e·cut·ed
pros·e·cute	pros·e·cut·ed	pros·e·cut·or
per·se·cute	per·se·cut·ed	e·lec·tro·cute
e·lec·tro·cut·ed	mute	com·mute
com·mut·ed	trans·mute	com·pute
com·put·ed	com·put·er	dis·pute
dis·put·ed	dis·put·ing	im·pute
chute	par·a·chute	in·sti·tute
sub·sti·tute	con·sti·tute	des·ti·tute
as·tute	brute	mi·nute
re·fute	re·fut·ed	con·tri·bute
at·tri·bute	at·tri·butes	tri·bute
lute	flute	ab·so·lute
ab·so·lute·ly	sa·lute	sa·lut·ed
sa·lut·ing	di·lute	di·lut·ed

33

con·vo·lut·ed	res·o·lute	dis·so·lute
de·lude	de·lud·ed	de·lud·ing
e·lude	e·lud·ed	e·lud·ing
al·lude	al·lud·ed	al·lud·ing
in·clude	in·clud·ed	in·clud·ing
ex·clude	ex·lud·ed	ex·lud·ing
in·ter·lude	sec·lude	sec·lud·ed
sec·lu·sion	pre·clude	pre·clud·ed
pre·clud·ing	dude	nude
rude	crude	prude
in·trude	in·trud·er	in·trud·ed
in·trud·ing	pro·trude	pro·trud·ed
pro·trud·ing	ob·trude	at·ti·tude
grat·i·tude	mag·ni·tude	lat·i·tude
mul·ti·tude	sol·i·tude	rec·ti·tude
fume	per·fume	plume
vol·ume	spume	as·sume
as·sumed	as·sum·ing	con·sume
con·sumed	con·sum·ing	pre·sume
pre·sumed	pre·sum·ing	Hume
June	tune	tuned
dune	prune	im·mune

im·muned   im·mun·i·ty   trib·une

sure   as·sure   as·sur·ance
in·sure   in·sur·ance   in·sured
in·sur·ing   bro·chure   cure
cured   ob·scure   pro·cure
pro·cured   pro·cure·ment   se·cure
se·cured   se·cur·ing   in·se·cure
en·dure   en·dured   en·dur·ing
lure   lured   lur·ing
al·lure   al·lured   al·lur·ing
pure   pur·er   pur·est
im·pure   man·i·cure   ped·i·cure
ma·ture   im·ma·ture   im·ma·ture·ly

Bruce   truce   re·duce
re·duced   re·duc·ing   de·duce
de·duced   de·duc·ing   in·tro·duce
in·tro·duced   in·tro·duc·ing   pro·duce
pro·duced   pro·duc·ing   re·pro·duce
re·pro·duced   con·duce   con·duced
con·duc·ing   ad·duce   ad·duced

use   used   used to
over·use   over·used   mis·use

mis·**us**ed	ab·**us**e	ab·**us**ed
dis·**us**e	**us**e·ful	**us**e·less
f**us**e	dif·f**us**e	in·f**us**e
re·f**us**e	re·f**us**ed	re·f**us**·ing
con·f**us**e	con·f**us**ed	con·f**us**·ing
ac·c**us**e	ac·c**us**ed	ac·c**us**·ing
ex·c**us**e	ex·c**us**ed	ex·c**us**·ing
m**us**e	a·m**us**e	a·m**us**ed
a·m**us**·ing	en·th**us**e	en·th**us**·es
en·th**us**ed	en·thu´·si·as·tic	en·thu´·si·asm
ob·t**us**e	D**uk**e	L**uk**e
p**uk**e	l**uk**e·warm	j**uk**e·box
re·b**uk**e	re·b**uk**ed	re·b**uk**·ing
r**ul**e	m**ul**e	rid·i·c**ul**e
rid·i·c**ul**ed	t**ub**e	c**ub**e
h**ug**e	ref·**ug**e	ref·**u**´·gee
ref·**u**´·gees	sub·ter·f**ug**e	del·**ug**e
dr**up**e	Langston H**ughe**s	[s**ug**·ar]

Bravo!

36

Lesson 4: The "**u-e**" words in a story about "J**u**n**e**"

J**u**n**e** was born on J**u**n**e** 12, 1978. J**u**n**e** us**e**d to be the c**u**t·est lit·tle girl. J**u**n**e** had sev·er·al good at·tri·b**u**t**e**s. J**u**n**e**'s good at·tri·b**u**t**e**s could be at·tri·b**u**t·**e**d to her up·bring·ing. J**u**n**e**'s char·ac·ter was firm and res·o·l**u**t**e**. J**u**n**e** was skep·tic and thou*gh*t noth·ing was ab·so·l**u**t**e**. J**u**n**e** tried to re·f**u**t**e** the i·de·a that peo·ple were born with bad at·tri·b**u**t**e**s. J**u**n**e** had an a·c**u**t**e** mind. J**u**n**e** was ma·t**u**r**e**, as·t**u**t**e**, and was no ob·t**u**s**e** per·son. J**u**n**e** had a pos·i·tive at·ti·t**u**d**e**. J**u**n**e** was not r**u**d**e** or cr**u**d**e** to any·one. J**u**n**e** did not de·l**u**d**e** her·self with fals**e** hop**e**s. No one was a·ble to e·l**u**d**e** J**u**n**e** from be·ing the rec·ti·t**u**d**e** per·son that she was.

J**u**n**e** mad**e** a good **u**s**e** of what she had to con·d**u**c**e** to so·ci·e·ty. J**u**n**e** wish**e**d to dis·trib·**u**t**e** a mi·n**u**t**e** a·mount of her low in·com**e** to some des·ti·t**u**t**e** poor chil·dren. J**u**n**e** said thes**e** prob·lems were con·vo·l**u**t·**e**d and she did not im·p**u**t**e** them to any·thing. J**u**n**e** con·tri·b**u**t**e**d to her un·ion si·lent·ly

J**u**n**e** **u**s**e**d to be a sub·sti·t**u**t**e** mu·sic teach·er. J**u**n**e** sat by a d**u**n**e** of sand and play**e**d a nice t**u**n**e** with her fl**u**t**e**. J**u**n**e**'s fl**u**t**e** was ab·so·l**u**t**e**·ly the best fl**u**t**e**. J**u**n**e** own**e**d an old l**u**t**e**. J**u**n**e** need·ed to t**u**n**e** up her l**u**t**e**.

J**u**n**e** was in·f**u**s**e**d with good i·de·as. J**u**n**e** was a res·o·l**u**t**e** do·er and she ex·e·c**u**t·**e**d her plans im·me·di·at**e**·ly. J**u**n**e** planned to con·sti·t**u**t**e** a non-profit or·gan·i·za·tion that would con·trib·ute to teach·ing lit·er·a·cy, lit·er·a·ture, and the arts. June ex·e·cut·ed her plan at once. June's teach·ing meth·od was very use·ful. June thought that sev·er·al tra·di·tion·al learn·ing meth·ods had fall·en in·to dis·use. June was en·thu·si·as·tic to use her learn·ing meth·od. June re·fused to ac·cuse any oth·er meth·ods of be·ing ob·so·lete. June was a·mused by the good per·form·ance of her stu·dents. June's stu·dents did not mis·use what they learned.

June had the en·tire vol·ume of Shake·speare's work. June as·sumed that read·ing Shake·speare's work would e·ven·tu·al·ly help her dis·cov·er her·self. June's mind con·tained lure. June's soul was pure. June was a·ble to con·jure oth·ers in a mag·ic·al way. June knew how to en·dure her·self. Things did not eas·i·ly al·lure June. June felt se·cured a·bout her health·y relation·ship with Luke.

June used car·pool·ing to com·mute. June used her com·pu·ter to com·pute. June need·ed to re·duce the a·mount of sug·ar in her di·et. June im·proved her im·mune sys·tem. June ate a prune. June went to an a·muse·ment park and was a·mused by a muse. June paid a tri·bute to so·lute the re·so·lute sol·diers that passed a·way dur·ing the war.

June had a dis·pute with some·one who was be·ing dis·so·lute. June im·put·ed the dis·pute to some mis·under·standing. June's dis·pute was not con·vo·lut·ed. June was not des·ti·tute of hu·man feel·ings. June did not wish to pros·e·cute a·gainst that per·son who was ac·ting like a brute. Even when June was sure a·bout some·thing, she did not feel that she had an ex·cuse to over·use her o·pin·ion. June was not con·fused.

Chapter 5: Long ū - June

June was mar·ried to Luke. Luke was bus·y try·ing to pro·duce his own pro·duce. June said that Luke was cute. Luke did not se·duce any·one. Bruce is the one who in·tro·duced June to Luke. Bruce de·duced that June and Luke would be·come close friends. Bruce re·pro·duced some of Luke's i·de·as, and Luke be·came an·gry. June brought a·bout a truce be·tween Bruce and Luke.

June and Luke went on a trip. June's hair·dryer did not dif·fuse e·nough air. June did not want to over·use or a·buse her hair·dryer that caused an e·lec·tri·cal fuse. June used some use·ful tools to re·pair the e·lec·tri·cal fuse. June has been e·lec·tro·cut·ed be·fore, and she a·void·ed get·ting e·lec·tro·cut·ed a·gain.

June's tel·e·vi·sion was on mute. June took a bath with lots of spume. June wore a plume. June wore a nice per·fume. June was a·bout to con·sume a new bot·tle of per·fume. June could not smell the fire's fumes be·cause of her strong per·fume. June said, "I pre·sume that Luke is go·ing to like this per·fume." June made sure to in·sure her health with a re·li·a·ble in·sur·ance com·pa·ny. June liked to as·sure Luke that she was se·cured.

June and Luke met a huge Duke. The Duke used to mis·use his po·wer. The Duke's po·wer had fall·en in·to dis·use. The Duke had no ex·cuse to a·buse his pow·er. The Duke had a sick·ness that was ob·scure and very lit·tle was known a·bout it. June read a bro·chure a·bout a pos·si·ble cure for the Duke's sick·ness.

The Duke bought a tube of tooth·paste. The Duke swal·lowed an ice cube. June did not think that the Duke was a dupe. June was not about to ridicule the Duke. It was Yule time and no one followed any specific rule. The Duke wasn't feeling very well, and he was acting like a stubborn mule. Luke rebuked the Duke. The Duke washed his face with luke-warm water. The Duke played a song from a juke-box. The Duke became a refugee and he had been through a subterfuge.

June mentioned and alluded to a time in her past when she lived in solitude. June has had to examine her life alone. When June was in seclusion, she met a very prude dude named Bruce. Bruce was also in solitude and he was reading the Jude. Bruce was living in seclusion, and he chose to exclude many people from his life. June preferred including people in her life whenever she could. Bruce excluded and precluded most people from entering into his world. Sometimes, Bruce excluded June too. June wasn't about to intrude with Bruce's way of life. Bruce had lots of gratitude for June for staying away from him. Bruce stayed in a magnitude place in high latitude. There were a multitude of stars in the sky where Bruce stayed. June talked with Bruce during the interludes that she took during her music playing. June said, "The long $\bar{u}$ is spelled in too many ways as in":

"The bullet went through June's mail **chute** when Snoopy tried to **shoot**."

"June had a **lute**. Snoopy did not **loot** or steal."

"June ate a **drupe**. Snoop's head may **droop**."

"June was not **rude** to anyone. Snoopy saw the **rood** and prayed."

"Snoopy wore his **shoe** and ran to **shoo** out the chickens."

"Snoopy wore his **shoe** and ran to **shoo** out the chickens."

"Snoop's tie was **loose** and he was going to **lose** his mind."

"Snoopy has had to **choose** and Rose **chose** for him."

Chapter 5: Long ū - June

 Copy these words and do not try to guess their spelling. Look at each word before you begin to copy it and do not look away from it until you are 100% confident that you can spell it:

cute	acute	execute	prosecute
prosecutor	persecute	electrocute	mute
commute	transmute	compute	computer
dispute	impute	chute	parachute
institute	substitute	constitute	destitute
astute	brute	minute	refute
contribute	tribute	attribute	lute
flute	absolute	absolutely	salute
dilute	convoluted	resolute	dissolute
delude	elude	allude	include
exclude	interlude	secluded	seclusion
preclude	dude	nude	rude

| crude | prude | intrude | protrude |

| obtrude | attitude | gratitude | magnitude |

| latitude | multitude | solitude | rectitude |

| fume | perfume | plume | volume |

| spume | assume | consume | presume |

| June | tune | dune | prune |

| immune | immunity | tribune | sure |

| assure | insure | insurance | brochure |

| cure | procure | obscure | procurement |

| secure | insecure | endure | lure |

| allure | pure | impure | manicure |

| pedicure | mature | immature | truce |

| reduce | deduce | introduce | produce |

Chapter 5: Long ū - June

reproduce	conduce	adduce	use
overuse	misuse	misuse	abuse
abused	disuse	useless	useful
fuse	diffuse	infuse	refuse
confuse	accuse	excuse	muse
amuse	enthuse	enthusiastic	enthusiasm
obtuse	jukebox	rebuke	rule
mule	ridicule	tube	cube
huge	refuge	refugee	subterfuge
deluge	drupe	sugar	Langston Hughes
cut, cute	cutter, cutter	supper, super	tub, tube
cub, cube	mutt, mute	hug, huge	plum, plume
chute, shoot	lute, loot	rude, rood, rued	drupe, droop

43

1. Write 10 or more words that contain the long "ū-e" phonic. Examples: June, cute

_____   _____   _____   _____   _____   _____

_____   _____   _____   _____   _____   _____

2. Write 10 or more simple sentences using words that contain the "ū-e" phonic. Example: I like these spelling rules.

1. _____

2. _____

3. _____

4. _____

5. _____

6. _____

7. _____

8. _____

9. _____

10. _____

Chapter 6: The long ū sound spelled with "u´" as in "Ru´·dy"

The sixth way to spell the long ū is with a stressed final "u´" as in "hu´·man."

Lesson 1: Meaning of a Long Vowel

Remember: The long "u" sounds like the name of the letter **U**.

The "**u**" is said to have a long sound when it sounds like the name of the letter **U**. The "**u**" as in "h**u**´·man" sounds like the name of the letter **U** and that makes it a long **ū**.

Compare the spelling of the "h**ū**" sound in "h**u**´·man" with the one in "h**ew**."

Know that the long **ū** has two slightly different sounds; it sounds like "**yoo**" as in "h**u**·man" and like "**oo**" as in "s**u**·per"

Compare the long ū sound spelled inside words and at the end of words:

hu´·man, hue, hew	du·al, do, due, dew	flu, flue, flew
tu·tu, too, to, two	u·nit, you	gu·ru, rue
nu·cle·ar, new, knew	in·tru·sion, true	cru·el, crew
fu·el, few	su·per, sue	cu·ri·ous, queue
ju·do, Jew	glu·cose, glue	

45

Lesson 2: The stressed final u´ Rule

Rule: The stressed "u´" at the end of a syllable sounds like a long ū.

final u´ = ū As in "men·u´" and as in "hu´·man," the final stressed "u´" at the end of a word or at the end of a syllable sounds like long ū. This spelling pattern is the most common way to spell the long ū sound.

Notice that only five out of the following 189 words are spelled with ū´ at the end of a word: gu·ru, men·u, tu·tu, im·promp·tu, and flu, which is short for in·flu·en·za.

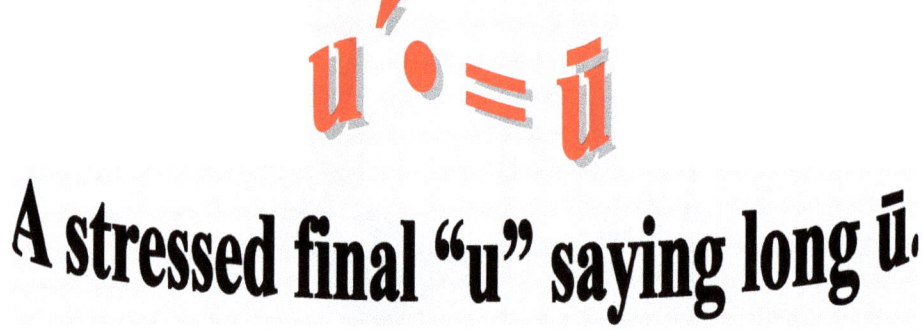

Lesson 3: The "u´" phonic in 189 words

u´·to·pi·a	u·ter·us	u·nit
u·nit*e*	u·ni·ver·si·ty	u·niq*ue*
u·nan·i·mous·ly	u·ni·form	u·ra·ni·um
u·su·al	u·su·al·ly	u·ten·sils
u·til·i·ty	U-turn	fl u
gu·r u	men· u	t u·tu
im·prom·pt u	tu·tor	tu·tor·ial
in·sti·tu·tion	in·tu·i·tiv*e*	tu·i·tion
in·tu·i·tion	in·tu·it	st u·di·o
st u·dent	st u·pid	tu·na
tu·lip	tu·mor	con·gra·tu·la·tions
rit·u·al	fac·tu·al	in·tel·lec·tu·al
e·ven·tu·al	e·ven·tu·al·ly	im·pet·u·ous
stat·u·ett*e*	dis·trib·u·tor	con·trib·u·tion
cu·cum·ber	cu·ri·ous	in·cu·ba·tor
va·cu·um	e·vac·u·at*e*	e·vac·u·ees
vac·u·ous	con·spic·u·ous	bin·oc·u·lars
sec·u·lar	spec·tac·u·lar	pe·cu·liar
oc·cu·py	scu·ba	ac·cu·mu·lat*e*
in·oc·u·lat*e*	ed·u·cate	zuc·chi·ni
in·di·vid·u·al	grad·u·at*e*	du·et

du·al	du·al·i·ty	du·plex
du·pli·cate	du·pli·cat·ed	du·o
du·bi·ous	in·du·bi·ta·ble	du·ty
du·el	in·di·vid·u·al	sched·ule
Plu·to	lu·au	lu·nar
lu·na·tic	glu·cose	lu·cra·tive
lu·cid	lu·cent	trans·lu·cent
flu·id	flu·ent	flu·en·cy
in·flu·ence	in·flu·en·tial	in·flu·en·za/flu
ev·o·lu·tion	rev·o·lu·tion	cel·lu·lar
sol·u·ble	con·clu·sive	su·per·flu·ous
il·lu·sion	de·lu·sion	sec·lu·sion
in·clu·sion	ex·clu·sion	hal·lu·ci·nate
ru·ral	ru·mor	ru·by
Ru·dy	ru·in	ru·in·ous
cru·el	cru·el·ty	cru·sade
cru·ci·fix	scru·ple	scru·pu·lous
ex·cru·ci·ate	ex·cru·ci·at·ing	tru·ism
in·tru·der	in·tru·sion	in·con·gru·ous
pru·dent	im·pru·dent	Feb·ru·ar·y
nu·tri·tion·ist	nu·cle·ar	nu·mer·al
nu·mer·i·cal	nu·mer·ous	in·nu·mer·a·ble
con·tin·u·ous	con·tin·u·um	con·tin·u·al

Chapter 6: Long ū - Rudy

mon·u·ment	Jan·u·ary	an·nu·al
mu·se·um	mu·ez·zin	mu·sic
mu·ral	mu·nic·i·pal	man·u·al
man·u·script	im·mu·nize	en·thu·si·asm
hu·man	hu·man·i·tar·i·an	in·hu·man
in·hu·mane	hu·mor	hu·mor·ous
su·per	su·per·fi·cial	su·per·sti·tious
su·perb	su·i·cide	su·i·cid·al
Su·me·rian	vi·su·al	ca·su·al
Ju·pi·ter	ju·do	Ju·dy
Ju·das	ju·di·cial	ju·ry
Ju·da·ism	Ju·ly	ju·ve·nile
fu·el	fu·tile	fu·ture
fu·ri·ous	fu·ry	in·fu·ri·ate
fu·sion	in·fu·sion	Mas·sa·chu·setts
an·gu·lar	sin·gu·lar	reg·u·lar
in·au·gu·rate	in·au·gu·ra·tion	am·big·u·ous
am·big·u·i·ty	pu·pil	pu·ber·ty
pop·u·lar	im·pu·ni·ty	com·pu·ter

The "**u**" in these words is long because it is followed by a semivowel: b**u**ll, f**u**ll, p**u**ll, **u**n·ion, and im·p**u**gn. The "**u**" in these words is long because of various other reasons: p**u**t, tr**u**th, R**u**th, L**u**ther

Lesson 4: The "u´" words in a story about "Rudy"

Ru´·dy was a u·ni·ver·si·ty stu·dent and a part-time tu·tor. The in·sti·tu·tion paid for Ru·dy's tu·i·tion. Ru·dy lived in a du·plex. Ru·dy owned a small art stu·di·o. Ru·dy tu·tored sev·er·al pu·pils in his stu·di·o. Ru·dy's tu·tor·ial meth·od was pe·cu·liar. Ru·dy liked to ed·u·cate oth·ers. Ru·dy's con·trib·u´·tions were su·perb and he had a du·ty to ful·fill. Ru·dy was oc·cu·pied and bus·y. Ru·dy was flu·ent in Eng·lish. Ru·dy a·chieved flu·en·cy through read·ing a·loud. Ru·dy in·flu·enced most of the stu·dents in his u·ni·ver·si·ty. The stu·dents' club vot·ed u·nan·i·mous·ly for Ru·dy. Ru·dy was an in·flu·en·tial lead·er. Ru·dy was tak·ing 12 u·nits per se·mes·ter. Ru·dy was a·bout to grad·u·ate. Ru·dy was a spec·tac·u·lar in·di·vid·u·al.

Ru·dy sculp·tured a stat·u·ette of Plu·to. In·du·bi·ta·bly, Ru·dy was a fine art·ist. Ru·dy worked hard on mak·ing his stat·u·ettes. Ru·dy met with his dis·trib·u·tors to mar·ket his art·work. Ru·dy's dis·trib·u·tors said con·gra·tu·la·tions to Ru·dy. Ru·dy was not hast·y or im·pet·u·ous. Ru·dy was in a lu·cra·tive busi·ness. Ru·dy's fa·ther in·oc·u·lat·ed art in·to Ru·dy's life. Ru·dy had ac·cu·mu·lat·ed plen·ty of art·work.

Ru·dy was hu·mane and he ab·horred in·hu·mane acts and cru·el·ty to·ward an·i·mals. Ru·dy was a u·nique hu·man be·ing. Ru·dy was in·tel·lec·tu·al. Ru·dy was lu·cid and lu·cent. Ru·dy was a·ble to give an im·promp·tu speech. Ru·dy's speech·es were based on fac·tu·al facts. Ru·dy was al·so in·tu·i·tive and he once had in·tu·i·tions a·bout his aunt. Ru·dy could in·tu·it the tu·mor in her u·ter·us was be·nign. Ru·dy had heard a ru·mor a·bout the scru·ples of his scru·pu·lous aunt.

Ru·dy's an·ces·tors were Su·me·rians. Ru·dy used to use the Ar·a·bic nu·mer·i·cal sys·tem. Ru·dy was placed in an in·cu·ba·tor right af·ter his birth. At times, Ru·dy seemed con·spic·u·ous to oth·ers. Ru·dy was mere·ly cu·ri·ous. Ru·dy thought ev·o·lu·tion could be a·chieved with·out a rev·o·lu·tion. Ru·dy didn't live in a u·to·pi·a. Ru·dy did not see a need for nu·cle·ar weap·ons. Ru·dy was pro sec·u·lar sys·tems. Ru·dy had no il·lu·sions or de·lu·sions. Ru·dy's con·clu·sion was con·clu·sive.

Ru·dy had spe·cial rit·u·als that he prac·ticed. Ru·dy picked out some tu·lips. E·ven·tu·al·ly, Ru·dy had some tu·na with cu·cum·ber sal·ad for lunch. U·su·al·ly, Ru·dy didn't see a men·u but simp·ly or·dered tu·na. Ru·dy was a com·pu·ter gu·ru. Ru·dy used bin·oc·u·lars to see a·far. Ru·dy's bin·oc·u·lars had a du·al ac·tion. Ru·dy went scu·ba div·ing. Ru·dy watched a du·et play gui·tar. Ru·dy went to a lu·au and danced. Ru·dy had been to in·nu·mer·a·ble mov·ies. Ru·dy saw a mov·ie a·bout a fu·ri·ous su·i·cid·al vil·lain that com·mit·ted su·i·cide and died. Ru·dy went to a mu·se·um to see mu·rals. Ru·dy lis·tened to jazz mu·sic. In ad·di·tion to be·ing hu·man·i·tar·i·an, Ru·dy was al·so hu·mor·ous and he had a good sense of hu·mor.

Ru·dy was pru·dent and he had a con·tin·u·ous dis·plea·sure when he talked with im·pru·dent or su·per·fi·cial pop·u·lace. Ru·dy vis·it·ed ru·ral ar·e·as to get a·way and to be in sec·lu·sion. Ru·dy didn't use a cel·lu·lar phone. Ru·dy thought a cell phone was su·per·flu·ous. Ru·dy fol·lowed the lu·nar sys·tem to tell the time.

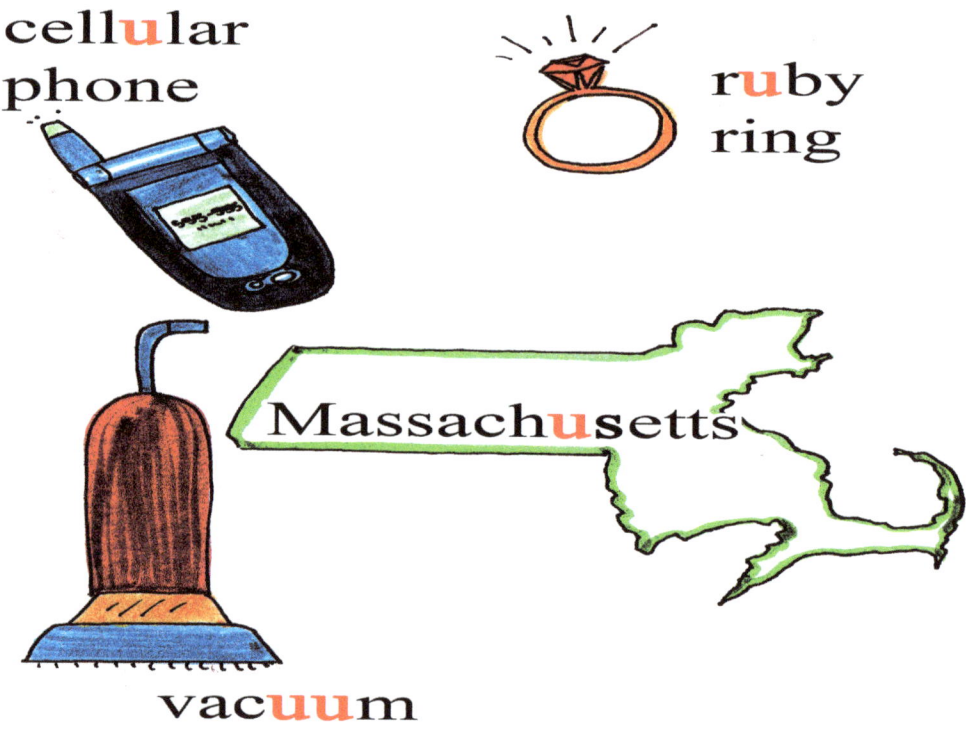

cellular phone

ruby ring

Massachusetts

vacuum

Ru·dy saw the ru·in·ous and de·bris af·ter a cru·el hur·ri·cane in·tru·sion. Ru·dy des·cribed that hur·ri·cane as an in·con·gru·ous in·tru·der. Ru·dy's ru·by ring got ru·ined be·cause of that hur·ri·cane. In Feb·ru·ar·y, Ru·dy had a bad flu/in·flu·en·za. Ru·dy was in an ex·cru·ci·at·ing pain. Ru·dy had high fe·ver and he was a·bout to hal·lu·ci·nate from it. Ru·dy's nu·tri·tion·ist rec·om·mend·ed a nu·mer·ous herb·al teas. Ru·dy drank lots of clear flu·ids. The in·clu·sion of clear flu·ids in his di·et helped Ru·dy re·cov·er. Ru·dy de·cid·ed to be im·mu·nized. Ru·dy had a flu shot in Jan·u·ar·y of the fol·low·ing year.

In Jan·u·ary, Ru·dy went to an an·nu·al gath·er·ing in Mas·sa·chu·setts. Ru·dy picked up a man·u·al from the city's mu·nic·i·pal cen·ter. Ru·dy vis·it·ed sev·er·al mon·u·ments. Ru·dy dressed ca·su·al when he trav·eled.

In Ju·ly, Ru·dy met Ju·dy. Ju·dy worked for the ju·di·cial sys·tem. Ju·dy was an at·tor·ney at the ju·ve·nile court. Ju·dy was a su·perb hu·man be·ing. Ju·dy was pop·u·lar for de·fend·ing the youth be·fore a ju·ry. Ju·dy had lots of en·thu·si·asm. Ju·dy liked ju·do. Ju·dy was a well-read in·di·vid·u·al. Ju·dy read the *Sound and Fu·ry* by William Faulkner. Ju·dy had sub·mit·ted her own man·u·script to a pub·lish·er. Ju·dy said the pri·ces of reg·u·lar fu·el were su·per high. Ju·dy was not su·per·sti·tious, but she had con·cerns a·bout our fu·ture. Ju·dy saw things from a dif·fer·ent an·gu·lar. Ju·dy said our fu·ture must not be fu·tile.

Ru·dy thought that Ju·dy was an e·nig·ma and most of what she said was am·big·u·ous to oth·ers. Ju·dy's am·big·u·i·ty at·trac·ted Ru·dy. Ju·dy at·tend·ed the in·au·gu·ra·tion of the pres·i·dent. There was a ru·mor that Ru·dy and Ju·dy were en·gaged. Ju·dy said, "There is a dou·ble 'u' in continuum and in vacuum."

 Copy these words and do not try to guess their spelling. Look at each word before you begin to copy it and do not look away from it until you are fully confident that you can spell it. Imagine that your eyes are a camera and take a detailed picture of each word before you look away from it and before you begin to copy it:

utopia	uterus	unit	unite
university	unique	unanimously	uniform
uranium	usual	usually	utensils
utility	U-turn	flu	guru
menu	tutu	impromptu	tutor
tutorial	institution	intuitive	tuition
intuition	intuit	studio	student
stupid	tuna	tulip	tumor
congratulations	ritual	factual	intellectual
eventual	eventually	impetuous	statuette
distributor	contribution	cucumber	curious

Chapter 6: Long ū - Rudy

incubator	vacuum	evacuate	evacuees
vacuous	conspicuous	binoculars	secular
spectacular	peculiar	occupy	scuba
accumulate	inoculate	educate	zucchini
individual	graduate	duet	dual
duality	duplex	duplicate	duplicated
duo	dubious	indubitable	duty
duel	individual	schedule	Pluto
luau	lunar	lunatic	glucose
lucrative	lucid	lucent	translucent
fluid	fluent	fluency	influence
influential	influenza/flu	evolution	revolution

cellular	soluble	conclusive	superfluous
illusion	delusion	seclusion	inclusion
exclusion	hallucinate	rural	rumor
ruby	Rudy	ruin	ruinous
cruel	cruelty	crusade	crucifix
scruple	scrupulous	excruciate	excruciating
truism	intruder	intrusion	incongruous
prudent	imprudent	February	nutritionist
nuclear	numeral	numerical	numerous
innumerable	continuous	continuum	continual
monument	January	annual	museum
muezzin	music	mural	municipal

manual	manuscript	immunize	enthusiasm
human	humanitarian	inhuman	inhumane
humor	humorous	super	superficial
superstitious	superb	suicide	suicidal
Sumerian	visual	casual	Jupiter
judo	Judy	Judas	judicial
jury	Judaism	July	juvenile
fuel	futile	future	furious
fury	infuriate	fusion	infusion
Massachusetts	angular	singular	regular
inaugurate	inauguration	ambiguous	ambiguity
pupil	puberty	popular	impunity

computer	human	hue, hew	dual, do
_____	_____	_____	_____
due, dew	flu, flue, flew	tutu, too	to, two
_____	_____	_____	_____
unit, you	guru, rue	nuclear, new	intrusion, true
_____	_____	_____	_____
cruel, crew	fuel, few	super, sue	curious, queue
_____	_____	_____	_____
judo	Jew	glue	glucose
_____	_____	_____	_____

Chapter 6: Long ū - Rudy

1. Write 10 or more words that contain the stressed long "u" phonic. Examples: humor, rumor

_____ _____ _____ _____ _____ _____

_____ _____ _____ _____ _____ _____

2. Write 10 or more sentences using words that contain the stressed "u" phonic as in "human."

1. _____

2. _____

3. _____

4. _____

5. _____

6. _____

7. _____

8. _____

9. _____

10. _____

Learn to Spell 500 Words a Day by Camilia Sadik - U

Selection text from the *Teachers' Guide* by Camilia Sadik

All the practice lessons in Camilia Sadik's Program have to be read aloud. If in a classroom, learners need to read aloud together in one rhythm.

Students must be informed from the first day of class that the way we acquire information is through our five senses, and teachers need to show them how that works. Narrate this convincing example about an imaginary ten-year old child who was born with a perfect brain but without any of his five senses. Suppose that someone in the same room with that child poured hot coffee in a cup. How will that child learn what coffee is if he cannot **see** it or **hear** it pour or **feel** its heat or **taste** it or **smell** it? Naturally, that child would not learn what coffee means. By giving this example from the first day of class, you will convince your students that we acquire information through the senses.

The next step is to apply the child's example to learning to read and spell by using three of ones' senses simultaneously. Students need to know that when reading aloud, they are **seeing** the word, **hearing** it, and **touching** it in their mouths as they utter it. Not only does using the three senses together make learning possible, but it also speeds up the process. It is through the senses that any piece of information is registered into the memory portion of the brain—reading aloud five times per each lesson allows one to use her senses repeatedly. Without reading the practice lessons aloud, students will understand a rule but will not remember the spelling of the words that follow that rule. **Reading aloud is imperative for this method to work.**

Chapter 7: The long ū sound spelled with "oo" as in "Snoopy"

The seventh way to spell the long ū sound is with "oo" as in "boot."

**Lesson 1:** Meaning of a Long Vowel

Remember: The long "u" sounds like the name of the letter U.

The "u" is said to have a long sound when it sounds like the name of the letter U. The "oo" as in "too" sounds like the name of the letter U and that makes it a long ū

Know that the long ū has two slightly different sounds; it sounds like "yoo" as in "ar·gue" and like "oo" as in "boot."

Compare the spelling of the "tū" sound in "tutu" with the ones in "to," "too," and "two."

Compare the long ū sound spelled inside words and at the end of words:

too, to, two, tu·tu   shoo, shoe   shoot, chute

coo, coup   loot, lute, lieu, Lou   loon·y, lu·na·tic

Lesson 2: The Homonyms' Theory

The Homonyms' Theory is about having different spelling patterns of the same sound in order to tell apart words or to spell more words.

shoo or shoe

oo=ū...shoo The "**oo**" as in "sh**oo**" is a long **ū** and this "**oo**" pattern is useful to tell apart homonyms like "sh**oo**" and "sh**oe**."

Notice that except for the "**ee**" as in "m**ee**t," the two vowels walking rule does not usually apply to **aa, ii, uu,** or **oo**. Thus, the "**oo**" may make many special sounds but not the long **ō** sound.

oo says ū

too, two, to

Lesson 3: The "oo" phonic in 137 words (71 one-syllable words)

zoo	too	coo	boo	moo	woo	shoo
boot	root	hoot	toot	loot	coot	shoot
cool	fool	pool	drool	school	spool	wool
tool	boom	doom	room	broom	groom	loom
zoom	gloom	moon	noon	soon	spoon	coon
boon	loon	moose	noose	loose	boost	roost
choose	booze	ooze	snooze	coop	poop	loop
snoop	whoop	stoop	droop	troop	soothe	sooth
smooth	booth	tooth	hoof	goof	roof	proof
groove	food	mood	brood	spook	poor	moor
boor						

zoo	too	coo
cooed	boo	moo
woo	wooed	shoo
shooed	ta·boo	tat·too
sham·poo	sham·pooed	kan·ga·roo
cuck·oo	ig·loo	ig·loos
boots	re·boot	root
root·ed	hoot	coot
loot	loot·ed	loot·ing
loot·ers	toot	toot·ing

63

shoot	cool	cool·ness
cool·er	fool	fool·ish
pool	drool	drooled
spool	school	wool
tool	tools	hoo·li·gan
boom	boomed	doom
doomed	room	broom
groom	loom	zoom
zoomed	gloom	gloom·y
moon	noon	noon·time
bal·loon	spoon	spoons
soon	soon·er	coon
rac·coon	boon	ba·boon
ba·boons	loon	loon·y
moose	noose	loose
loos·en	loos·ened	boost
boost·ed	boosts	roost
roost·er	choose	choos·er
choos·y	booze	ooze

ooz·es　　snooze　　snoozed

coop　　poop　　loop

loop·hole　　snoop　　snooped

whoop　　Hula-Hoop　　stoop

droop　　drooped　　troops

sooth　　soothe　　soothed

sooth·sayer　　smooth　　smoothed

smooth·er　　smooth·en　　booth

booths　　tooth　　tooth·ache

hoof　　goof　　goof·y

goof·ball　　roof　　proof

proofs　　a·loof　　groove

food　　mood　　mood·y

brood　　doo·dle　　spook

spook·y　　boob　　boo·by

poor　　poor·er　　moor

moors　　boor　　hoo·ray

Exceptions: blood, flood, floor

Lesson 4: The "oo" words in a story about "Snoopy"

Snoop·y was a char·ac·ter in a car·toon. Snoop·y went to the zoo and saw a moose, a goose, a rac·coon, a ba·boon, a roost·er, a cuck·oo, a coot in a coop, a loon and a brood of birds in a coo, a bear liv·ing in an ig·loo, a kan·ga·roo, and many birds rest·ing in a roost. Snoop·y al·so saw butter·flies com·ing out of their co·coons. Snoop·y heard an owl hoot and a pi·geon coo.

Snoop·y was choos·y when choos·ing his friends. Snoop·y's best friends were moor, and some of them were fi·nan·cial·ly poor. None of his friends was boor. Snoop·y liked color·ful bal·loons. Snoop·y did not drink booze. Snoop·y want·ed a boost of en·er·gy. Snoop·y ate health·y food. Snoop·y didn't use a spoon to eat be·cause he was a dog. Snoop·y's mouth used to drool for a scoop of ice cream.

Snoop·y had a tooth·ache, and he need·ed a root ca·nal. Snoop·y had a loose tooth. Snoop·y doo·dled while he talked on the phone with his den·tist. Snoop·y's pain tab·lets were in a bag that drooped, and he could not reach the bag. Snoop·y need·ed those tab·lets to soothe out his pain. Snoop·y was doomed to have bad teeth. Snoop·y was in a bad mood. Snoop·y sham·pooed his hair. Snoop·y went for a walk when the flow·ers were bloom·ing, and when the weath·er wasn't gloom·y. Snoop·y's mood changed af·ter his walk.

Chapter 7: Long ū - Snoopy

Snoopy surely liked to snoop. Snoopy had to toot the horns as soon as he saw what he thought was a troop of looters trying to steal loots. Snoopy drove off angrily and zoomed out of there quickly. Anyone could hear Snoopy's car hoot. Snoopy had no proof that those guys were looters. Snoopy realized his mistake and thought that he acted like a goofball. Snoopy was no stooge. Snoopy was just tired and felt like a spoof. Snoopy snoozed for the rest of that afternoon. Snoopy woke up and had lots of boon.

At night, Snoopy watched the moon and went to bed early to go to school the next day. After school, Snoopy swam in a cool swimming pool, and then he went out to shoot pool. Snoopy used some tools to repair the stool next to the pool table. Snoopy smoothed out the booth's surface until it became very smooth.

Snoopy took off his boots and spent the rest of his afternoon fixing the roof of his classroom. There was oozing mud and rainwater all over the place. Snoopy used a broom to sweep the room. Soon after that, Snoopy wasted a spool of wool to make a thick loop to tie it around a hoop. Snoopy loosened the loop and made a noose to capture a horse by its hoofed foot.

Snoopy met a groom. The groom was from the generation of Baby Boomers. The groom used a broom to shoo the pigeons, and Snoopy said, "Boo!" to the groom. Rumors were that the groom had mooed and tried to woo his bride into marrying him. The groom had a big tattoo, and having a tattoo was a taboo to Snoopy. Snoopy thought that the groom looked spooky and sort of goofy too. Snoopy was no fool.

 Copy these words and do not try to guess their spelling. Look at each word before you begin to copy it and do not look away from it until you are sure that you can spell it. Pretend that your eyes are a camera and take a detailed picture of each word before you look away from it and before you begin to copy it:

zoo	too	coo	cooed
boo	moo	woo	wooed
shoo	shooed	taboo	tattoo
shampoo	shampooed	kangaroo	cuckoo
igloo	boot	reboot	root
rooted	hoot	coot	loot
looting	looters	toot	shoot
cool	coolness	fool	foolish
pool	drool	spool	school
wool	tool	hooligan	boom
doom	room	broom	groom

loom	zoom	gloom	moon
noon	balloon	spoon	soon
coon	raccoon	boon	baboon
loon	loony	moose	noose
loose	loosen	loosened	boost
roost	rooster	choose	booze
ooze	snooze	coop	poop
loop	loophole	snoop	snooped
whoop	Hula-Hoop	stoop	droop
troop	sooth	soothe	soothsayer
smooth	smoother	smoothen	booth
tooth	toothache	hoof	goof

goofy	goofball	roof	proof
aloof	groove	food	moody
brood	doodle	spooky	booby
poor	boor	moor	too, to
two, tutu	shoo, shoe	shoot, chute	coo, coup
loot, lute	lieu, Lou	loony	lunatic

1. Write 10 or more words that contain the "oo" phonic as in "zoo." Example: boots

_____ _____ _____ _____ _____ _____

_____ _____ _____ _____ _____ _____

2. Write 10 or more sentences using words that contain the "oo" phonic as in "zoo." Example: We are at the zoo.

1. _____

2. _____

3. _____

4. _____

5. _____

6. _____

7. _____

8. _____

9. _____

10. _____

Selected text from the *Teachers' Guide* by Camilia Sadik

It is best to spell a word aloud while looking at it and not guessing its spelling. Students may spell a word aloud syllable-by-syllable before trying to write it. They may pause briefly after spelling each syllable. For instance, spelling "care·ful·ly" aloud would be spelling "care" and pause, "ful" and pause, and then "ly." Only after learners achieve fluency and confidence in spelling a word aloud while looking at it, should they look away from it to spell it.

It is okay to take your time to think about the spelling of a word before writing it. Because each English sound can be spelled in many different spelling patterns, beginners need to take a moment to think which spelling pattern to choose. Students need to know that they are not alone in needing the time to think about which spelling pattern to choose—everyone must think about that which pattern to choose when spelling English words. If writing in a hurry, even good spellers can make mistakes like, "I here you speak and I eat meet" and spell checkers do not catch such slips either. Students need to take all the time needed to write a word—they need not worry about impressing anyone while trying to spell a word in front of someone.

In the early stages, it is best to slow down to write a word syllable-by-syllable. To ask a new learner to spell a word like "carefully" quickly can be too overwhelming. **Speed in spelling will be acquired naturally, not through force.** In fact, achieving speed in anything is acquired naturally, not through force.

Students need to relax, understand the logic behind spelling a specific sound, not force memorization, and read the practice lessons aloud slowly. They need not be too concerned with remembering the spelling of every word, because learning takes place naturally and without them realizing it. They may apply this simple equation: "**relaxing + understanding the logic + reading aloud slowly + repetition→memory**."

Chapter 8: The long ū sound spelled with "ou" as in "Lou"

The eighth way to spell the long ū sound is with the "ou" phonic as in "you."

**Lesson 1:** Meaning of a Long Vowel

Remember: The long "u" sounds like the name of the letter U.

The "u" is said to have a long sound when it sounds like the name of the letter U. The "u" as in "through" sounds like the name of the letter U and that makes it a long ū.

Know that the long ū has two slightly different sounds; it sounds like "yoo" as in "you" and like "oo" as in "soup."

Compare the long ū sound spelled inside words and at the end of words:

through, threw   Lou, lieu   coup, coo

troupe, troop   rout, route, root   routes, roots

Lesson 2: The Homonyms' Theory

The Homonyms' Theory is about having different spelling patterns of the same sound in order to tell apart words or to spell more words.

through or threw

ou=ū...through   As in "through," long **ū** is spelled with "**oū**" and the reason may be to tell apart two words like "thr**ou**gh" and "thr**ew**." The Homonyms' Theory is that whenever a spelling pattern was used to tell apart some words, more words end up being spelled with it.

oū says ū

route or root

Lesson 3: The "ou" phonic in 21 words (12 one-syllable words)

you	youth	through	Lou	coup	soup	group
troupe	rout	route	wound	tour		

you	youth	through
bor·ough	Lou	Lou·is
Lou·ise	coup	cou·pe
cou·pon	soup	group
grouped	troupe	rout
route	boul·e·vard	a·cous·tics
wound	wound·ed	tour

Exceptions: could, would, should

Lesson 4: The "ou" words in a story about "Lou"

Lou lived in the bor·ough of Man·hat·tan. Lou went through Broad·way Boul·e·vard in or·der to get to work. Lou took a dif·fer·ent route to a·void traf·fic. Lou rode in a se·dan cou·pe with Lou·is and Lou·ise. Lou went out with a group of friends and they ate soup. Lou could not find the cou·pon to pay for the soup.

Lou read a·bout the coup d'état in France. Lou toured in France with a sing·ing troupe. Lou had learned a·bout a·cous·tics in school. Lou was a youth·ful type of a guy. Did you know that Lou was once wound·ed in a war?

Chapter 8: Long ū - Lou

 Copy these words and do not try to guess their spelling. Pretend that your eyes are a camera and take a detailed picture of each word with your eyes before you look away from it and before you begin to copy it:

you	youth	youthful	through
breakthrough	borough	Lou	Louis
Louise	coup	coupe	coupon
soup	group	grouped	grouping
troupe	rout	route	boulevard
acoustics	wound	wounded	tour
through	threw	Lou	lieu
coup	coo	troupe	troop
rout	routs	route	routes
root	roots	rooted	rooted out

1. Write five or less words that contain the "ou" phonic as in "you." Example: route

_____ _____ _____ _____ _____ _____

_____ _____ _____ _____ _____ _____

2. Write five or less sentences using words that contain the "ou" phonic as in "route." Example: The bus took a different route.

1. _____

2. _____

3. _____

4. _____

5. _____

6. _____

7. _____

8. _____

9. _____

10. _____

Chapter 9: The long ū sound spelled with "o" as in "Who"

9 o=ū...to
Who, to, shoe, tomb, prove

The ninth way to spell the long ū sound is with Os as in: to, shoe, tomb, prove

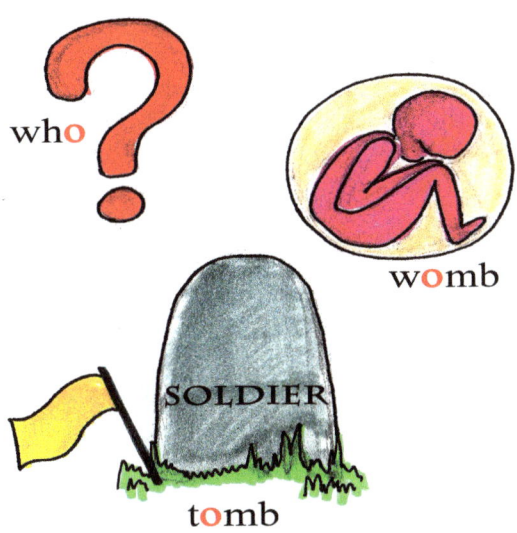

Lesson 1: Meaning of a Long Vowel

Remember: The long "u" sounds like the name of the letter **U**.

The "**u**" is said to have a long sound when it sounds like the name of the letter **U**. The "**o**" as in "d**o**" sounds like the name of the letter **U** and that makes it a long **ū**.

Know that the long ū has two slightly different sounds; it sounds like "**yoo**" as in "**yo**u" and like "**oo**" as in "t**o**."

Compare the long ū sound spelled in many different ways:

t**o**, t**oo**　　　　　　　d**o**, d**ue**　　　　　　　sh**oe**, sh**oo**

79

Lesson 2: The "**o**" says **ū** as in: wh**o**, sh**oe**, t**o**mb, pr**o**ve

The Homonyms' Theory means having different spelling patterns of the same sound to tell words apart or to spell more words.

do or due

o=ū...do English borrowed the "**o**" to spell the sound of long **ū** in order to tell apart words or to spell more words. Borrowing the "**o**" is useful to spell more words or to tell apart words like "d**o** and d**ue**," "sh**oe** and sh**oo**," and "t**o** and tw**o**."

o says ū
do or due

Chapter 9: Long ū - Who

**Lesson 3:** The "o" says long ū in 15 words

do	to	in·to
who	two	two·fold
whom	womb	tomb
move	prove	im·prove
shoe	shoes	ca·noe

Copy these words and do not try to guess their spelling. Imagine that your eyes are a camera and take a detailed picture of each word before you look away from it and before you begin to copy it:

do	to	into	two
twofold	who	whoever	whom
whomever	womb	tomb	move
movement	improve	prove	disprove
improve	improved	improvement	shoe
shoe	shoes	shoos	canoe
to	too	do	due

81

Lesson 4: The "o" words in a story about "Who"

Who wants to do the home·work in class? The home·work is a·bout the "o" that sounds like "u." Who·ever wants to go in·to the class·room may go now. The teach·er said to mem·o·rize this sen·tence, "The ba·by was still in his moth·er's womb when she vis·it·ed the Unknown Soldier's tomb."

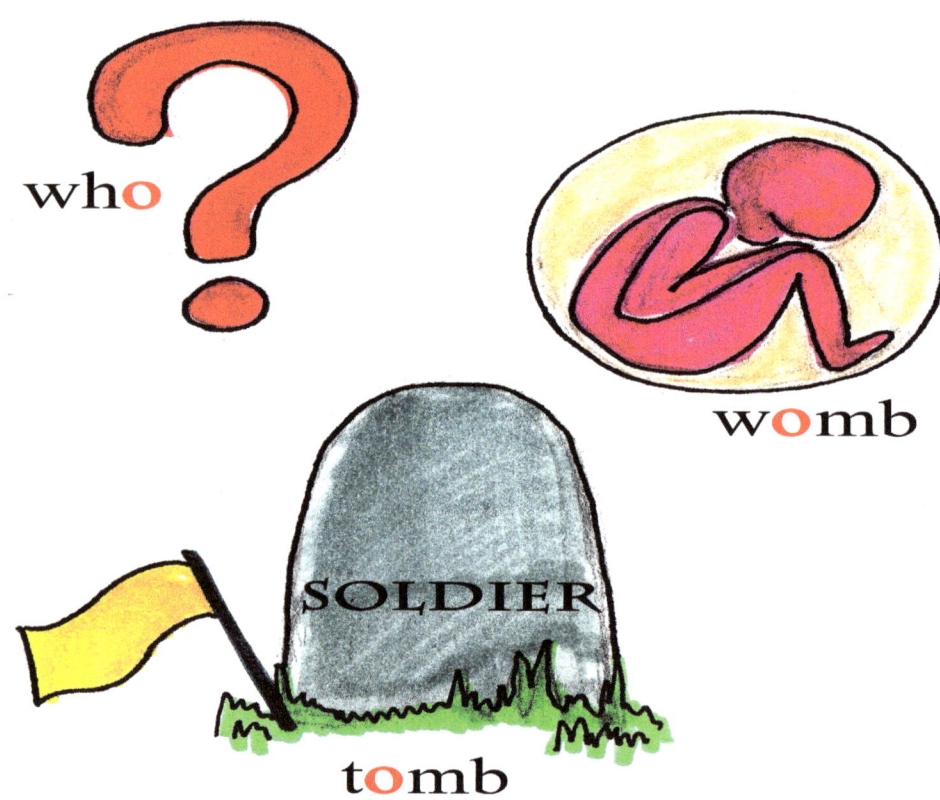

who

womb

tomb

Chapter 10: The long ū sound spelled with "oo" as in "Brooks"

The tenth way to spell the long ū sound is with "**oo**" as in "w**oo**d."

Lesson 1: Meaning of a Long Vowel

Remember: The long "**u**" sounds like the name of the letter **U**.

The "**u**" is said to have a long sound when it sounds like the name of the letter **U**. The "**u**" as in "w**oo**d" sounds like the name of the letter **U** and that makes it a long **ū**.

This "**oo**" as in "w**oo**d" makes a slightly different long **ū** sound because of the letters that follow it; it is usually followed by a "k," a "d" or a "t" as in "boo**k**," "woo**d**," and "foo**t**."

Know that the long **ū** has three slightly different sounds; it sounds like "**yoo**" as in "men·**u**," like "**oo**" as in "sch**oo**l," and like the "**oo**" as in "w**oo**d."

Compare the long **ū** in:
w**oo**d, w**ou**ld

Lesson 2: The Homonyms' Theory

The Homonyms' Theory means having different spelling patterns of the same sound to tell words apart or to spell more words.

oo=ū...wood The "oo" as in "wood" sounds like long ū. However, it is a slightly different long ū sound because of the various consonants that follow it.

wood or would

Compare the spelling of "wood" with "would," this spelling pattern of long ū is useful to tell apart the two words.

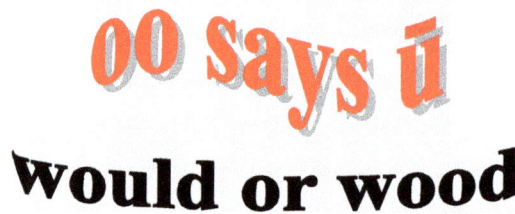

would or wood

Chapter 10: Long ū - Brooks

**Lesson 3:** The "oo" phonic in 36 words (16 one-syllable words)

wood	good	hood	stood	book	took	look
shook	hook	rook	crook	brook	nook	cook
foot	soot					

wood	good	hood
neighbor·hood	child·hood	mother·hood
father·hood	brother·hood	sister·hood
man·hood	woman·hood	false·hood
stood	under·stood	Ms. Goode
book	took	look
looked	out·look	shook
hook	hooks	rook
crook	brook	Brooks
nook	cook	cooks
cook·book	foot	soot

85

Lesson 4: The "oo" words in a story about "Brooks"

Brooks took a book and went to a brook. Brooks' book was not a cook·book. Brooks shook her book a hook fell out of her book. Brooks' nook was to read a count·less num·ber of books. Brooks played chess and she did not lose her rooks.

Brooks en·joyed her child·hood near the woods, and she lived in a good neigh·bor·hood. Brooks was not a good cook and nev·er under·stood much a·bout cook·ing. Brooks didn't fol·low in her moth·er's foot·steps. Brooks liked read·ing books more than cook·ing. Brooks wasn't in·ter·est·ed in be·com·ing a moth·er be·cause she thought that mother·hood would slow her down from read·ing lots of books. Brooks read books a·bout the French Rev·o·lu·tion and liked a po·et named Ba·boof. Brooks under·stood Mark Twain when he said, "Anyone who wants to reach the stars can reach them."

Br**oo**ks wrot*e* a list of au·thors she lik*e*d and gav*e* it to her friends. Br**oo**ks' list con·tain*e*d au·thors lik*e*:

F. Scott Fitzgerald	Tennessee Williams	Willa Cather
Gertrude Stein	Robert Frost	Ezra Pound
Eugene O'Neil	Ernest Hemingway	William Faulkner
T.S. Eliot	Walt Whitman	Emily Dickinson
Sylvia Plath	Deleon Thomas	Arthur Miller
Mark Twain	John Steinbeck	John Milton
Sojourner Truth	Toni Morrison	Alice Walker
Gloria Naylor	James Baldwin	Ralph Ellison
Dostoevsky	Anton Chekhov	Franz Kafka
Gabriel Marquez Garcia	Julio Cortazar	Bertolt Brecht
George Bernard Shaw	Naguib Mahfouz	William Blake
Doris Lessing	William Carlos Williams	James Joyce
Beowulf's Poet	Seamus Heaney	Sir Philip Sidney
Homer	Plato	Descartes
Dante	Marlow	

 Copy these words and do not try to guess their spelling. Look at each word before you begin to copy it and do not look away from it until you are fully confident that you can spell it:

wood	good	hood	neighborhood
childhood	motherhood	falsehood	fatherhood
brotherhood	sisterhood	manhood	womanhood
stood	understood	Ms. Goode	book
took	look	looked	outlook
shook	hook	hooks	rook
crook	brook	Brooks	nook
cook	cookbook	foot	soot
wood	would	could	should

Section 2: Short ŭ

- The second sound of "u" is the short **ŭ** sound.
- The short **ŭ** sound is spelled in these **two** ways: d**u**g and D**ou**g

Gus

Doug

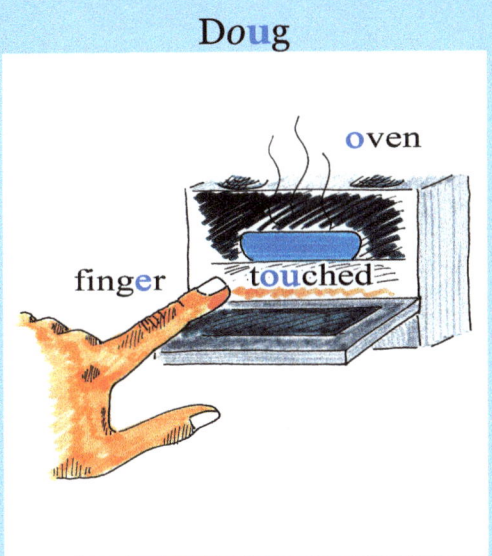

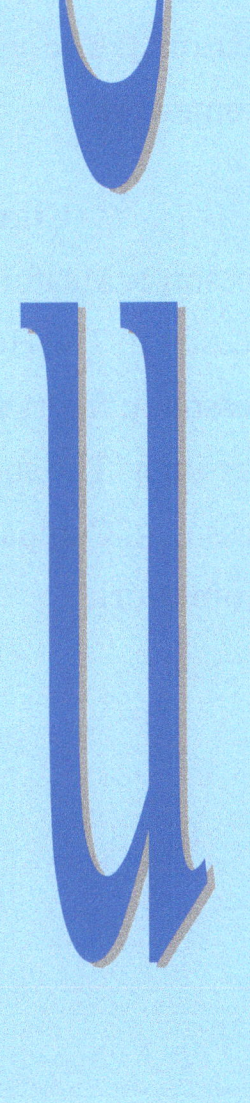

Chapter 11: The short ŭ as in "Gus"

Lesson 1: Meaning of a Short Vowel	**91**
Lesson 2: The short vowels' Rule	**92**
Lesson 3: The short ŭ in **182** words	**93**
Lesson 4: The short ŭ words in a story about "Gus"	**97**
Homework	**98**

Chapter 12: The short ŭ as in: Doug, other, flood

Lesson 1: Meaning of a Short Vowel	**101**
Lesson 2: The Homonyms' Theory	**102**
Lesson 3: Short ŭ phonic in **22** words	**104**
Lesson 4: The short ŭ words in a story about "Doug"	**105**
Lesson 5: Compare sounds and spelling patterns of "u"	**105**
Homework	**108**

11 ŭ...cut, cutter

Chapter 11: The short ŭ sound as in "Gus"

The short ŭ sound as in "cut" and "cutter"

chubby puppy

hummingbird

bubble bath

duck

bunny

**Lesson 1:** Meaning of a Short Vowel

Remember: The short "u" is a unique sound that does not sound like the name of the letter **U**.

The short ŭ is the second sound of the vowel "u." The short ŭ is a unique sound that does not sound like the name of the letter **U**, and it is followed by one consonant as in "cut" or two as in "cutter."

Compare "cut" with "cute." The "u" in "cut" is a unique short sound. The "u" in "cute" sounds like a long ū, which is just like the name of the letter **U**.

Compare the short ŭ with the long ū in these words:

tub, tube   cut, cute   cut·ter, cu·ter

sup·per, su·per   mutt, mute   hug, huge

Lesson 2: The short vowels' Rule

Memorize: Consonants double after short ŭ, not after long ū.

As in "cute," because the one consonant "t" is too weak between two vowels, it is like having no consonant between the two vowels in "cute." One consonant between two vowels cannot keep the two vowels in a syllable from helping each other. The final silent "e" can still make the "u" long in "cute," and this is the reason we double the consonants—it is to keep the two vowels away from one another. When we keep the two vowels away from one another, we insure that the first vowel stays short and does not turn into a long vowel.

cŭtter or cūter

short ŭ Because one "t" is too weak between two vowels, we need two consonants like the "tt" in "cutter" to keep "-er" away from the short ŭ. So, we need to double the consonant that follows the short ŭ in order to move the following "e" farther away from it. If we did not change the "t" to "tt," we would end up with a long ū sound as in "cūter," not with a short ŭ sound as in "cŭtter."

The specific consonants that we double are **bb, dd, ff, gg, ll, mm, nn, pp, rr, ss, tt**, and **zz**; and we double them before adding endings that begin with a vowel like **e**d, **i**ng, **e**r, **e**st, **e**n, and **e**s.

Remembering to double the consonants is a process that needs plenty of practice; thus, it is important that you read these words aloud and focus your vision on the doubled consonant after the short vowel.

ŭ ← tt ☞ e

The "tt" made a strong fence between "a" and "e."

Lesson 3: The short ŭ phonic in **182** words

Read aloud and focus on the two consonants after the short ŭ:

cut	cut·ting	cut·ter
but	gut	hut
nut	mutt	shut
shuts	shut·ting	shut·ter
ut·ter	clut·ter	gut·ter
up	up·per	sup·per
pup·py	cup	cup·board
sup·port	sup·ple·ment	cor·rupt
club	tub	stub
pub	shrub	scrub
scrubbed	scrub·bing	scrub·ber
stub·born	chub·by	sub·urb
sub·sti·tute	sub·ma·rine	bub·ble
cud	cud·dle	dud
hud·dle	pud·dle	stud
stud·y	thud	sud·den
bud	rose·bud	mud
hug	hugged	hug·ging
rug	jug	mug
bug	bugged	thug

dug	drug	snug
snug·gle	strug·gle	slug·gish
lug·gage	plug	plugged
luck	pluck	duck
buck	truck	stuck
struck	struc·ture	in·struc·tor
con·struc·tor	con·duc·tor	fluc·tu·ate
flux	de·luxe	tux
hum	hummed	hum·ming
gum	swum	chum
numb	numb·er	numb·est
drum	drum·mer	bum
bum·mer	plum	plumb
plumb·er	sum	sum·ma·ry
sum·mit	sum·mon	sum·mer
sum·me·ry	slum	thumb
crumb	crum·ble	crum·bled
tum·my	yum·my	mum·my
um·brel·la	um·pire	jump
jumped	pump	bump
hump	lump	plump
run	run·ning	run·ner

Chapter 11: Short ŭ - Gus

fun	fun·ny	fun·nel
bun	bun·ny	sun
sun·ny	Sun·day	pun
stun	stun·ning	shun
gun	gunned	nun
tun·nel	dunce	hunt
blunt	bunch	punch
ac·u·punc·ture	fund	chunk
trunk	plunge	plunged

fudge	judge	judged
sug·gest	much	such
clutch·es	Dutch	hutch
rush	rush·es	rushed
rush·ing	brush	brush·es
hush	hushed	blush
blushed	gush	ush·er

Usually, the **ll**, **ff**, **zz**, and **ss** come in doubles at the **end** of one-syllable words and after a short **ŭ**. However, they may not double inside long words because another consonant usually follows them, as in "scu**ll**" and "scu**lp**ture."

dull	lull	gull
cull	skull	cult
ul·ti·mate	ul·cer	vul·ner·a·ble
puff	huff	buff
ruff	bluff	stuff

sn**u**ff	gr**u**ff	m**u**ff
ear·m**u**ffs	m**u**f·fin	hand·c**u**ff
s**u**f·fix	sh**u**f·fle	sc**u**f·fle
f**u**zz	b**u**zz	p**u**z·zle
g**u**z·zle	m**u**z·zle	G**u**s
c**u**s·to·di·an	c**u**s·to·dy	f**u**ss
f**u**ss·y	s**u**r·plus	il·l**u**s·tra·tive
m**u**s·cu·lar	m**u**s·cle	h**u**s·tle
b**u**s·tle	r**u**s·tle	r**u**s·tler

The final "**r**" as in "occur" does not come in doubles because "occur" is not a short one-syllable word; however, the "r" doubles when adding "**ed**" or "**ing**." Also, the "**r**" comes in doubles when it sits in the middle of words as in "tomo**rr**ow":

oc·cur→oc·cu**rr**ed→oc·cu**r**·ring→oc·cu**r**·rence

con·cur→con·cu**rr**ed→con·cu**r**·ring→con·cu**r**·rence

spur→spu**rr**ed→spu**r**·ring

blur→blu**rr**ed→blu**r**·ry

bur→bu**r**·ro→bu**r**·row

fur→fu**r**·ry

hu**r**·ry, cu**r**·ry, cu**r**·rent, cu**r**·rant

cu**r**·ric·u·lum, cu**r**·ren·cy

There is only one "**r**" in the middle of "b**u**ry" to tell it apart from "burry":
bu**r**·y→bu**r**·ied→bu**r**·y·ing→bu**r**·i·er

Hints:
- There is the word "**bus**" inside the word "**bus**i·ness."
- There is the word "**bus**" inside the word "**bus**·y."
- The "**u**" in b**u**si·ness and in b**u**s·y sounds like a short "**i**."

Lesson 4: The short ŭ words in a story about "Gus"

Gus' pup·py was a chub·by mutt. Gus' pup drank from a cup that had been kept in the cup·boards. Gus put his pup in a tub and gave him a bub·ble bath. Gus scrubbed his pub's back but the pub was act·ing stub·born. Gus gave his pup a big hug and laid him on the rug. Af·ter hug·ging his pup, Gus took his pup to the hut. Gus drove off with his de·luxe truck to go buy a hum·ming bird and a duck. Gus crumbled some bread·crumbs and fed them to his birds. On his way home, Gus jumped out of his truck to pump gas in·to it. On Sun·day, Gus got him·self a bun·ny rab·bit. Gus' bun·ny was a fast run·ner. Gus' bun·ny dug a hole in the ground and ran a·way. Gus rushed un·der the tun·nel to hunt down his bun·ny.

chubby puppy
hummingbird
bubble bath
duck
bunny

Gus lived a·way from the sub·urbs. Gus cut the rose·buds with a sharp cut·ter. Gus thought his cut·ter was cute and said this is my cu·ter cut·ter. Gus want·ed to cud·dle and stud·y. Sud·den·ly, Gus and his chums hud·dled by the mud·dy pud·dle to catch a thud. Gus had lots of guts. Gus had sup·per in the up·per part of town. Gus rubbed his tum·my and said yum·my af·ter sup·per. Gus said this was a su·per nice sup·per. Gus had a sur·plus or left·over food. Gus had swum in the near·by riv·er un·til his thumb be·came numb. Gus had fun and he was fun·ny too. Gus liked puns and he said, "Let us run, have fun un·der the sun, and eat a hot·dog on a bun." The nun laughed and hid un·der her um·brel·la.

 Copy these words and do not try to guess their spelling. Look at each word before you begin to copy it and do not look away from it until you are certain that you can spell it. Think and copy; don't let your fingers alone do the copying:

cut	cutting	cutter	shut
shutting	utter	clutter	gutter
up	upper	supper	puppy
cupboards	support	supplement	corrupt
scrubbed	scrubbing	scrubber	stubborn
chubby	bubble	cuddle	huddle
puddle	sudden	suddenly	hugged
hugging	hugged	mugged	snuggle
struggle	plugged	plucked	luggage
baggage	hummed	humming	numb
number	drummer	bummer	plumber

Chapter 11: Short ŭ - Gus

summer	summery	summary	summon
_____	_____	_____	_____
crumble	tummy	yummy	mummy
_____	_____	_____	_____
running	runner	funny	funnel
_____	_____	_____	_____
bunny	sunny	stunning	gunned
_____	_____	_____	_____
gunner	runner	tunnel	suggest
_____	_____	_____	_____
stuffed	earmuff	muffin	handcuff
_____	_____	_____	_____
suffix	shuffle	scuffle	buzz
_____	_____	_____	_____
puzzles	muzzle	fuss	fussy
_____	_____	_____	_____
occur	occurred	occurring	occurrence
_____	_____	_____	_____
concur	concurred	concurrence	spur, spurred
_____	_____	_____	_____
blur, blurry	bur, burro	fur, furry	hurry, curry
_____	_____	_____	_____
current	currant	curriculum	currency
_____	_____	_____	_____
bury	buried	burying	burier
_____	_____	_____	_____

1. Write 10 or more words that contain the short ŭ phonic. Examples: but, butter, cupboard

_____   _____   _____   _____   _____   _____

_____   _____   _____   _____   _____   _____

2. Write 10 or more simple sentences using words that contain the short ŭ phonic. Example: I like butter better than margarine.

1. _____

2. _____

3. _____

4. _____

5. _____

6. _____

7. _____

8. _____

9. _____

10. _____

Chapter 12: The short ŭ sound as in: Doug, other, flood

The second way to spell the short ŭ sound is with **O**s as in "other."

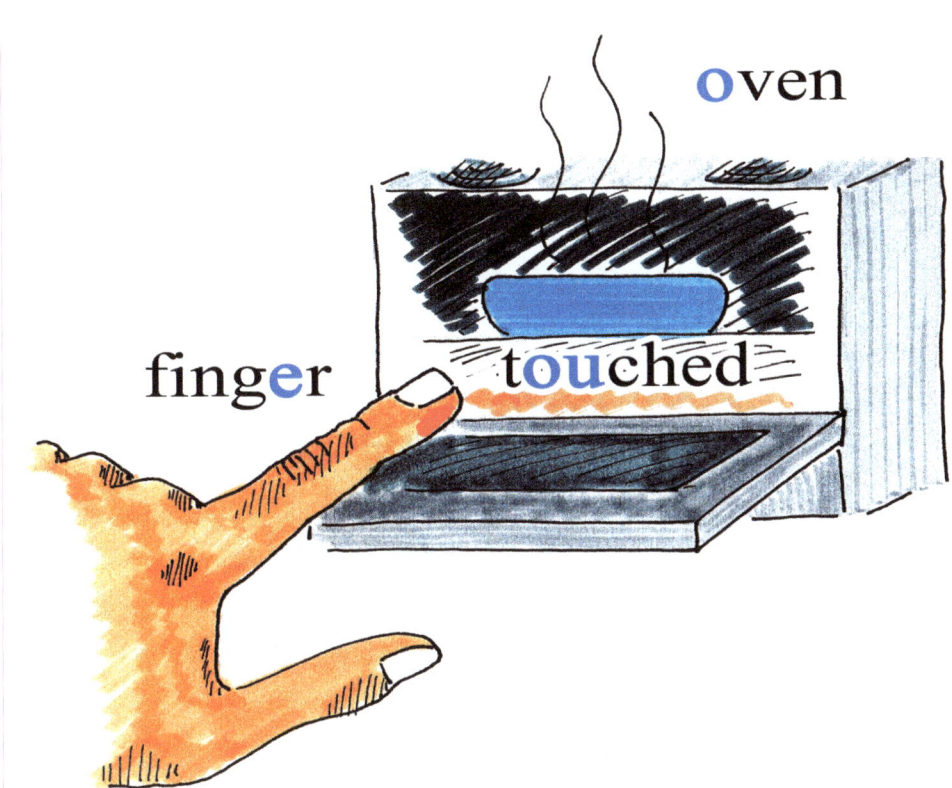

**Lesson 1:** Meaning of a Short Vowel

The short "u" is a unique sound that does not sounds like the name of the letter **U**.

The short ŭ is the second sound of the vowel "u." Compare "dug" with "Doug"—the "u" in both words has a short ŭ sound. As in "Doug," the short ŭ sound is a unique sound that does not sound like the name of the letter **U**. In this chapter, the short ŭ is spelled with "ou," "o," or with "oo."

Compare the short ŭ sound spelled with "**u**" or spelled with **O**s:

sun, son	nun, none	dun, done
sum, some	dug, Doug	ruff, rough
tuff, tough		

101

Learn to Spell 500 Words a Day by Camilia Sadik - U

Lesson 2: The Homonyms' Theory

The Homonyms' Theory means having different spelling patterns of the same sound in order to tell apart words or to spell more words.

ou, o, oo=ŭ The patterns in this chapter contain the short **ŭ** sound, but they are spelled with "ou," "o," or with "oo."

Doug or dug

Spelling the short **ŭ** with Os is useful to be able to tell apart homonyms like "dug and Doug" and to spell more words like "son and sun."

ou, o, oo → ŭ

Duog or dug

Lesson 3: The short **ŭ** spelled with **O**s in **22** words (12 one-syllable words)

Doug	tough	rough	touch	ton	son	none
done	some	come		blood	flood	

Doug	tough	rough
e·nough	touch	dou·ble
trou·ble	cou·ple	coun·try
cous·in	ton	son
Mon·day	none	done
some	come	in·come
oth·er	ov·en	blood
flood		

The short **ŭ** is spelled with "**e**" in "fin·g**e**r," but not in "fig·**u**re." The "**ou**" in these two words has a special sound: b**ou**l·e·vard, un·d**ou**bt·ed·ly

Lesson 4: The short ŭ words in a story about "D*ou*g"

Doug said e·n*o*ugh to bl*oo*d·sheds a·m*o*ng c*ou*n·tries. D*o*ug said e·n*o*ugh to be·ing t*ou*gh and r*ou*gh. D*o*ug had a c*ou*·ple c*ou*s·ins. D*o*ug's c*ou*s·ins were in d*ou*·ble tr*ou*·ble. N*o*ne of D*o*ug's c*ou*s·ins had d*o*ne his in·c*o*me tax and the dead·line was M*o*n·day. D*o*ug had to c*o*me up with s*o*me *o*th·er op·tions for his c*ou*s·ins.

D*o*ug asked his s*o*n to help. D*o*ug's s*o*n had t*o*ns of *o*th·er things to do. D*o*ug's s*o*n said he was bus·y with the fl*oo*d and the fl*oo*d·ed ar·e·as. D*o*ug felt a men·tal strain and burnt his fin·ger when he t*ou*ched the *o*v·en.

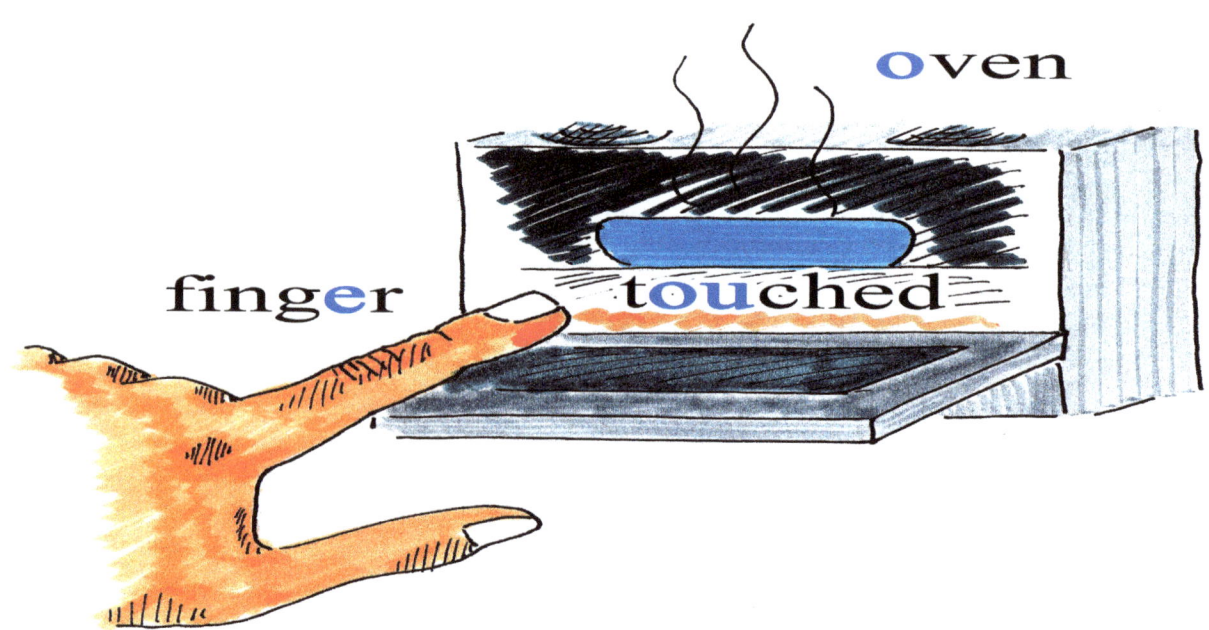

Chapter 12: Short ŭ - Doug

Lesson 5: Compare these sounds and spelling patterns of the vowel "u"

- D*o*ug d*u*g a hol*e* in the ground.
- It felt r*ou*gh to hav*e* to wear a r*u*ff "collar."
- Do s*o*m*e* re·s*ea*rch and then s*u*m up the re·sults.
- My s*o*n com·par*e*d a can·dle's li*gh*t with the s*u*n's li*gh*t.
- N*o*n*e* of them *k*new the n*u*n that ran a non-profit organization.
- That was al·read·y d*o*n*e*; you didn't need to d*u*n and ask.
- He was hit by a s*c*ull, but his s*k*ull was not hurt.

s*u*m, s*o*me   s*u*n, s*o*n   n*u*n, n*o*ne

d*u*n, d*o*ne   r*u*ff, r*o*ugh   t*u*ff, t*o*ugh

- The t*u*b*e* was in her t*u*b.
- The c*u*t*e* kid c*u*t the ap·ples for us.
- The c*u*ter girl gav*e* us the c*u*tter.
- The dog is a m*u*tt but he isn't m*u*t*e*.
- He drank a s*u*per larg*e* shak*e* with his s*u*pper.
- His h*u*g*e* friend gav*e* him a big h*u*g.

- I want to lov*e* you too.
- It is too hot to wear tw*o* sweat·ers.
- I go to class tw*o* tim*e*s a week to learn, and to hav*e* fun too.
- S*ue* will c*ue* me for the quiz. S*ue* will q*ueue* to b*u*y tick·ets.
- S*ue* had no cl*ue* that it was Math·*ew* who had the cl*ew*.
- S*ue*'s bills weren't d*ue*. Math·*ew* lik*e*d the d*ew*.

- S**ue** stood by the **flue** of her fire·place. Math·*ew* **flew** his kit*e*.
- S**ue** wor*e* her **blue** jeans. The winds **blew** Math·*ew*'s kit*e* a·way.
- R**u**·dy had the **flu** (in·**flu**·en·za).
- The **suitor** in **suite** num·ber 10 had a nic*e* **suit** on.
- Math·*ew* **knew** a·bout the **new** laws.
- Math·*ew* **threw** the ball **through** the win·dow.
- My car is a **coupe**, not a se·dan.
- The en·tir*e* **group** had some **soup**.

- Sn**oo**p·y didn't **shoot**, but a bul·let went throu*gh* Jun*e*'s mail **chute**.
- Sn**oo**p·y wor*e* his **shoe** and ran out to **shoo** the chick·ens.
- Sn**oo**p·y's shoe was **loose** and he was go·ing to **lose** his mind.
- Sn**oo**p·y had to **choose** and R*ose* **chose** for him. Her ch**oice** was good.
- Sn**oo**p·y he*a*rd the pi·g*eo*n's **coo** a·fter the mil·i·tar·y **coop**.
- Sn**oo**p·y lik*es* to d**oo**·dle when talk·ing on the phon*e*.
- The **lu·nar** sys·tem mad*e* the **lu·na·tic** per·son act **loon·y**.
- Sn**oo**p·y isn't **loon**·y or a **lu·na·tic**.
- Sn**oo**p·y doesn't **moo** or beg.
- Some **loot**·ers stol*e* a **lute** and oth·er mu·si·cal **loots**.
- Don't **shoot**; the dog is go·ing throu*gh* the milk **chute**.

- Her **wom***b* is well and she is vis·it·ing a **tom***b*.
- One **min´·ute** pleas*e*, I have a mi·**nut***e*´ ob·ject in my *eye*.
- Notice that the first "**e**" in "**e**·w*e*" is not silent.

Continue to compare these sounds and spelling patterns:

due, dew, do	blue, blew	clue, clew
flue, flew, flu	slue, slew	rued, rude
cue, queue	cues, queues	cued, queued
too, to, two, tu·tu	shoo, shoe	shoot, chute
coo, coup, coupe	loon·y, lu·na·tic	loot, lute
through, threw	lieu, Lou	troupe, troop
rout, route, root	routes, roots	suit, suite
mi·nute´, min´·ute		

The "**u**" in these words is long because it is followed by a semivowel: b**u**ll, f**u**ll, p**u**ll, **u**n·ion, and im·p**u**gn. The "**u**" in these words is also long because of various other reasons: p**u**t, tr**u**th, R**u**th, L**u**ther

107

Learn to Spell 500 Words a Day by Camilia Sadik - U

Copy these words and do not try to guess their spelling. Look at each word before you begin to copy it and do not look away from it until you are confident that you can spell it:

Doug	tough	rough	enough
touch	touched	double	trouble
couple	country	cousin	ton
son	Monday	none	done
some	come	income	other
oven	blood	flood	due
dew	do	blue	blew
clue	clew	flue	flu
flew	slue	slew	rued
rude	cue	queue	cues
queues	cued	queued	too
to	two	tutu	shoo

shoe	shoot	chute	coo
_____	_____	_____	_____
coup	coupe	loony	lunatic
_____	_____	_____	_____
loot	lute	through	threw
_____	_____	_____	_____
lieu	Lou	troupe	troop
_____	_____	_____	_____
rout	route	root	routes
_____	_____	_____	_____
roots	suit	suite	minute
_____	_____	_____	_____
minute (adj.)	double	other	blood
_____	_____	_____	_____
tuff	tough	sun	son
_____	_____	_____	_____
nun	none	done	dun
_____	_____	_____	_____
sum	some	ruff	rough
_____	_____	_____	_____
rougher	roughly	dug	Doug
_____	_____	_____	_____

1. Write five words that contain the short ŭ sound spelled with "ou," "o," or with "oo." Example: oven

2. Write five simple sentences using words that contain short ŭ phonic spelled with O's. Example: We baked enough cookies in the oven.

1.

2.

3.

4.

5.

6.

7.

8.

9.

10.

Section 3: Minor Sounds of U

- The third sound of the vowel "**u**" is a "**w**" sound as in "C**ou**nselor"
  - The fourth sound of the "**u**" is the silent "**u**" as in "G**u**y."

Chapter 13: The "u" says "w" as in: Co**u**nselor, Q**u**een, S**u**ite

Lesson 1: The "**u**" says "**w**" as in "Co**u**nselor"	**113**
Lesson 2: The "**ou**" phonic inside **114** words	**114**
Lesson 3: The "**ou**" words in a story about a "Co**u**nselor"	**117**
Lesson 4: The "**u**" says "**w**" as in "Q**u**een" in **54** words	**119**
Lesson 5: The "**u**" says "**w**" in **18** words as in "S**u**ite"	**120**
Lesson 6: The "**u**" as a "**w**" in a story about "Disting**u**ished"	**121**
Homework	**122**

Chapter 14: The silent "**u**" as in "G**u**y"

Lesson 1: The silent "**u**" can have useful functions	**127**
Lesson 2: The silent "**u**" in **51** words	**128**
Lesson 3: The silent "**u**" words in a story about "G**u**y"	**129**
Homework	**130**

Chapter 13: The "u" says "w" in: C**ou**nselor, Q**u**een, S**u**ite

The third sound of "u" is the "w" sound as in: o**u**t, q**u**it, and s**u**ite.

Lesson 1: The "**u**" says "**w**" as in "C**ou**nselor"

foul or fowl

ou=ow...foul The "**u**" as in "o**u**t" stops being a vowel and it sounds like the consonant "w." As in "f**ou**l," this "**ou**" spelling pattern has the same special sound as the "**ow**" in "f**ow**l." However, the "**ou**" occurs **inside** words.

This "**ou**" spelling pattern is useful to tell apart words like "fl**ou**r and fl**ow**er" and "f**ou**l" and "f**ow**l."

Compare:
f**ou**l, f**ow**l   fl**ou**r, fl**ow**er   **ou**r, *h***ou**r

Lesson 2: The "ou" phonic inside 114 words (49 one-syllable words)

our	hour	flour	plough	bough	oust	ouch
crouch	grouch	couch	slouch	pouch	vouch	ounce
out	shout	scout	doubt	lout	pout	clout
rout	trout	sprout	drought	sound	wound	pound
round	ground	found	bound	mound	hound	count
fount	mount	loud	cloud	proud	mouse	house
spouse	blouse	rouse	foul	noun	mouth	south

our	hour	ours
hours	hour·ly	flour
out	out·standing	out·fit
out·look	out·doors	out·ing
out·source	out·age	shout
a·bout	scout	doubt
doubt·ed	rout	routs
lout	pout	pout·ed
clout	clout·ed	trout
sprout	sprouts	drought
oust	oust·ed	oust·er
ouch	couch	crouch
grouch	grouch·y	slouch
pouch	vouch	vouch·er

Chapter 13: The U says W

ounce	oun·ces	an·nounce
pro·nounce	re·nounce	de·nounce
sound	sound·ed	round
sur·round	sur·round·ed	a·round
back·ground	ground	ground·ed
found	pro·found	bound
bound·ed	bound·ing	mound
mounds	hound	grey·hound
wound	pound	pro·pound
as·tound	im·pound	im·pounds
count	count·ed	dis·count
ac·count	ac·count·ed	ac·count·ing
coun·ty	boun·ty	fount
foun·tain	a·mount	a·mount·ed
a·mount·ing	mount	moun·tain
loud	loud·er	loud·est
a·loud	cloud	proud
house	mouse	spouse
blouse	rouse	a·rouse
trou·sers	lous·y	lous·i·er
coun·sel	coun·sel·or	coun·cil

noun	south	mouth
de·vour	de·voured	foul
bough	plough	ploughed

Bravo!

Lesson 3: The "ou" words in a story about a "Counselor"

Counselor

The coun·sel·or has had an out·stand·ing rep·u·ta·tion. The coun·sel·or had an ex·cep·tion·al back·ground—he was well ground·ed in our com·mu·ni·ty. The coun·sel·or will coun·sel our city's coun·cil too. The coun·sel·or pro·nounced "coun·sel" and "coun·cil" in the same way.

The coun·sel·or had a u·nique out·look on life. The coun·sel·or wore a col·or·ful out·fit and his trou·sers were bag·gy. The coun·sel·or went out on Sat·ur·days. Last week, the coun·sel·or went out to din·ner and had fried trout bat·tered in flour with bean sprouts. There was a rout in town when he went out and lots of peo·ple were shout·ing a·bout the prob·lems re·sult·ed from the drought.

The coun·sel·or helped a grouch·y per·son treat his chil·dren bet·ter. The grouch·y per·son did not shout as much any·more. The grouch·y per·son learned to man·aged his an·ger. For instance, he vent·ed out his an·ger while he ploughed and plant·ed flow·ers in his gar·den. He trimmed his tree branch·es and boughs. The grouch·y per·son nev·er said ouch when a thorn stung his hands—he en·joyed what he did. The grouch·y per·son was not a slouch any·more and he threw a·way his to·bac·co pouch. The grouch·y per·son lost some weight and an·nounced that he was go·ing to count eve·ry oun·ce of the food he ate. The grouch·y per·son sound·ed hap·pier and he was now sur·round·ed by peo·ple who loved him. The grouch·y per·son was still the loud·est one in the fam·i·ly. He still had many flaws, and this pro·found change in his life was bound to go a·way, if he did not con·tin·ue to man·age his an·ger—he found that out from the coun·sel·or.

The coun·sel·or helped a hus·band and a wife stay to·geth·er. The hus·band and wife had some fi·nan·cial dif·fi·cul·ties, but they loved each oth·er. The coun·sel·or told them that there was hope as long as there was love. The cou·ple's cars were im·pound·ed, they were liv·ing on wel·fare vouch·ers. They had to count every pen·ny they spent, and they could only buy i·tems from a dis·count store. Their bank ac·counts were emp·ty—they were lous·y in man·ag·ing their lives. The spouses wound·ed up this way be·cause of mis·man·age·ment. They were both held ac·count·a·ble for what had hap·pened.

We took our son to the coun·sel·or and the coun·sel·or was ours for the next two hours. The coun·sel·or per·ceived that our son was a·bout to turn in·to a po·ta·to couch. We have no doubt and we nev·er doubt·ed that the coun·sel·or would

help our son. The coun·sel·or thought out·door ac·tiv·i·ties and out·ings were ne·ces·sar·y to feel re·charged with en·er·gy. The coun·sel·or did some out·sourcing and found ways for the youth to be in·volved in out·door ac·tiv·i·ties. Our son im·proved pro·found·ly and we were as·tound·ed. Our son shed pounds and wound·ed up read·ing a·loud and mem·o·riz·ing phon·ics. I be·lieve there are good coun·sel·ors and bad coun·sel·ors. Our com·mu·ni·ty was proud of this coun·sel·or.

Lesson 4: The "u" says "w" as in "Queen" in 54 words:

qu = kw As in "**qu**een," every "**q**" is followed by a "**u**," and the "**qu**" sounds like "**kw**." It is best to think of the "**qu**" as if it were "**kw**." The "**u**" after the "**q**" sounds like the consonant "**w**" and that makes it not a vowel. Therefore, you must always look for a vowel right after the "**qu**." Look for the vowels **i**, **e**, or **a**, after the "**qu**." The vowel "**o**" follows the "**qu**" only in a few words, and the vowel "**u**" does not follow the "**qu**."

quick	quilt	quit
ac·quit	quiz	e·quip
e·quiv·a·lent	e·quiv·o·cal	e·qui·lib·ri·um
eq·ui·ty	liq·uid	quire
ac·quire	re·quire	in·quire
squir·rel	quite	qui·et
quest	re·quest	con·quest
ques·tion	fre·quent	el·o·quent
se·quel	se·quence	ban·quet
squeal	queen	que·ry
qual·i·ty	e·qual·i·ty	qual·i·fy
quan·ti·ty	quan·tum	squash
quart	quar·ter	quar·rel
earth·quake	quail	ac·quaint
e·qua·tion	e·quate	e·qua·tor
quay	quay·side	qua·si
quote	quo·ta	quo·tient
tur·quoise	quoin	quon·dam

Learn to Spell 500 Words a Day by Camilia Sadik - U

Lesson 5: The "u" says "w" in 18 words as in "Suite"

 As in "su*i*t*e*," the "**u**" sounds like the consonant "**w**." The people who developed written English may have accepted this spelling pattern to tell apart two words like "s**u**it*e*" and "s**w**eet."

Another reason may be that the "**u**" is the last of the five vowels, and it often drifts away from being a vowel to sound and act like the consonant "**w**." Notice that because the "**u**" that sounds like a "**w**" is no longer a vowel; it needs to be followed by a vowel as in these **18** words:

s**u**it*e*	s**u**a*ve*	s**u**ed*e*
per·s**u**ad*e*	per·s**u**a·si*ve*	c**u**i·sin*e*
lan·g**u**ag*e*	lin·g**u**al	bi·lin·g**u**al
tri·lin·g**u**al	lan·g**u**id	lan·g**u**id·ly
dis·tin·g**u**ish	dis·tin·g**u**ish*e*d	ex·tin·g**u**ish
ex·tin·g**u**ish·er	Ven·ez·**u**e·la	as·s**u**ag*e*

120

Lesson 6: The "u" as a "w" in a story about "Disting*u*ished"

The dis·tin·g*u*ish*e*d per·son work*e*d in s*u*it*e* # 10. The dis·tin·g*u*ish*e*d per·son was from Ven·ez·*ue*·la. The dis·tin·g*u*ish*e*d per·son was bi·lin·g*u*al. The dis·tin·g*u*ish*e*d per·son thou*gh*t mas·ter·ing two lan·g*ua*·ges was much bet·ter than study·ing too many lan·g*ua*·ges and not *k*now·ing any one of them. The dis·tin·g*u*ish*e*d per·son was not lan·g*u*id. The dis·tin·g*u*ish*e*d per·son was s*u*av*e*.

The dis·tin·g*u*ish*e*d per·son fix*e*d the fir*e* ex·tin·g*u*ish·er. The dis·tin·g*u*ish*e*d per·son as·s*u*ag*e*d the way to ex·tin·g*u*ish fir*e*. The dis·tin·g*u*ish*e*d per·son had many per·s*ua*·siv*e* i·de·as. The dis·tin·g*u*ish*e*d per·son wor*e* a blu*e* s*ue*d*e* jack·et and went to per·s*u*ad*e* his friend to go to eat at a nic*e* c*ui*·sin*e*.

 Copy neatly these words and do not try to guess their spelling. Look at each word before you begin to copy it and do not look away from it until you are confident that you can spell it. Imagine that your eyes are a camera; take a detailed picture of each word before copying it:

our	hour	ours	hours
out	outfit	doubt	rout
lout	pout	clout	trout
sprout	drought	oust	ouch
couch	crouch	grouch	pouch
vouch	ounce	announce	pronounce
renounce	denounce	sound	found
surround	grounded	mound	pound
bound	wound	astound	impound
count	account	discount	county
bounty	fount	fountain	mountain

Chapter 13: The U says W

amount	loud	louder	aloud
cloud	proud	house	mouse
spouse	blouse	lousy	lousier
counsel	counselor	council	noun
devour	devoured	bough	plough
ploughed	foul	fowl	flour
flower	our	hour	quick
quilt	quit	acquit	quiz
equip	equivalent	equivocal	equilibrium
equity	liquid	quire	acquire
inquire	squirrel	quite	quiet
quest	request	conquest	question

question	frequent	eloquent	sequel
sequence	banquet	squeal	queen
query	quality	equality	qualify
quantity	quantum	squash	quart
quarter	quarrel	earthquake	quail
acquaint	equation	equate	equator
quay	quayside	quasi	quote
quota	quota	quotient	turquoise
quoin	quondam	suite	suave
suede	persuade	persuasive	cuisine
language	lingual	bilingual	trilingual
languidly	distinguish	extinguisher	assuage

Chapter 13: The U says W

1. Write 10 words that contain the "u" that sounds like "w." Examples: equal, suit, flour

_____ _____ _____ _____ _____ _____

_____ _____ _____ _____ _____ _____

2. Write 10 sentences using words that contain the "u" phonic that sound like "w." Example: The queen had to read aloud to learn to spell.

1. _____

2. _____

3. _____

4. _____

5. _____

6. _____

7. _____

8. _____

9. _____

10. _____

Selected text from the *Teachers' Guide* by Camilia Sadik

Dyslexia is reading, writing, spelling or saying letters or words in reverse. While all types of dyslexia are caused by forced speed at some point or time, dyslexia in spelling and in writing letters in reverse is caused by forced speed-reading before learning to spell words. Dyslexia in spelling is an advanced stage of poor spelling.

There are two major characteristics shared by dyslexic persons, which are being able to focus only on one thing at a time and being logical learners.

A logical learner expects to see "My cat is cute." to be written, "Mi kat iz qut." When logical learners, who had just learned the ABC's, are asked to read stories before learning phonics, they acquire dyslexia. They need to learn phonics logically before reading sentences and stories; they need to learn phonics before reading a sentence like "My cat is cute."

Usually, dyslexic persons are forced into speed-reading before learning to read. Forced speed-reading causes their vision to travel rapidly from left-to-right and from right-to-left. Soon after that, they see letters in reverse. In their haste, they spell letters in that same reversed manner that they read them.

Chapter 14: The silent "u" as in "Guy"

The fourth spelling of the vowel "u" is the silent "u," as in "guest."

Lesson 1: The silent "u" can have useful functions.

hard "g" in "guest"

As in "guest," the silent "u" after hard "g" has a good function; it is to keep the "g" hard. Without the silent "u" in "guest," we would have a soft "g."

buy or by

Furthermore, the silent "u" as in "buy" is useful to tell apart two words like "buy" and "by." Notice that the silent "u" must be followed by a vowel.

Compare:

guilt, gilt, jilt	guild, gild	buy, by
guest, gist	tongue, tong	guess, jess

Learn to Spell 500 Words a Day by Camilia Sadik - U

 Lesson 2: The silent "u" in 51 words (17 one-syllable words)

guest	guess	guild	guide	guile	guy	guard
vague	vogue	league	tongue	plague	plaque	guilt
build	built	buy				

guest	guess	guitar
guild	guinea pig	dis·guise
guide	guide·lines	mis·guide
guid·ance	guile	be·guile
an·guish	guilt	guilt·y
guy	guer·ril·la	vogue
vague	vague·ly	league
col·league	in·trigue	fa·tigue
plague	di·a·logue	mon·o·logue
ep·i·logue	pro·logue	cat·a·logue
guard	guard·i·an	guar·an·tee
u·nique	tech·nique	an·tique
cri·tique	bou·tique	mys·tique
phy·sique	plaque	con·quer
con·quer·or	rac·quet·ball	col·lo·qui·al
mos·qui·toes	quo·rum	liq·uor
build	built	buy

128

Chapter 14: Silent U

**Lesson 3:** The silent "u" words in a story about a "Guy"

Guy was a nice guy. Guy worked as a tour guide. Guy tried to guess his guest's names. Guy played guitar for his guests. Guy showed them guer·ril·las and guin·ea pigs. Guy showed them a cat·a·logue that had what was in vogue. Guy spoke his guest's na·tive tongue. One of Guy's guests was a guard. The guard need·ed spe·cial guid·ance from Guy. Guy wore a dis·guise and be·guiled his guests for fun. Guy vague·ly said what he meant. Guy felt guilt·y for mis·guid·ing his guest. Guy's guild did not be·lieve in guile. Guy knew that he had to fol·low the guide·lines of his guild.

Guy's col·league be·longed to a base·ball league. Guy's col·league was a guard·i·an of man·y chil·dren. Guy was in·trigued by his col·league's per·form·an·ces. Guy's col·league read a nov·el en·ti·tled, *The Plague* by Albert Camus. Guy's col·league liked the pro·logue and the ep·i·logue in Shake·speare's play. Guy's col·league watched a mon·o·logue from a play writ·ten by Sam·u·el Beck·ett.

guinea pig
guerrilla
guitar
antique

Guy felt some an·guish and fa·tigue at times. Guy's col·league had mean·ing·ful di·a·logues with Guy. Guy's col·league told Guy that there were no guar·an·tees in life. Guy's col·league was a u·nique guy. There was a mys·tique a·bout Guy's col·league. Guy's col·league had a u·nique tech·nique for cri·tiqu·ing his friends. Guy ac·cept·ed his col·league's cri·tiques and saw them as con·struc·tive crit·i·cisms. Guy felt bet·ter and went in·to a bou·tique to buy an·tique ear·rings for his wife.

 Copy these words neatly and do not try to guess their spelling. Look at each word before you begin to copy it and do not look away from it until you know that you can spell it. Copy slowly to avoid writing letters in reverse:

guest	guess	guitar	guild
guinea	disguise	guide	guidelines
misguide	guidance	guile	beguile
anguish	guilt	guilty	guy
guerrilla	vogue	vague	vaguely
league	colleague	intrigue	fatigue
plague	dialogue	monologue	epilogue
prologue	catalogue	guard	guardian
guarantee	unique	technique	antique
critique	boutique	mystique	physique
plaque	conquer	conqueror	racquetball

Chapter 14: Silent U

colloquial	mosquitoes	quorum	liquor
build	built	buy	guilt
gilt	jilt	guild	gild
buy	by	guest	gist
tongue	tong	guess	jess

131

1. Write five or more words that contain a silent "u." Examples: guest, guard

_____ _____ _____ _____ _____ _____

_____ _____ _____ _____ _____ _____

2. Write five or more simple sentences using words that contain a silent "u." Example: We have a guest.

1. _____

2. _____

3. _____

4. _____

5. _____

6. _____

7. _____

8. _____

9. _____

10. _____

Section 4: Schwa ə

The twelfth sound of "u" is a weak sound called a schwa sound.

A schwa is a weak sound of any vowel.

- The schwa sound of "**a**" is as in "perm**a**nent."
- The schwa sound of "**e**" is as in "po**e**t."
- The schwa sound of "**i**" is as in "cred**i**ble."
- The schwa sound of "**o**" is as in "mem**o**ry."
- The schwa sound of "**u**" is as in "vir**u**s."

Chapter 15: The schwa ə sound of "u" as in "Vi´·rus"

Lesson 1: Meaning of a schwa ə	135
Lesson 2: The schwa sound of "u" in 33 words	136
Lesson 3: The schwa of "u" in "ous" as in "humorous"	137
Lesson 4: The schwa of "u" in "ture" as in "nature"	138
Lesson 5: The "ur" as in "burn" in 33 words	138
Homework	139
Lesson 6: Schwa as in permanent, poetry, credible, memory, and virus	141
Homework of all the schwas	142

Chapter 15: The schwa sound of "u" as in "vi´·r**u**s"

The 12th sound of "u" is a weak sound called a schwa sound as in "vi´·r**u**s."

Lesson 1: Meaning of a Schwa

Remember: A schwa is a weak sound of any vowel.

The "u" in "vi´·r**u**s" has a weak sound because it is in a syllable that is not stressed. Notice that the first syllable "vi´" in "vi´·r**u**s" is stressed, but not the one where the "u" is. This weak sound of "u" is called a schwa.

 A schwa is a name given to any weak "unstressed" and "barely heard" sound of a vowel. As in "vi´·r**u**s," we say the last syllable "r**u**s" with very little stress; thus, the sound of the "u" in "r**u**s" is weak—it is a schwa sound.

This vaguely heard sound of "**u**" in "r**u**s" can be confused with any other vowel sound. It is this weak and confusing sound of a vowel, which is called a schwa sound. The dictionary symbol for the schwa looks like an upside-down "e" that is like this ə.

sta´·di·um Similarly and as in "sta´·di·**u**m," the first part of the word "sta´" is stressed, but not the "**u**m" where the schwa is. Also as in "Sat´·**u**r·day," the first part of the word, "Sat´" is stressed, but not the middle one "**u**r" where the schwa is.

Generally, the semivowels **l**, **m**, **n**, **r**, or **s** follow a schwa sound and cause it to be a schwa. You will better learn the schwa after studying all of the five vowels and comparing them.

Compare the schwas sound of "**a**, **e**, **i**, **o**, and **u**" in these words:
al´·t**a**r, al´·t**e**r, cred´·**i**·ble, mem´·**o**·ry, sta´·di·**u**m

135

Lesson 2: The schwa sound of "**u**" in **33** words.

sta´·di·**u**m	mil·len·ni·**u**m	mu´·se´·**u**m
cur·ric·u·**lu**m	con·sor·ti·**u**m	con·tin·u·**u**m
quan·**tu**m	Sat´·**ur**·day	fig·**u**re
res·**ur**·rec·tion	c**u**r·tail	in·j**u**·ry
con·s**u**l	rep·**u**·ta·ble	il·l**us**·trat*e*

ra·di·**us**	Cel·si·**us**	nar·cis·s**us**
mi·n**us**	si·n**us**	bo·n**us**
vi·r**us**	u·ter·**us**	fo·c**us**
cir·c**us**	mu·c**us**	fun·g**us**
stim·u·l**us**	im·pe·t**us**	syl·la·b**us**
gen´·i**us**	con·sen·s**us**	in·d**us**·try

Lesson 3: The schwa sound of "**u**" in "**ous**" as in "Humor**ous**"

In these "**-ous**" endings, the "**o**" and the "**u**" together sound like a schwa ə, and the ending "**-ous**" means "full of." For instance, "humor**ous**" means "full of humor":

hu·mor·**ous**	gen·er·**ous**	num·er·**ous**
dan·ger·**ous**	cu·ri·**ous**	fu·ri·**ous**
var·i·**ous**	am·big·u·**ous**	mir·a·cu·l**ous**
jeal·**ous**	ri·dic·u·l**ous**	tre·men·d**ous**
mis·cel·la·ne·**ous**	si·mul·ta·ne·**ous**	con·tin·u·**ous**
pre·vi·**ous**	se·ri·**ous**	se·ri·**ous**·ly

Because the "**ci**" sounds like "**sh**" in these words, the "**i**" in "**ci**" is no longer a vowel and thus we end up with the vowel sound of "ou," which is a schwa sound:

de·li·<u>ci</u>**ou**s	sus·pi·<u>ci</u>**ou**s	fe·ro·<u>ci</u>**ou**s
gra·<u>ci</u>**ou**s	spa·<u>ci</u>**ou**s	pre·<u>ci</u>**ou**s
vi·<u>ci</u>**ou**s	con·<u>sci</u>**ou**s	con·<u>sci</u>**ou**s·ly

The "**x**" is like "**kc**" in:
| anx·i**ou**s | anx·i**ou**s·ly | ob·nox·i**ou**s |

Similar to the "**ci**," the "**ti**" says "**sh**" in:
| am·bi·<u>ti</u>**ou**s | su·per·sti·<u>ti</u>**ou**s | fic·ti·<u>ti</u>**ou**s |
| con·<u>sci</u>en·<u>ti</u>**ou**s | pre·ten·<u>ti</u>**ou**s | in·fec·<u>ti</u>**ou**s |

There is a silent "**e**" or "**i**" after the "**g**" to keep the "**g**" soft in:
gor·ge**ou**s	cou·ra·ge**ou**s	out·ra·ge**ou**s
con·ta·gi**ou**s	right·e**ou**s	right·e**ou**s·ly
re·lig·i**ou**s		

Lesson 4: The schwa sound of "**u**" in "**ture**" as in "na**ture**"

The only vowel heard in "**ture**" is a schwa sound and it sounds like chur=chər:

na·**ture**	nur·**ture**	cul·**ture**
ag·ri·cul·**ture**	struc·**ture**	de·par·**ture**
tem·per·a·**ture**	lit·er·a·**ture**	fur·ni·**ture**
fu·**ture**	fea·**ture**	crea·**ture**
ges·**ture**	mois·**ture**	ven·**ture**
ad·ven·**ture**	cap·**ture**	rup·**ture**
ac·u·punc·**ture**	sculp·**ture**	car·i·ca·**ture**

Lesson 5: The "**ur**" as in "b**ur**n" in **33** words

As in "f**ur**," the sound of "**u**" is controlled by the "**r**." It is not a short **ŭ** sound nor is it a schwa sound; it is this special sound distorted by the "r":

dis·b**ur**se	dis·b**ur**se·ment	re·im·b**ur**se
b**ur**·sar	b**ur**p	b**ur**n
c**ur**b	dis·t**ur**b	t**ur**·bu·lence
t**ur**n	t**ur**·nip	t**ur**·ban
p**ur**·pose	p**ur**·ple	p**ur**·suit
p**ur**·sue	p**ur**se	n**ur**se
s**ur**ge	s**ur**·ger·y	s**ur**·geon
s**ur**·face	s**ur**·plus	s**ur**·round
spl**ur**ge	**ur**ge	**ur**·gent
h**ur**t	h**ur**·tle	ab·s**ur**d
m**ur**·m**ur**	l**ur**k	t**ur**·key

The "**our**" in these five words sounds like "**ur**":

c**our**·te·ous	j**our**·nal	j**our**·ney
ad·j**our**n	c**our**·age	

 Copy these words and do not try to guess their spelling. Look at each word before you begin to copy it and do not look away from it until you know you can spell it. Copy slowly and neatly and think about the logical reasons for spelling a sound one way and not the other. Don't let your fingers alone do the writing; think actively when you copy each word:

stadium	millennium	museum	curriculum
continuum	radius	minus	sinus
bonus	virus	uterus	focus
genius	injury	figure	consul
congratulations	humorous	generous	various
ambiguous	miscellaneous	simultaneous	continuous
serious	delicious	suspicious	conscious
anxious	obnoxious	ambitious	superstitious
fictitious	conscientious	gorgeous	contagious
nature	culture	structure	literature
feature	reimburse	burn	turn

curb	purpose	nurse	surgeon
___	___	___	___
urge	surplus	absurd	courteous
___	___	___	___
journal	journalist	courage	courageous
___	___	___	___

Complete the following phrases:

1. The five vowels are: a,

2. The consonants are: b,

3. An example of a syllable as in "win·dow" is:

4. A stressed vowel is said with more _____ on it.

5. Long **ū** sounds like the name of the letter ___.

6. Long **ū** is spelled in 10 ways and they are:

1) ue as in blue	2)	3)

4)	5)	6)

7)	8)	9)

10)

Chapter 15: Schwa of U

Lesson 6: The schwa sound as in perm**a**nent, po**e**try, cred**i**ble, mem**o**ry, and vir**u**s.

 1. The vowel "**a**" as a schwa ə

A schwa is a name given to any **weak** (unstressed or barely heard) sound of a vowel. As in "per´·m**a**·nent," we say the middle syllable "m**a**" with a very little stress on it. For this reason, the sound of "**a**" in "m**a**" is a weak sound (a schwa sound). The vaguely heard sound of "**a**" in "m**a**" is often confused with any other vowel sound. It is this weak and confusing sound of a vowel, which is called a schwa.

Similarly, the "**a**" as in "sep´·**a**·rate" has a weak sound called a schwa sound, the first part of the word, "sep´" is stressed, not the "**a**." Also, as in "**a**·bout´," the second part of the word, "bout´" is stressed, not the "**a**."

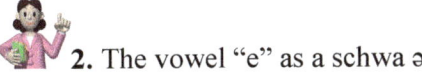 2. The vowel "**e**" as a schwa ə

As in "po´·**e**t·ry," this **weak** sound of "**e**," called a schwa, is weak because it falls in a syllable that is unstressed. Because the "**e**" as a schwa has a weak sound, it is often confused with other vowel sounds. The "**e**" sound as a schwa occurs mainly at the end of words.

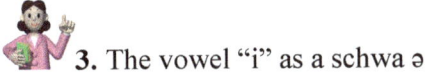 3. The vowel "**i**" as a schwa ə

As in "cred´·**i**·ble," this **weak** sound of "**i**," called a schwa, is weak because it falls in a syllable that is not stressed. Because the "**i**" as a schwa has a weak sound, it is often confused with other vowel sounds. The "**i**" sound as a schwa occurs mainly in the middle of words.

Schwa ə of "**i**" can also be spelled with a "**y**" in a small number of words. Although at the end of a syllable (end of an open syllable), the "**y**" is a schwa here because it is not stressed:

s**y**·ring**e**´   a·nal´·**y**·sis´   c**y**·lin´·dri·cal

a·non´·**y**·mous   mar·t**y**r   Bab´·**y**·lo·ni·an

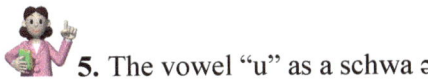 4. The vowel "**o**" as a schwa ə

A schwa is a weak sound of any vowel. As in "mem´·**o**·ry," when the "**o**" falls is a syllable that is not stressed, it has a **weak** sound called a schwa ə sound. In the following examples, other syllables are stressed, but not the ones that contain the "**o**" as a schwa. Because the "**o**" as a schwa ə has a weak sound, it is often confused with other vowel sounds. The "**o**" sound as a schwa ə occurs at the beginning, middle, and end of words.

5. The vowel "**u**" as a schwa ə

A schwa is a weak sound of any vowel. As in "vi´·r**u**s," when the "**u**" falls in a syllable that is not stressed, it has a **weak** sound called a schwa sound. Other syllables may be stressed, but not the ones that contain the sound of "**u**" as a schwa. Because the "**u**" as a schwa has a weak sound, it is often confused with other vowel sounds.

🐬 The following blanks are missing one of the five vowels and all of them have a weak sound called a schwa sound. Fill in the blanks with a, e, i, o, or u:

begg _ r	li _ r	sep _ rate
sem _ ster	po _ m	po _ t
perm _ nent	fund _ mental	vulg _ r
po _ try	m _ morial	souv _ nir
anth _ m	int _ rim	J _ rusalem
immed _ ate	incred _ ble	imposs _ ble
un _ ty	ver _ fy	sacr _ fice
col _ n	_ bnoxious	_ bvious
_ bsession	_ ccur	_ pponent
_ ppose	_ ppress	philos _ phy
pr _ mote	pr _ motion	pr _ posal
idi _ t	s _ licit	mel _ dy
mem _ ry	mem _ rable	superi _ r
don _ r	curs _ r	fav _ r
foc _ s	circ _ s	stimul _ s
maj _ r	auth _ r	sail _ r
tail _ r	counsel _ r	chancell _ r
council _ r	educat _ r	profess _ r

stadi _ m	millenni _ m	muse _ m
assass_n	disc_pline	fem_nine
curricul _ m	continu _ m	Celsi _ s
narciss _ s	min _ s	sin _ s
bon _ s	vir _ s	uter _ s
syllab _ s	geni _ s	Sat _ rday
fig _ re	congrat _ lations	ill _ stration
p_rk	cl_rk	t_rm
ind _ stry	consens _ s	cons _ l
imp_tent	omnip_tent	impris_n
equiv_cal	_bnoxious	_bvious
_bsession	_btain	_ccur
pr_motion	pr_posal	corp_oration
s_licit	mel_dy	mem_ry
mem_rable	superi_r	inferi_r
err_r	hum_r	rum_r
banqu_t	quarr_l	f_rn
don_r	maj_r	fav_r
doct_r	profess_r	educat_r

el_quent	tail_r	trail_r
carpent_r	col_r	cull_r
don_r	do_r	_pology
incred_ble	eat_ble	infall_ble
avail_ble	discrim_nate	procrast_nate
ag_tate	al_mony	imped_ment
inf_nit*e*	superf_cial	art_ficial
_ppose	p_lite	phil_sophy
nav_l	nav_l	evid_nt
evid_nce	attend_nce	souv_nir
innoc_nt	anth_m	en_rgy
lit_rally	lib_ral	comput_r
h_rd	h_rb	p_rch
vet_rinarian	mill_nnium	J_rusalem

> Know that the **26** English letters produce over **90** sounds we call phonics, which are spelled in more than **180** ways we call spelling patterns.

Phonics-based Spelling Books for all Ages by Camilia Sadik

Book 1: *Learn to Spell 500 Words a Day* (6 volumes: A, E, I, O, U, Consonants)
Vowels are inconsistent, they rule English, and they cannot be avoided. In this book, each vowel is dissected and isolated in a volume. The eight consonants c, g, h, q, s, x, w, and y are also inconsistent; and they are isolated in a volume. Each lesson begins with a spelling rule, followed by a list of the words that follow that rule, followed by comprehensive and detailed practice lessons, and students are asked to read aloud to memorize the spelling of hundreds of words at a time. This book is for the intermediate level, ideal for grades 4-12 and for adult learners.

Book 2: *100 Spelling Rules*
Each spelling rule in this book is followed by a list of nearly all the words that follow it. Advanced students learn to spell hundreds of words from this book. Sadik's books are cumulative, and the book *100 Spelling Rules* is a book for the advance level.

Book 3: *Read Instantly* - A book to teach phonics
This book is to teach phonics, and in it lies the groundwork for learning the rules that govern phonics. Anyone capable of learning the ABC's is guaranteed to learn to read from this book. Each vowel is dissected and isolated in a chapter in the second half of this book. Parents can now teach reading before sending kids to schools. This book is for beginners, but all learners need to start with it to learn phonics in a brand-new way.

Book 4: *The Compound Words* - 7,000 Compound and Hyphenated Words
Unlike looking up words in a dictionary, over 5,000 compound words and 2,000 hyphenated words are isolated in this book, grouped alphabetically, colored, and prepared for adults and children to read and learn. As in "rustproof," a compound word is composed of two or more words. As in "face-to-face," a hyphenated word is made of the two or more words, separated by hyphens.

Book 5: *Teachers' Guide*
This guide is for teachers, parents, or adult learners. It contains explanations of the methodology and the symbols and concepts used in the books. It contains dyslexia solutions, spelling tests, and more. *Read more* **SpellingRules.com**

How to purchase books by Camilia Sadik

SpellingRules.com   Amazon.com   Bookstores Worldwide

About the Author

Linguist Camilia Sadik spent 15 years intensely dissecting English, discovering over 100 spelling rules, applying the rules in 600 phonics-based spelling lessons, class-testing her discoveries and preparing learning books for children and adults to read and spell hundreds of words at a time. The 30 unique learning features in Sadik's book make learning to read and spell inescapable. Sadik worked hard to make spelling easy and possible for all ages and all types of learners. In addition, Sadik found an easy solution to end dyslexia in spelling and in writing letters in reverse. Learning to spell and slowing down to write words slowly ends dyslexia.

Sadik saw the details of English sounds and their various spelling patterns and used that in easy-to-use vowels and consonants books. See these examples:

The vowel **A** has 5 sounds that are spelled in 12 ways.

The vowel **E** has 7 sounds that are spelled in 17 ways.

The vowel **I** has 8 sounds that are spelled in 19 ways.

The vowel **O** has 12 sounds that are spelled in 20 ways.

The vowel **U** has 6 sounds that are spelled in 28 ways.

Eight **consonants** have 50 sounds that are spelled in 60 ways.

Academically, Sadik earned a BA in Philosophy from WSU and an MA in Applied Linguistics from SDSU. In addition, Sadik earned California Teaching Credentials and is certified in teaching ABE and ESL. Before writing books, Sadik spent over 10 years reading the best of the world's literature.

©1997 Camilia Sadik

All rights reserved. Camilia Sadik patented each new spelling rule she discovered. Printed in the United States of America, and except as permitted under the United States Copyright Act of 1976. No part of this publication may be reproduced or distributed in any form or by any means, or stored in a database retrieval system, without prior written permission of the publisher.

www.ingramcontent.com/pod-product-compliance
Ingram Content Group UK Ltd.
Pitfield, Milton Keynes, MK11 3LW, UK
UKHW050418240426
12048UKWH00014B/696